麦读
MyRead

narconomics

How to Run A Drug Cartel

【英】汤姆·温莱特 / 著
黄嘉天 / 译

TOM WAINWRIGHT

黑金世界

破解贩毒集团的运营术

中国民主法制出版社
全国百佳图书出版单位

引言

用经济视角分析贩毒集团

“女士们、先生们，欢迎来到华雷斯城（Juárez），现在是当地时间早上 8 点整。”这是 11 月一个寒冷的早晨，一架英特捷特航空 2283 号航班停在墨西哥沙漠中的一条机场跑道上。在机上，一位乘客正一边紧张地鼓捣着藏在袜子里的一小包东西，一边担心自己是不是犯下了一个大错。华雷斯城是一个浮华的边境城市，白天烈日炙烤，晚上寒冷彻骨，这里也是可卡因走私进入美国的大门。华雷斯城北靠布满金属栅栏的得克萨斯州边境线，位于太平洋和墨西哥湾之间，长期以来是走私犯们的据点：在这里的豪车和豪宅中，黑色财富时刻涌动着，城市里面规模惊人的墓地也暗示着许多人为此搭上了性命。那位紧张的乘客现在正走向航站楼，早晨的阳光让他有些睁不开眼。他注意到出口处由一些身着迷彩、头戴头盔的海军陆战队士兵们看守。你一定以为他是运输毒品的“毒骡”〔1〕，这个乘客其实是我。

---

〔1〕 毒骡指通过某种方式携带毒品越境的人。——译者注（本书脚注皆为译者注）

进入航站楼之后，我找到最近的洗手间，把自己锁在一个隔间里，
抽出藏在袜子里的那一小包东西。这是一个小小的黑色电子装置，大概
只有打火机大小，上面有一个按钮和一个 LED 灯。几天之前在墨西哥
城（Mexico City），一位当地的安全顾问担心我这个稚嫩又年轻的英国
人在去华雷斯城时会遇到麻烦，便把这个小装置交给我。这是我第一次
来到这里，最近这个地方又获得了一个新的称号：“世界凶杀之都”。
这得归功于那些来自互相敌对帮派的打手们。他们每天从市中心杀到贫
2 民窟，不断上演着致命的追杀游戏。路边斩首、万人冢和常人难以想象
的肢解尸体手段充斥着当地的报纸和新闻报道。特别是那些好奇心强的
记者，常常会被人用胶带绑成“木乃伊”，丢进汽车的后备厢，之后便
杳无音信了。华雷斯城不是一个能轻易冒险的地方。因此我的安全顾问
一边把那个黑色的电子小玩意儿给我，一边向我解释道，我一抵达华雷
斯城就必须按下上面的按钮，等 LED 灯亮起之后再把它藏回袜子里。
只要灯是闪烁的，他就能够定位到我的位置——或者至少是我右腿的位
置——除非我根本就没到达华雷斯城。

在隔间里，我迅速拿出了这个定位装置，把它翻过来按下了按钮。我等了一会儿，灯却还是没亮。我感到非常困惑，再按了一次，还是没有反应。我就这样用各种办法尝试了好几分钟，不管是戳、敲还是持续长按上面的按钮，灯仍旧不亮。最后我只能把这个无用的东西又塞回我的袜子里，收拾好行李，小心翼翼地向华雷斯城的大街上走去。这个小玩意儿已经失效了，现在我只能靠自己。

· · ·

这就是一个并不十分勇敢的商业记者被派去报道这个世界上最奇异、最残暴的产业的故事。我在 2010 年到达墨西哥，恰巧那个时候的墨西哥正开始加速这场针对毒贩的战争。这些毒贩们挎着他们镀金的 AK－47 步枪，已经将这个国家里的一些地方变成了近乎无政府的状态。2010 年，墨西哥被谋杀的人数超过两万人，这一数字大概是西欧的五倍。[1]接下来的几年将会有更多的暴力犯罪发生。每周的新闻只会报道哪一个警察腐败了、哪位官员又被刺了，以及来自军队或是毒贩之间一起比一起血腥的屠杀，除此以外你几乎不会看到别的报道。因此，这是一场对毒品的战争。

我在欧洲和美国的时候曾经从消费者的角度报道过毒品产业。现在，在拉丁美洲，我直接接触到了令人触目惊心的供应端的情况。随着 3
我越深入地报道（毒品产业）我越发现——它和全球性、高度组织化的公司非常相似。整个毒品产业的产品被设计、制造、运输、营销并贩卖给全世界 2, 500 万的消费者，年利润高达 3, 000 亿美金；如果这个产业是一个国家，体量能够排进世界经济体的前 40 位。[2]这些毒品产业的经营者们让人觉得邪恶又神秘，他们往往也因此获得一些可怕的名号（比如在墨西哥这些人被称作“El Comeniños”，即“吃小孩的恶魔”）。可是当我真正和这些人面对面交流的时候，他们流露出来的神情，无论是自夸还是抱怨，和那些普通公司的高管们没有什么不同。有一次在一间酷热的监狱牢房里面采访时，一个萨尔瓦多地区的黑帮头目向我吹嘘他的弟兄们控制了多少的地盘，并且滔滔不绝地讲述自己如何牵头拟定了一个新的黑帮间的停火协议，他说这些的时候，就像一个公司的首席执行官在介绍一桩并购案一样自然。当一位身材魁梧、种植古柯叶

（古柯叶是制造可卡因的原料）的农民在热情地向我介绍他那些作物长势是多么好的时候，他表现出来的得意和专业跟一个在大公司工作的园艺专家也没什么两样。这样的例子还有很多，即使是那些最冷酷无情的亡命之徒，在向我讲述他们天天需要操心的那些问题的时候，你会发现这些就是那些困扰着无数其他企业家的问题：人事管理，应对政府监管，寻找可靠的供货商以及处理和竞争对手的关系。

毒品行业的客户需求和其他行业也非常类似。像其他行业一样，消费者在购买前都会想要先看看产品的评价，越来越多的人开始希望能够直接网购到家，甚至要求卖家承担一定程度的“企业社会责任”。“暗网”是互联网的隐蔽之处，毒品和武器可以在这里通过使用比特币进行匿名交易。当我用“暗网”联系上一个卖冰毒烟斗的商家时，我感受到这位商家的服务和任何一个亚马逊客服一样周到（实际上，我要撤回我刚才说的这句话，他要比亚马逊客服更加周到）。我越深入了解毒品这个跨国产业，对一个问题就越发好奇：如果我们用和其他行业一样的商业逻辑来研究和报道毒品产业，将会产生怎样的效果？于是便有了这本书。

4 当我开始从经济学学者的视角来分析整个毒品产业的时候，我发现的第一件事就是，很多禁毒官员所引用的数据，特别是那些听起来非常震撼的禁毒成果，其实没有任何意义。在我来到墨西哥后不久，墨西哥政府就在蒂华纳（Tijuana）组织了一次大型的销烟运动。在刺鼻的浓烟中，士兵们烧掉了 134 吨的大麻。这是墨西哥历史上最大的一次缉毒行动，在这次行动中政府搜查了城郊的一个仓库，大麻被藏在仓库里的六个集装箱中。这些大麻原本已经做了要出口的准备，被整整齐齐地装进了15,000个沙袋大小的口袋里。在这些口袋上印上了各式各样的标志，有的是动物，有的是笑脸，有的是动画《辛普森一家》里的卡通形象，毒贩通过这些不同的标志来识别不同的目的地。这一包包的大麻经过检测、称重、照相等程序之后，被堆叠起来浇上柴油，然后用火点燃。市民群众聚在周围观看整个过程，同时士兵架着机枪以保证没有人凑到火焰的下风向，借机吸入混有大麻的空气。对于这次缉毒行动，墨西哥军驻该地区指挥官阿方索·杜阿尔特·穆希卡（Alfonso Duarte Múgica）将军自豪地宣布此次销烟销毁的大麻总价值为42亿比索，折合3.4亿美元。一些美国报纸的报道则更加夸张，它们按照这些毒品在美国的售价计算，认为这次销毁的赃物价值超过了5亿美元。

但如果稍微仔细地分析一番，就会发现这些说法错得相当离谱。杜阿尔特将军的计算方法实际上是按照墨西哥一克大麻大约3美元的标准，乘上100吨的总量，得到总价值大概3亿美元的结果。在美国，一克大麻大概需要花费5美元，这样计算下来总价值大概就是5亿美元，这和那些美国报纸媒体报道中的结果吻合。这样的算法看起来似乎很合理，尽管整个计算用到的数据都只是估算，但实际上这种计算方法非常荒谬。我们不妨看看另一个非常依赖于拉丁美洲出口的货物：牛肉。在纽约曼哈顿区的餐馆里，一块八盎司的牛排需要花费50美元，折算下来是22美分一克。按照杜阿尔特将军的逻辑，这意味着一个半吨重肉牛的价值将会超过10万美元。

一头肉牛必须经过屠宰、切割、分装、运输、腌制、烤制，到最后端上餐桌才能够值一块50美元的价格。正因如此，牛肉产业的分析师不可能用纽约餐馆里面的牛排标价来计算那些还在阿根廷潘帕斯草原上 5

吃草的肉牛的价格。然而在世界各地的缉毒行动中，用的恰恰是这种错误的算法。和牛肉一样，毒品在按照市场价卖出之前也必须经历一系列漫长的加工过程。一克大麻在墨西哥城确实可以卖到 3 美元，5 美元也的确是美国的大麻市场价，但是大麻在蒂华纳的仓库里的价值要比计算出来的结果小得多。因为此时这些大麻还没有被走私到各地，也没有被分装进零售用的包装中，更别说通过各种隐秘手段兜售到消费者的手上。更准确合理的估算应该是按照大麻在墨西哥的批发价，也就是每千克 80 美元（即 8 美分一克）来计算。[3]按照这个价格计算，这些在蒂华纳缴获的大麻应该值大约 1000 万美金。当然可能还会更少，因为整体的大麻量太大，没有办法一千克一千克地卖，这样一来单价将会更低。这次蒂华纳的缉毒行动确实很成功，对贩毒集团无疑造成了重创。但是大多数报纸所报道的这次缉毒给犯罪团伙带来了 3.4 亿美元的打击，就非常不切实际了，真正带来的损失可能不到这个数字的 3%。

如果连计算几个蒂华纳大仓库中藏匿的大麻值多少钱都能出现这样大的错误，那如果我们继续顺着这样一个完全不同的思路，稍加运用基本的经济学知识，是不是还会发现其他结论？我们再把视线聚集到这些贩毒集团上，它们和普通公司之间更多的相似之处逐渐开始显露出来。哥伦比亚的可卡因生产商明白通过控制供应链能够保证它们的利润，这一招和沃尔玛如出一辙。墨西哥的贩毒集团通过特许经营的方式来扩大规模，这一方法正是麦当劳成功的秘诀。在萨尔瓦多〔1〕，那些有文身的街头黑帮们，无论曾经是多么不共戴天的仇人，也发现有的时候合作

〔1〕 萨尔瓦多共和国，中美洲北部国家，与洪都拉斯和危地马拉接壤。

共谋要比恶性竞争强。加勒比的罪犯们把岛上恶臭脏乱的监狱发展成
“人才市场”，保障了持续的人力供给。像其他大公司一样，贩毒集团
也开始尝试开展离岸外包业务，把贩毒链条伸向新的国家和那些政局更
不稳定的地区。正如大多数其他公司一样，当达到一定的体量之后，贩 6
毒集团便开始尝试开展更多元的业务。就连被顾客反复要求开网店，也
和那些商业街上的零售店一样。

把经济和商业的分析方法应用到对贩毒集团的分析上，看似有些不同寻常，但是如果不理解毒品交易背后的经济学规律，仍然继续引用那些异想天开的数据（如蒂华纳价值 5 亿美元的大麻篝火）将会带来更多的问题。这些做法已经让民众感受到政府正在把财力和人力投入到那些毫无作用的政策当中。全世界的纳税人每年要在打击毒品交易上花费高达 1,000 亿美金。美国在联邦层面就需要投入 200 亿美金，相应的结果是每年 170 万人次因贩毒被捕，25 万人被送进监狱。[4]在那些生产和流通毒品的国家中，军队对毒品产业的打击行动往往伴随着极高的伤亡人数。墨西哥的谋杀率虽然已经高得可怕，但仍不及一些可卡因走私线路的沿线国家。在这些国家中，成千条生命在禁毒行动中牺牲。在禁毒方面的公共资金投入很多，但是效果却总不让人满意。

沿着毒品流通的路径，我总结出全世界政府在打击毒品时，因为违背经济学规律而犯的四大错误。第一，主要的注意力和精力都被放在打击毒品的供应端上了。然而基本的经济学知识告诉我们，在消费端上做文章会带来更好的效果。单纯地减少供给只会推高价格，而不会减少毒品的消费量，最终导致的结果是使整个毒品市场利润更大。第二，许多政府往往非常短视，不愿意在毒品交易链形成的早期干预上下功夫。它

们往往是等到问题已经很难解决了，再付出巨大代价，这样的做法从长
期来看，会给政府造成持续的损失。诸如让囚犯戒毒、毒瘾治疗以及为
刑满出狱的囚犯创造再就业机会等这些产生长期效益的项目，却往往会
由于预算紧张而被最先砍掉。然而，对于一些一线的执法活动来说，例
如规模浩大的缉毒行动，如果要达到和上面这几种措施相同的效果，则
要付出高得多的代价。遗憾的是，恰恰是这些行动能够享受无止境的预
算倾斜。第三，尽管贩毒已经开始向更加国际化、更加灵活的方向发
展，对贩毒的监管却仍然局限在各国内部。由于各国之间不互相协调合
7 作，这样的后果就是整个毒品产业得以在不同国家以打游击的方式生存
下来，轻松地避开各国监管。第四，也是最为根本的一点是，各国政府
错误地把控制毒品和完全禁止毒品画等号。彻底禁止毒品表面上看起来
可行，但实际上会让那些世界上组织最严密的贩毒组织获得一个价值数
十亿毒品市场的垄断地位。

本书接下来的十章内容将会给上面这些观点提供充分的论述。全书的核心观点是：当我们有意识地运用跨国公司的那一套分析方法来分析贩毒集团的时候，无论是在预测贩毒集团的行动上，还是在确保减少金钱的花费和降低人员牺牲上，都会变得更加容易。这本书可谓是打击毒品产业的适用指南。

第一章

9

可卡因供应链:“蟑螂效应”和300倍利润

“我的名字叫本·拉登(Bin Laden)。”

拉巴斯(La Paz)此时正值春季,天空中淅淅沥沥地飘着毛毛雨。拉巴斯是玻利维亚的首都,同时也是世界上海拔最高的首都,由于地处高原的缘故,这里让人感到有些头晕。此刻我正在房门前避雨,等待坐上约好的车向山里进发。没过多久,一辆车开了过来,这是一辆深灰色的丰田陆地巡洋舰。车的后车窗上全部贴着黑色玻璃纸,但可以看到几个角上已经开始卷边。司机从车上跳下来准备向我介绍他自己。“他们叫我本·拉登,都是因为这个,”他边用手指卷着他那足足有六英寸长、浓密漆黑的胡子末梢,边向我解释道,“你就是那个想去看看我们种古柯树地方的人,是吧?”

确实如此,我现在正处在安第斯山脉中,全世界每年超过900亿美元的可卡因交易全部发源于此。可卡因的消费已经遍布每个国家,但实际上所有这些可卡因都无外乎产自南美洲的三个国家中的一个:玻利维亚、哥伦比亚和秘鲁。无论是用鼻子来吸食的粉末状可卡因,还是用来抽的高纯度晶状可卡因,都是由古柯树的叶片制成。古柯树是一种粗壮的灌木，通常生长在安第斯山脉的山麓中。可卡因的供应链非常庞大，充满凶险，当然也产生了相当惊人的利润。我来到玻利维亚，打算亲自
10 探个究竟，看看古柯树是如何种植的，并试图揭开这条供应链最顶端背后的经济学运行逻辑。

我坐在这辆车的后座上，纠结要不要把车窗摇开。如果摇开，雨就会淋进来；或者是干脆就让车窗关着，忍受从后备厢里传来的汽油味，后备厢的汽油罐似乎漏油了。我最后还是把车窗稍微摇下一点，然后坐到中间那个座位，雨就淋不到身上了。我们就这样出发了，一路从海拔10,000英尺爬上了13,000英尺的地方。我们这一路翻越过了玻利维亚的阿尔蒂普拉诺高原（the Bolivian altiplano）的最高点。安第斯山脉的阿尔蒂普拉诺高原，海拔是喜马拉雅山脉中的加德满都海拔的三倍。“本·拉登”一路上时不时咕哝几句，偶尔自言自语地唱几句，但是很少真正说话。汽车一路上轰鸣不断，快速驶过一个个弯道。我们一路开过云层笼罩的地方，这样也避过了山谷里下雪的路段。

玻利维亚有两个主要的古柯树种植区。一个是查帕雷（Chapare），查帕雷地处玻利维亚的中部，气候潮湿。近年来由于可卡因交易的繁荣，当地的古柯树种植业得以迅速发展。另一个是永加斯（Yungas），永加斯地处首都拉巴斯北部温热的雨林里。在永加斯，种植古柯树的传统已经延续了几百年。我们要去的地方便是永加斯，当我们慢慢从东侧的山坡开下去，空气开始变得越来越温暖，裸露的山石也逐渐开始被植被覆盖，一开始岩石上附着的是苔藓，慢慢地开始有比较多的蕨类植物。我集中注意力看山谷那边的风景，试着把视线从惊险可怕的永加斯路上移开。永加斯路被当地人称为“camino de la muerte”，也就是“死

亡之路"的意思。这是一条狭小的砂石路，右边紧贴着陡峭的悬崖壁，左边是1,000英尺深的山谷。每一次"本·拉登"飞速地开过转弯处（有一段路甚至直接从一个小型瀑布上开过去），我都要挪到右手边座位上，紧紧地抓着车门把手，以便我一发现车子有滑落山崖的迹象，就能够开门跳车。

还好这样的事情没有发生，经过了几个小时的路程，其中一部分时间还花在徒手清理路上的一个小型塌方上，我们终于抵达了目的地。可能是我这一路上都被惊险的山路搞得神经高度紧绷，一到特立尼达·潘帕（Trinidad Pampa），我简直觉得到伊甸园了。这是一个大约有5,000人居住的村庄，大部分的人住在由煤渣砖和压纹铁板瓦建成的房子里。进村的道路两旁不再是悬崖峭壁，而是香蕉树林。在村子的北面和南 11
面，山谷中地势比较陡的地方被开发成了整齐的梯田，一层也不过就几英尺深。在这些梯田后面，山峰高耸入云。我从车上下来伸了伸懒腰，准备享受这个舒适温暖的下午。一路沿着种植园的边缘走，这些种着的植株毫无疑问就是古柯树了。这些古柯树规整地种在红色土壤上，有着粗壮的树干。纤细的杏仁状叶片从树枝上冒出来，这就是古柯叶。这些价值以十亿美元计的叶子每年让几千人因此丧命。一座座梯田全部被修整成古柯树的种植园，从远处看就像一个长长的绿色阶梯。

在村庄中心的交叉路口上我遇到了埃德加·马玛尼（Édgar Marmani）。马玛尼是当地古柯种植工会的主席，他刚刚从地里回来，手上和橡胶鞋上都还沾着泥土。一个专门为种毒品的人组织的工会？几乎在世界其他任何一个地方，这样的工会肯定是违法的。但是对待种古柯叶这件事上，玻利维亚要比其他南美国家的管理态度更宽松。在安第斯山脉一带，人们开始食用古柯叶的时间比欧洲人登陆美洲大陆还要早。有的人喜欢用古柯叶来煮茶，有的人则喜欢直接将其放在嘴里嚼（你会经常发现玻利维亚的农民腮帮鼓鼓的，这是因为他们在干活的时候习惯吮吸嘴里塞着的古柯叶团）。这样未经其他工序处理的古柯叶只有比较温和的兴奋效果，完全不像可卡因那样强烈。这样的食用方法有助于驱走寒意、饥饿以及高原反应，这些都是在阿尔蒂普拉诺高原的常见问题。拉巴斯的许多旅馆都会为刚刚抵达的客人备上古柯茶——实际上，前不久美国大使馆也开始这样做了。我在吃早餐的时候喝了一杯。古柯茶对我来说味道和绿茶一样，并非很浓。为了保证这种古柯叶的“传统”食用方法，玻利维亚政府每年都许可一定数量的土地用来种古柯树。

但是马玛尼爱喝的饮料并不是古柯茶，而是百事可乐。我们坐在一家便利店里的塑料凳上开始聊，在我们的面前放着两个塑料杯和一瓶两
12 升的可乐。我问的第一个问题是如何种出产量高、质量好的古柯树。“首先我们需要建好 *wachus*。”他说道，然后指了指远处的山坡，原来“wachus”指的就是梯田。每一处梯田都需要挖两英尺深，并且保证上面没有石头。在当地每一个人都有十来层梯田，最大的地主则能管理上超过一英亩的梯田。永加斯温暖舒适的气候和肥沃的土壤保证了种古柯树一年能够收获三次——比种咖啡要好得多，因为咖啡一年只能收获一次，而且非常难种植，要防止太阳的直射。马玛尼说，最困难的时候是冬季——七月、八月和九月——这个时候完全没有降水，这就意味着“estamos jodidos”（我们完蛋了）。一旦摘下古柯叶片，这些叶子被放在太阳下晒干之后，再打包成“takis”（50 磅的一包）。这些古柯叶被装进卡车之后，经过长时间的颠簸路途运到巴斯的维拉·法蒂玛市场

(Villa Fátima)。维拉·法蒂玛是这个国家里两个可以合法交易古柯叶市场中的一个。每一辆卡车上都需要放一张许可证，上面详细列明车上有多少古柯叶以及这些古柯叶的产地。

种植古柯树在玻利维亚的社会观念中是被包容的，甚至是受尊敬
的。玻利维亚的总理埃沃·莫拉莱斯（Evo Morales）自己就曾是一个
"cocalero"（种古柯的人）。在违反多项国际法律的情况下，他曾经在
联合国一次会议上公然拿出一袋古柯叶大嚼特嚼，以此要求撤销一项禁
止古柯叶的国际条约。这种带有反抗意味的行为实际上代表着他对西方
国家干预南美内政的强烈不满。在2008年，他以干涉当地内政为理由
将美国大使驱逐出境，同年美国缉毒局（DEA）驻玻利维亚的办事机
构也被驱逐出境。尽管国际上已经对古柯叶持明令禁止的态度，但是玻
利维亚政府仍支持了许多大规模制造生产与古柯叶相关产品的国有产
业，从糖果、饼干和饮料到添加古柯叶成分的牙膏。这些产业直接由农
村发展和土地部下辖的古柯管理部监管，由这一机构设定可以种植多少
古柯。基本的做法是以保证茶、牙膏和所有其他古柯制品的生产需要为
限，对古柯种植数量进行许可，以防止古柯叶流入可卡因市场。这一系
统有很多漏洞，据2014年联合国的估算，玻利维亚有大约20,400公顷
（合50,400英亩）的土地用来种植古柯，足够生产大约33,000吨的干 13
古柯叶。而同一年玻利维亚两大受许可的古柯交易市场的总交易量只有
19,798吨——小于估算出的干古柯叶的产量的2/3。[1]这个数据说明剩下
的古柯叶都流入到了黑市，被制成了可卡因。

因为贩毒集团要制作可卡因就必须用到古柯叶作为原料，于是政府限制古柯种植园的发展，希望能够从源头禁毒。自从20世纪80年代

末，南美几大古柯种植国在美国提供的资金和技术的支持下，把禁毒的主要精力集中在发现和摧毁那些违法开展种植活动的古柯种植园上。这样的做法符合大部分人的经济学直觉：如果减少了一个商品的供给，那么就增加了该商品的稀缺性，进而提高了价格。稀缺性让金子比银子贵，让油比水贵。如果有许多人想要得到某样东西，市场却没有足够的数量能满足全部需求，那么就需要花更多钱来购买。玻利维亚政府希望通过不断铲除古柯的供应源来提高古柯叶的价格，这样一来，可卡因的生产成本就高了。他们认为，当可卡因价格提高，就会更少有人愿意购买。这就好像由于最近一次旱灾，可可树出现了大规模的减产，使得国际巧克力价格上涨，导致了很多巧克力爱好者不得不减少对巧克力的购买。捣毁古柯树也会使可卡因价格上涨，使很多吸毒者减少对毒品的消费。

和玻利维亚不同，哥伦比亚和秘鲁近期和美国签订了一系列更加友好的合作协定，这两个国家对铲除古柯树的态度也更加坚决。两国都从军队中选派人马组成一个紧急铲除小组，目标是铲除所有的古柯树。不过当地多山的地形让这项任务变得非常棘手。于是飞行观察员驾着轻型飞机，顺着地势时上时下寻找那些标志性的梯田，有梯田的地方往往就意味着有成片古柯树生长在那里。种植古柯树的农民不断研究如何隐藏他们的植株，而当地政府则不断想方设法把这些植株搜寻出来。在这样的猫鼠游戏中，政府更胜一筹。现在这些飞行观察员所驾驶的飞机，已经能够借助卫星记录下山区详细的照片，然后由相关专家对这些照片进行分析和标注，确定哪些是种植香蕉或者咖啡豆的合法种植园，哪些是种古柯树的非法种植园。有了这样的地图后，士兵们再被派去手动铲除这些植株。在哥伦比亚，政府有的时候会用小型飞机播撒除草剂，这种方法确实能够清除古柯树，但同时也会把很多其他合法种植的农作物一起杀死，这样就引来了很多农民的抱怨。在 2015 年，世界卫生组织（World Health Organization）警告称这种除草剂有致癌性，于是哥伦比亚无限期中止了这一项目。

至少从表面上来看，铲除古柯树的运动非常成功。在过去的几十年里，玻利维亚、哥伦比亚和秘鲁摧毁了数千平方英里的非法古柯种植园，每年铲除的古柯树数量呈递增趋势。在 1994 年三个国家共捣毁了大约 6,000 公顷（15,000 英亩）的古柯树，[2] 到 2014 年则捣毁了超过 120,000 公顷（300,000 英亩），这些大部分都是人工一个个铲除的。这确实是了不起的成绩：如果说得更加直观一点，相当于每年铲除了一个约有纽约曼哈顿区 14 倍大的园子，尽管在开展执法活动时偶尔会遭遇歹徒的枪击。按照联合国的粗略计算，安第斯山脉地区接近一半的古柯树已经被铲除。

每年减少近 50% 的产出，对绝大多数的产业来说都是一个毁灭性的打击。但不知为何，可卡因市场却一直在反弹。一亩又一亩的古柯树被毒死、烧掉或者喷上除草剂，这些农民就换别的地方，然后种更多的古柯树来代替之前那些被捣毁的植株。这样一来，总共的产出量基本没有太大变化。在 2000 年，经历了第一个十年来密集的铲除行动，在南美仍然有总共 220,000 公顷（545,000 英亩）的土地上种有古柯树——和 1990 年的数量基本相当。一直以来，各国不时加大对古柯交易的打击力度：比如说秘鲁在 20 世纪 90 年代大幅度地减少了古柯的种植。然而秘鲁对古柯种植的制裁激发了哥伦比亚古柯种植的大量增长。当哥伦

比亚加倍力度禁止农民种古柯树，秘鲁又重新出现了古柯梯田。西方世
15 界里习惯称这种现象为“气球效应”：如果你按压气球的一个地方，另一个地方就会马上鼓起。对于同样的现象，拉丁美洲则有另一种更通俗的说法——“蟑螂效应”：就像蟑螂一样，你可以把毒贩从一个房间赶走，但他们马上就会在房子里别的地方出现。

铲除运动的支持者不认为这是一个问题，他们认为铲除行动目的不在于一定要把古柯树完全铲除，而只需要把种古柯树变得更加费劲就行了。如果农民想要在喷洒各种除草剂的种植园中依然保持高产量，那么他们就必须在地里花更多的时间。他们也需要开辟更多的种植园来弥补军队摧毁园子所带来的巨大损失。在过去，差不多所有的古柯叶都能够用来提炼可卡因，但现在几乎有一半的古柯树白种了，要么被连根拔起，要么就被除草剂杀死。

但即便是需要多种一倍的古柯树才能够收获相同量的古柯叶，贩毒集团也不需要为此多花钱。在美国，一克纯可卡因需要花费大概 180 美元（街上卖的一般只需要 90 美元，因为只有 50% 的纯度）[3]。这基本上就是过去 20 年来的价格，不管其间多少的古柯树被砍掉或者喷了多少的除草剂。对这样一个稳定的价格，一种解释说法是，对供给的削减使得需求也减少了（换句话说，市场上流通的产品少了，但是想买的人也变少了，因此价格保持不变）。但这样的解释似乎并不符合实际情况。从 20 世纪 90 年代以来，美国长期吸食可卡因的人数非常稳定，在 150 万到 200 万人之间。最近美国的可卡因消费有显著减少，但减少的量大部分被欧洲增加的需求抵消了。根据联合国的调查，全世界的可卡因需求总体稳定。这样就产生了疑问：需求不变、供给减少通常来说会

导致价格升高，然而可卡因还是和原来的价格一样。这些贩毒集团究竟是如何做到对抗基本的经济规律的呢？

如果想要理解他们是如何做到的，我们不妨先看一看沃尔玛，沃尔 16
玛有时候似乎就能够对抗供求规律，在这一点上和贩毒集团非常类似。作为世界上最大的零售商，沃尔玛在全球每年能够产生接近 5，000 亿美元的利润。它的成功建立在价格优势上，从山姆·沃尔顿（Sam Walton）和巴德·沃尔顿（Bud Walton）兄弟俩在 1962 年开设第一家店以来，商品的价格似乎都没怎么变过。在去年的感恩节，一只火鸡的价格是 40 美分一磅，一套九件装的感恩节主题餐盘（必须承认的是样子不怎么好看）只要 1.59 美元。

这些极低的价格让沃尔玛非常受广大消费者的欢迎。但是对于农场主和制造商来说，这些低价有的时候是毁灭性的。他们对此感到很不满，因为沃尔玛和其他的超级零售连锁超市利用在百货上的巨大市场份额，能够或多或少地掌握议价的主动权。大家都熟悉的所谓垄断，其实是指卖方垄断（monopoly），卖方垄断就是一个公司成了某个产品的首要卖家，借此就能够任意确定产品价格。沃尔玛这类零售商的批评者认为，这些零售商是一种"买方垄断"（monopsony），即某一产品的主要买家（英文中的"monopoly"来源于希腊语中"单一卖家"，而"monopsony"来源于希腊语中"单一买家"）。就像因为消费者没有其他渠道可以购买，拥有垄断地位的卖家可以操控价格一样，拥有垄断地位的买家也可以对他的供货商进行价格操控，因为供货商没有其他渠道可以卖货。如果你想接触到足够大规模的消费者，理论上说你只能卖到沃尔玛去。这样一来，如果商场明白了这个道理，它们就能够借此尽可能地压榨供货商。《福布斯》杂志做的一项调查显示，那些主要货物都从沃尔玛售出的供货商，他们的利润率要比那些与沃尔玛合作更少的供货商更小。这样的差距在服装市场最明显：那些只在沃尔玛出售不到10%总存货的供货商能够维持超过49%的利润率，而那些通过沃尔玛出售超过20%货物的供货商只能有29%的利润率。[4]当然，向供应商压价并且提高他们的效率，对消费者来说是好事，实际上对整个经济都是有利
17 的——一项麦肯锡的研究报告发现了一项惊人结论，在20世纪90年代，单沃尔玛一家公司就贡献了美国经济增长的12%。[5]但对于供货商来说，这让他们变得很困难。如果某一季收成不好或者生产成本增加了，显然是农民们来承担这些增加的成本，而不是超市或者顾客。

沃尔玛在哥伦比亚还没有开设分店，但是当地的毒贩已经将沃尔玛的智慧运用到了供应链控制当中。首先，与常人的印象不同的是，贩毒集团更像是一个大型卖场，扮演的是买家而不是毒品种植者的角色。人们往往很容易把整个可卡因生意想象成是一个团伙从头到尾负责所有流程，想象带枪的暴徒们在帮派火并的间隙，悉心地给古柯树施肥。但实际情况并不是这样。可卡因产业链中与种植相关的事情大部分都是由像特立尼达·潘帕这些地方的普通农民来处理，如果能够像种古柯那样赚钱的话，他们也会种番茄和香蕉。贩毒集团扮演的角色更像是一个大超市，从农民那里买来古柯叶，然后加工和包装，最后再卖给顾客。

在管控供应商的问题上，南美的这些毒枭们是否和沃尔玛的高管一样专注？来自纽约大学的乔奇·加列戈（Jorge Gallego）和来自马里兰大学的丹尼尔·里科（Daniel Rico）两位经济学家决定寻找答案。他们把研究范围限定在哥伦比亚，从哥伦比亚政府那里收集了全国各个地方

有关古柯铲除行动的信息，包括了人工铲除和飞机播撒除草剂铲除（详细的数据记录在飞机机内记录仪上）两种方法。他们之后把这些数据和联合国的数据进行了交叉验证。通过把这两组数据结合起来，他们得以看到铲除古柯树行动对古柯叶价格的影响情况。[6]

如果铲除古柯树这种减少毒品供给的方法真的奏效的话，那么铲除 18
行动开展越频繁的地区，古柯叶价格会比那些仅仅撒撒除草剂的地方要高。更少的古柯叶产出意味着在其他条件不变的情况下，贩毒集团在收购古柯叶的时候要花更多的钱。但是加列戈和里科发现并不是这样。他们发现铲除古柯树行动实际上对古柯叶的价格几乎没有什么影响，对那些各种形态的古柯叶非法加工制品的价格也没有什么影响。带着这样出乎意料的结果，他们重新做了一次研究，这一次他们调查了在古柯树被铲除一年之后古柯叶的价格，这样是为了保证铲除行动带来的稀缺性能够有充分的时间反映到市场的价格上。但是他们再一次发现，捣毁这些古柯树对古柯叶的零售价格几乎没有任何影响。

通过分析，他们提出了一个假说，即那些通过武力控制哥伦比亚可卡因交易的贩毒集团实际上就是一个买方垄断。在正常的市场环境下，种古柯的农民可以自由地到处询价，并选择给出最高价格的卖家，把古柯卖给他们。这意味着当古柯变得稀缺紧俏时，古柯的买家就会提高他们的出价，这样一来，这些古柯叶的市场价格就涨上去了。但是在哥伦比亚，当地武装力量反复冲突火并，这导致的结果是，在任何一个地区通常只有一个毒贩集团处于统治地位。这个团伙就成了当地古柯叶市场的唯一买家，也因此控制了价格，这就像沃尔玛有的时候能够直接决定它采购的农产品的价格一样。这意味着如果生产古柯叶的成本增加了

——无论是因为被铲除、疾病或者是其他原因——最终还是由那些农民来承担这个成本，而不是贩毒集团。就像大零售商为了防止涨价而选择让供货商来承担损失，贩毒集团通过让种古柯的农民承担损失，来保证自己的价格稳定。“整个种植成本上的冲击完全由种古柯的农民来承担，因为这个市场上，主要的买家有能力……控制固定的收购价。”加列戈和里科这样写道。

换句话说，不是铲除古柯树没用，而是让错误的人承担了不利后果。当贩毒集团凭借这种沃尔玛式的供应链控制手段，使种植古柯变得困难时，只会让那些本就贫穷的农民更穷，对削减贩毒集团的利润或者
19 提高可卡因的零售价格起不到一点作用。“我们对这个都很反感，”特立尼达·潘帕一个不愿具名的农民说道，“我们在这件事上和政府一直有冲突，对这类行动非常恼火。”他所指的正是政府组织开展的铲除非法种植古柯树的行动。他说，虽然他们也不愿意这些贩毒黑帮牢牢把控着价格，但是相比于此，他们显然对限制干预农民该种植什么感到更不满。在附近，一个杂草丛生的园子的一面墙上，有人用白色的油漆涂上了这几个字：“因铲除古柯树被查封”。这样一来，任何未经许可的古柯树种植园都会立马被破坏，这让农民的日子更加不好过，同时对他们的客户（也就是那些贩毒集团们）却没有任何影响。在这样的情况下，古柯叶产量仍然很大，零售的价格仍然很低，可卡因仍然卖得很好。要不是贩毒是一件非法的生意，沃尔顿兄弟也会对这些来自安第斯山脉的贩毒集团倍感吃惊。

· · ·

马玛尼和我喝着我们那一大瓶百事可乐，突然发现马上就要喝完了。此时，在不远处那边，我看见很多双小手正在不断从古柯树的顶部采摘树叶。在特立尼达·潘帕，小孩六岁便开始下地干活，上午在学校上课，在家吃过午饭后便和父母一起帮忙栽种和采摘。村子里面也没有托儿所，所以父母也会把小婴儿一起带到地里去，这些婴儿有的在梯田上爬来爬去，有的则睡在妈妈的背篓里。安第斯其他地方的条件也并没有更富裕：据联合国估计，在哥伦比亚，古柯农民的日平均收入是两美元多一点。这些极度贫穷的古柯农民和那些富有的毒枭形成强烈的对比，那些人则开着法拉利，有着私人动物园。

怎样才能够让这些贩毒集团承担一些增加的成本呢？买方垄断之所
以享有巨大的权力，是因为农民没有选择，只能卖给市场上唯一的买
家。那么一个表面上可行的解决方案，就是在古柯市场上增加更多的买 20
家来保证竞争。这样一来就能够给农民更多的选择，从而使贩毒集团必
须按照市价去购买。但这种方案的问题在于：古柯交易在大部分地方是
违法的，政府不会允许在市场上增加购买古柯叶的买家。因此他们尝试
用另一种方法提高价格：通过给农民提供更多的谋生途径，从而让他们
不再依靠向贩毒集团卖古柯叶来谋生。

与其用铲除古柯树这样一根"大棒"来打击古柯树种植，许多政策制定者建议还是用补贴农民去种别的作物这样一根"胡萝卜"更好。一些欧洲国家就建立了一些专项计划去激励农民开展其他的农业生产，这些国家的外交官私底下对美国的这种铲除导向的方法颇有微词。这些计划的思路是，如果种别的合法作物能够赚更多的钱，那么农民就不会再去种古柯。种古柯的农民的确对这些计划很感兴趣。即便是埃德加，

这位当地的古柯种植工会主席都说，如果启动资金门槛能再低一点，他也会考虑转向其他的产业。“家禽、番茄、猪肉——养殖（种植）这些都比种古柯赚钱，但是需要启动资金。”他抱怨道。欧盟拿出了一些钱专门用来满足这样的需求，专门资助在玻利维亚开展香蕉、咖啡和柑橘的种植。世界上其他毒品种植地区也尝试了类似的措施：在阿富汗，这个世界上最大的鸦片产地，政府鼓励农民种小麦或者棉花，而不再去种罂粟花。

一些证据表明这种策略确实有效。最近一项由全球发展中心（Center for Global Development，CGD）做的研究就试图分析，墨西哥的农民是如何决定到底是种合法作物还是非法作物的。[7]全球发展中心是一个设在华盛顿的研究组织。这项研究报告的作者将研究焦点集中在大麻和鸦片上，因为这是墨西哥最主要的毒品作物。然后把这两者和墨西哥最主要的合法作物玉米进行比较。玉米在墨西哥的地位不言而喻，墨西哥人民对玉米的消费几乎就像毒品上瘾一样。玉米是墨西哥玉米饼的主要原
21 料，是墨西哥的国民主食。平均每一个墨西哥人一年要吃掉200磅的玉米。墨西哥流传的一句话是这么说的，“Sin maíz, no hay país”（没有玉米，就没有国家）。玉米饼制造商工会的标志是一个怒目圆瞪的神明辛特奥特尔（Centéotl），辛特奥特尔是阿兹特克神话中一个报复心非常强的神明，有上千条生命献祭给了这位玉米神。

玉米确实非常重要，无论是延续国家传统，还是单作为一种重要的粮食，但是近几十年来，通过种植玉米来谋生却是一件非常难的事情。价格的剧烈波动让农民的收入非常不稳定。1994年加入北美自由贸易协定（North American Free Trade Agreement，NAFTA）之后，美国也加

入到玉米市场的竞争中来，墨西哥的玉米价格随即暴跌。如果遇到美国大旱导致玉米减产，价格又会突然上涨。全球发展中心的那份报告中，报告的撰写者把玉米的价格信息和种植大麻、鸦片的土地分布信息结合在一起，绘制了一幅信息图。在价格急剧波动的时候，这些种玉米的农民究竟有多容易被吸引去种毒品呢？

结果显示：非常容易。在20世纪90年代玉米价格下跌的时候，农民们就开始种更多的大麻和鸦片。根据报告的计算，在那些种玉米的地区，玉米价格下跌59%就会导致大麻种植面积增加8%，鸦片种植面积增加5%。但也有好消息：当玉米价格从2005年开始上涨的时候，大麻种植就开始迅速减少。当然也有可能有别的原因：美国的大麻合法化热潮急剧减少了墨西哥农民种大麻的积极性（参见第十章）。另外在玉米价格回升之后，罂粟的产量还是很高。即便如此，这份报告还是认为，玉米价格对农民种植违法作物的意愿有很大影响。

换句话说，如果能够让安第斯山脉的农民通过养鸡和种番茄赚到钱，他们可能就会少种一些古柯。这就是解决买方垄断问题的另一种解
决方案：如果贩毒集团对古柯（或者是大麻、鸦片等）的收购价格开 22
得过低，这些农民只要去种玉米、番茄或其他的作物就可以了。至少这些贩毒集团需要提高价格，才能够让这些农民回来继续种这些毒品。

这种给农民提供更多选择的策略要比铲除毒品植株要更有希望成功。而且似乎已经取得了一些成效，21世纪初以来，这两种措施似乎都开始起作用，古柯树的种植面积有所减少。在2014年古柯树的有效种植面积大约是130,000公顷（320,000英亩），比2000年减少了40%。在安第斯山脉几十万农民几年来的抵制下，南美三个国家的军队

和美国缉毒局共同努力都不见起色，现在看起来终于有了突破性的进展。

但就在事情开始有转机的时候，一个由联合国和哥伦比亚政府组织的科学家小组发现了一个令人震惊的情况。在经过了 2005 年到 2006 年近一年的田野调查，他们发现可卡因行业里竟然发生了“绿色革命”[1]。之前他们认为哥伦比亚一公顷的土地一年只能产出大约 4.7 千克的纯可卡因粉，现在他们发现一公顷土地上实际能够产出超过 7.7 千克的纯可卡因粉。[8] 这一发现非同寻常：这意味着哥伦比亚的可卡因生产商已经研发出了从古柯叶中多提取 60% 可卡因的方法。

他们究竟是如何做到的？为了搞清楚这个问题的答案，我去拜访了凯撒·古尔德斯（César Guedes）。凯撒·古尔德斯是秘鲁人，在玻利维亚担任联合国总禁毒官。尽管他的工作内容非常严肃，但是古尔德斯是一个非常积极有活力的人，经常从椅子上一跃而起，然后开始快速画一些图表，用来配合阐述自己的想法，同时还会搭配着一些充满激情的手
23 势。“这些贩毒集团永远在寻找有没有方法能让他们的制毒效率更高。”他这样告诉我。随着“cocineros”（厨师们）在他们那些隐藏在丛林中的秘密实验室里不断研发出新的配方，把古柯叶转化成可卡因粉这一过程在不断进步。制作可卡因通常需要两个步骤。第一步把古柯叶制成米黄色的黏稠的糊状物，这种糊状物叫作古柯膏。在这个过程中，一吨的新鲜古柯叶不断被烘干，直到重量变成大约 300 千克。这些干古柯叶之

---

〔1〕 绿色革命，原意是指在生态学和环境科学的基本理论指导下，人类适应环境、与环境协同发展、和谐共进所创造的一切文化和活动。此处是指贩毒集团在可卡因提取效率上出现的技术突破。

后被切碎，和一些有毒的化学制剂进行混合，包括水泥、化肥和汽油。这些化学制剂能够把可卡因从那些蜡黄色的叶子中萃取出来。剩下来的叶片被过滤掉，多余的化学制剂被去除（至少是大部分被去除）之后，便可以熬制剩下的残留物。这样得到大约1千克的古柯膏。要把这些糊状物变成盐酸可卡因，也就是我们比较熟悉的那种可以吸的可卡因粉，需要加入丙酮作为溶剂，然后再加盐酸。[9] 经过这些工序形成的混合物过滤烘干后，得到不到1千克的纯可卡因：$C_{17}H_{21}NO_4$。

这种基础的制作流程被沿用了几十年，但最近贩毒集团的研发工程师们有重大发现。"制毒过程发生了重大变化，他们开始用新的前体〔1〕和新的机器。"凯撒·古尔德斯告诉我说。有的革新是基础性的：农民们不再浪费时间在太阳底下晒古柯叶，而是改在烤箱里面烘制；有了烧汽油的叶片修剪机，瞬间就能够把叶片搅碎，不再需要去一点点切碎了。为了从古柯叶中更快速地萃取出可卡因，毒贩子们开始用改装的洗衣机来充当简易的离心机。有的时候，这些秘密实验室就设在卡车的后面，卡车在丛林深处的小路上来回游荡，借此来躲避侦查。据古尔德斯说，所有的这些措施，包括使用新的前体，让玻利维亚的可卡因产量在三年内翻了一番。

不同国家在供应链所处的地位同样发生了改变。玻利维亚的毒贩不再需要把那些糊状古柯膏送到哥伦比亚，再加工成可卡因，玻利维亚的毒贩渐渐地开始自己提炼，这样成品就可以直接送到边境邻国巴西，进而转运到欧洲，或者直接送到巴西当地的毒品市场中。（巴西是现在世 24

〔1〕 用于制造另一种化学品的化学品。

界上可卡因的第二大市场，仅居美国之后，同时毫无疑问是强效可卡因的第一大市场。）掌控了供应链的这一环节，使玻利维亚的毒贩们变得富有起来，古尔德斯告诉我，因为走私是整个制毒贩毒链条中利润最高的环节。“通过这样做”——他从办公室的一边跳到另一边，模拟跨过边境线的过程——“你能够使你的这些产品价格翻一倍”。古柯树单产量的提高意味着，至少从现在来看，铲除那一点点的古柯树只是徒劳。根据联合国的统计，南美用来种古柯树的土地面积从 1990 到 2011 年大约减少了 1/4。但是由于生产流程效率的提高，可卡因的产量在古柯种植面积减少的情况下仍然增加了 1/3。

· · ·

似乎已经没有什么办法能让南美的这些可卡因毒贩团伙提高价格了。限制古柯的种植只会伤害农民，即便能够成功地减少古柯树的种植，也抵不了技术升级所带来的可卡因产量增长。

然而，相比之下，这些都是小问题，更大的问题是在打击贩毒集团的可卡因供应链时，隐藏着一个更重大的漏洞。贩毒集团和沃尔玛这样的大型零售商相比有一点不同，它们不是通过薄利多销来赚钱。沃尔玛从一组感恩节餐盘中赚不到多少钱，每一组赚的钱不超过 18 美分。但是像这样便宜的商品出货量非常大，以至于能够获得可观的利润。虽然不同商品不同分店的利润不尽相同，但是大部分零售商的售价都定在比
25 批发价高出 10% 到 100% 之间。这似乎听起来很高，但和可卡因的利润率比起来根本不算什么。

我们不妨看看从安第斯山到洛杉矶，1千克毒品的价格是如何变化的。为了制成1千克的可卡因，需要350千克的干古柯叶。按照加列戈和里科获得的哥伦比亚的市场价格，大概需要花385美元。一旦制成1千克的可卡因，就能够在哥伦比亚卖到800美元。根据美国智库兰德公司的博·基尔默（Beau Kilmer）和皮特·鲁特（Peter Reuter）两人提出的数据，这1千克的可卡因从哥伦比亚出口的时候，价格就变成了2,200美元，当进口到美国价格又涨到了14,500美元。转手到中游的经销商时，价格涨到19,500美元。最终卖到街头的毒贩，价格是78,000美元。[10]这一系列一路猛增的数字其实还没有完全反映可卡因的利润规模。每一个环节毒品都会被稀释，毒品贩子和经销商用一些别的东西"调配"这些毒品，让可卡因能够更耐吸。如果把这个因素考虑进去，1千克纯可卡因的零售价实际上大约要122,000美元。

这个利润高得惊人。当然，这并不都是纯利润：可卡因之所以这么贵的原因就在于，要保证秘密运输，就必定会带来各种各样的费用，从除掉对手（参见下一章）到贿赂官员都要花钱。但即便如此，从"农场门口"的古柯叶价格到最终可卡因的零售价格之间的差距非常大，增长率超过30,000%。这对反思通过提高古柯叶价格来禁毒的尝试是否有效有很重要的意义。就算我们假定南美的这几个政府已经取得了重大进展，无论是通过铲除古柯树，还是给农民别的生产机会的方法，确实成功地让古柯叶的价格变成原来的三倍。这意味着要提炼1千克的可
卡因，贩毒集团需要拿出大约1,155美元，而不是385美元。我们同时 26
假设增加的所有成本都转移到了消费者身上（实际上这不太可能——最有可能的结果是贩毒集团让供应链上的其他人承担了这部分成本，就

像之前他们对待古柯农民一样)。这意味着在美国的零售端，1 千克纯可卡因将会额外上涨 770 美元——即从 122, 000 美元涨到 122, 770 美元。1 克纯可卡因的价格从 122 美元涨到 122. 77 美元，上涨了 77 美分。总的来看，就算让南美的可卡因原料涨价到三倍多——实际上没有任何政策的效果能达到这个结果——在最理想的情况下，可卡因在美国的零售价只增加 0. 6 个百分点。这和投入到摧毁安第斯山脉古柯供应链的数十亿美元相比，似乎算不上是一个很高的回报。

显然，从供应链上游到下游，可卡因价格的涨幅之大令人咋舌，这意味着供给端的价格干预确实有效果，但效果非常有限。执法部门对这样一种简单农产品的严格监管，导致了在生产地比咖啡还要低的价格，在美国和欧洲一路上涨到比黄金还要贵。但是从最近大部分的古柯树铲除行动的成效来看，从供应链的顶端干预价格的政策效果已经发挥到极限了。政府在用控制巧克力价格的方法来控制可卡因市场，可可豆涨价确实会相应导致巧克力棒的价格上涨，但实际上可卡因市场更像是艺术品交易市场，原材料的那一点点成本和最后的成品比起来微不足道。通过提高古柯叶的价格来迫使可卡因价格上涨，就像试图通过提高颜料的价格来迫使艺术品涨价。葛哈·李希特（Gerhard Richter）[1]的油画能够卖到 46, 000, 000 美金，即便油画颜料价格翻倍甚至是翻五倍，他也
27 不用担心。同样的道理，只要禁毒机构还是把注意力放在可卡因供应链最早期价值最低的那几个阶段，贩毒集团就完全不在意，因为这对他们生意的根基不会产生任何冲击和动摇。

---

〔1〕 葛哈·李希特（Gerhard Richter，1932 - ）是一位德国艺术家，创下过在世艺术家拍卖的最高价纪录。

安第斯山脉地区正在进行的大范围的"军事铲除古柯"行动毋庸置疑是白费力气。大多数时候他们只会让农民更贫穷；即便他们真的能够让贩毒集团来承担更高的成本，相比可卡因最终的高售价，作用也是非常微小的。从毒品的原料开始解决毒品问题听起来很不错，但从经济学的角度分析，实际上是效率最低的着力点。可卡因真正变得非常贵的时候是在整个供应链的末端，即进入美国境内的时候。正如我们即将在下一章看到的，这也是贩毒集团之间为了竞争不惜一战的地方。

第二章

竞争与共谋：为什么合作时常胜于谋杀

墨西哥城中，在墨西哥总统府松园（Los Pinos）一间装饰宏伟的会客厅里，费利佩·卡尔德龙（Felipe Calderón）手上正挥动着一张彩色打印的纸。这张纸上画着 37 张乖戾阴沉的脸。这是 2012 年的 10 月，卡尔德龙作为墨西哥总统，此时距离他的任期结束还有 6 个星期。在这次离任采访中，他一直试图向我展示他这一届政府在打击国内顶级毒枭上所取得的进展。他手里这张纸上的这 37 个人在 2009 年被确定为墨西哥的最高级通缉犯，公布在国家公报《墨西哥联邦官方公报》（*Diario Oficial de la Federación*）上。上面有的照片像是给囚犯拍的入监照；有的看起来则是从他们的家庭相册中翻拍的照片。这些照片最显著的特点是，许多人的脸上已经被一条黑线划过，这些黑线代表着缉毒运动取得了巨大成功。

“在哲塔斯（Zetas）方面，重要的一个头目是绰号叫‘塔利班’（El Taliban）的人。”卡尔德龙总统指着一个长着浓密胡须的人说道，这个人的照片上印有“ARRESTED”（已被逮捕）字样，这 37 个人中，大部分隶属于哲塔斯的成员都被划掉了。哲塔斯是墨西哥最有势力的贩毒集团之一。“这个人绰号叫‘金黄’（El Amarillo），为哲塔斯控制着几乎整个墨西哥东南地区。绰号‘幸运’（EL Lucky）的这个人控制着韦拉克鲁斯（Veracruz）。这位绰号叫‘松鼠’（La Ardilla），则是最危险、最嗜杀成性的杀手之一。”卡尔德龙继续说着。37个人中总共有25
30 个人被黑线划掉：其中17个人被逮捕，6个人被警察或者是军队杀掉，2个人被“处决”——处决的意思是被商业上的竞争对手杀掉了。在此之后，又有更多的人被划上了黑线：2013年7月，在总统卡尔德龙离职8个月后，哲塔斯的头目米格尔·安赫尔·特里维诺（Miguel Ángel Treviño）在得克萨斯州边境附近被捕。2015年3月，墨西哥警察在蒙特雷（Monterrey）北部郊区的一栋豪宅里，逮捕了他的兄弟，同时也是哲塔斯头目的继任者奥马尔（Omar）。

你可能会以为对这些关键人物各个击破，就能彻底摧毁那些贩毒集团，但实际上并不是这样。在卡尔德龙的任期内，走私到美国边境的毒品数量丝毫没有减少，加入贩毒集团的年轻人的数量仍然很多。在这六年的任期里面，最显著的一个变化是暴力冲突事件持续增多。在墨西哥，只有米却肯州（Michoacán）生性温和的人民一直保持了低凶杀率。2006年，墨西哥是拉丁美洲最安全的国家之一，每10万人中只有约10起谋杀。实际上，这个凶杀率比美国许多的州还要低。到了2012年，这个比率翻了一倍，因此卡尔德龙以墨西哥历史上近年来最不受欢迎的总统的身份黯然离任。漫画家会把他描绘成这样一幅形象：穿着特大号的军装，站在一片茫茫的墓地和头骨堆中，表情茫然。

墨西哥的凶杀率飞速上升的同时，它的一个邻国的情况则正完全相反。长期以来，萨尔瓦多是世界上暴力犯罪率最高的国家之一，远超过墨西哥。萨尔瓦多那些可怕的“maras”（黑帮）有一个很明显的特征，就是他们从头到脚的文身。这些人每天都你死我活地在贫民窟里互相厮杀。但是到2012年，令人不可思议的事情发生了。不到几天之内，气氛突然变得一片祥和。在萨尔瓦多国内的两大主要犯罪集团“萨尔瓦多人”（the Mara Salvatrucha）和“18街”（Barrio 18）之间达成了一个几乎不可能达成的停火协议，谋杀率一下子下降了2/3。这两派暴徒曾
是死对头，而这次居然在一起举办了一个新闻发布会，在发布会上两方 31
承诺不会再互相杀戮了。整个国家的谋杀率迅速降到了一年只有2,000人左右。

墨西哥的贩毒集团和萨尔瓦多的黑帮在地理位置上接近，卖的毒品也一样，解决问题的方式也相同，往往一言不合就诉诸武力。为什么就在短短几年的时间内，墨西哥的贩毒集团变得更加暴力，而萨尔瓦多的黑帮逐渐地变得平和？如果我们从经济学家的角度来思考这个问题，那么换一个问法就是，为什么一个是高度竞争的市场，另一个却符合经济学中的共谋模型？[1]

· · ·

墨西哥政府把华雷斯城作为对贩毒集团发动战争的第一站。像其他许多和美国接壤的城市一样，华雷斯城一直都是一个衰败的地方。按照墨西哥的标准，华雷斯城其实不算是一个贫穷的城市，市中心的街边也

---

〔1〕经济学中，共谋是指达成秘密协议或进行合作，目的在于规避竞争，联合压制市场中的消费者。

有一些像样的酒吧和墨西哥卷饼店，这些店就好像从得克萨斯州被原样移植过来一样。但是在城市的周边居住着一群绝望、贫穷的工人，这些工人在出口加工厂中工作，勉强维持生计。这些工厂坐落在城市周边的沙漠中，电视和冰箱在这里被组装后送运出口。在城镇西边的山坡上有人用白色的颜料写着几个字：“CIUDAD JUÁREZ：THE BIBLE IS THE TRUTH. READ IT”（华雷斯城：圣经就是真理。读圣经吧）。这几个字大到全城的人都能看见。

直到最近，好像确实有某种神圣力量开始维护和平了。通常这里一年能有大约400起的谋杀案发生，对于一个有150万人口的城市来说还不算太可怕，更别说这是一个非常贫穷的城市，而且边境那边就是一个枪支可以随意流通的国家。但是到了2008年，当地的黑社会开始变得不太平了。城市暴力指数开始迅速升高，到了2011年的夏季，整个城市一个月就会有300具尸体堆在太平间。

谋杀案的大量发生是有组织犯罪的标志：许多人都因被AK-47步枪的大口径子弹射中而丧命。AK-47步枪因枪的弹仓弯曲形状的缘故，在当地又被叫作“cuerno de chivo”（山羊角）。丧生的许多人都来
32 自外地，可能是从别处来的杀手，要么就是被这些杀手绑架的人质，被从别的州绑过来然后带到华雷斯城被秘密地处决掉。曾一度，华雷斯城每个月有50具尸体被标记为“MN”或“FN”，指代那些无法确认身份的男性或女性。在总统卡尔德龙执政期间，有超过25,000个人莫名其妙地失踪，其中许多人最后都躺在华雷斯城刚扩建的太平间中冰冷的棺材里。在太平间高高的围栏外，长期有家属排队等待进入，希望认领失踪了的亲属。

为什么墨西哥的黑帮突然开始在华雷斯城发生这么大规模的冲突？乍看这个城市并不像是对贩毒有什么特别重要的意义。华雷斯城和毒品供应没什么关系，大麻和罂粟长在遥远的西南方的马德雷（Sierra Madre），制作可卡因的原料古柯则长在南美。华雷斯城也不是毒品的消费中心，相比于美国的一些大城市，当地的毒品零售市场小得可怜。然而几年来，为了控制这个城市所发生的争斗都非常激烈，以至于整个城市拥有世界上最高的谋杀率。

实际上，华雷斯城对贩毒集团的真正价值在于它是通向一个更大市场的大门。据美国缉毒局这个旨在革除“美国最受欢迎的恶习”的机构估计，从墨西哥走私到美国的可卡因，70%都是从华雷斯城入境。除了毒品，大量其他的走私品长期从华雷斯城附近的奇瓦瓦沙漠（Chihuahua desert）流入美国。即便是在20世纪70年代，可卡因走私还未盛行的时候，华雷斯城也是美国人喜爱的一日游胜地，他们过境来买便宜的酒，同时也为了享受这里便宜的修车、牙医、卖淫和所有一切由于更低人力成本所带来的低价服务。当你乘飞机进入这个城市，你都很难分清华雷斯城和得克萨斯州的埃尔帕索（El Paso）之间在哪里分界。

为了扼杀贩毒集团，美国和墨西哥当局想尽各种努力让边境偷渡变得困难。特别是自从“9·11”袭击事件以来，美国边境更是加大了监管力度。这一举措不仅让犯罪分子很恼火，做合法生意的商人也对此颇有微词：“所谓什么‘国家安全’——ay, cabron（无耻）！”一个华雷 33
斯城的酒保有一次对我抱怨道，最近一段时间美国来墨西哥一日游的人数不断下滑。但是让人意想不到的是，加强边境管制的另一个结果是让每一个过境点变得更加珍贵。墨西哥和世界上最大的毒品消费市场之间

2,000 英里的边境线只有 47 个官方的过境点。在这些过境点中，大概有 6 个最大的过境点在装货卡车的吞吐量上要远超过其他过境点。如果一个贩毒集团连一个这种规模的过境点都控制不了的话，就很难经营维持下去。

因此每一个过境点的竞争都非常激烈。除了华雷斯城以外，还有别的边境城市也充斥着极度的凶杀和暴力：像蒂华纳、雷诺萨（Reynosa）和新拉雷多（Nuevo Laredo）近几年来都成了贩毒集团火并的战场。和美国接壤的六个州也正是墨西哥凶杀率最高的州。唯一能够和这些州匹敌的只有那些拥有大港口的州，比如韦拉克鲁斯州和米却肯州。出于同样的理由，这些州也是贩毒集团非常渴望争夺的地方。正是因为这些出境的关口很稀缺，毒贩们才会奋力争夺对它们的控制权。

这样极易引发激烈竞争的状况一直是长期存在的，为什么偏偏在卡尔德龙执政的时候爆发了呢？之前毒品贸易一直被“卡里约·富恩特斯组织”（Carrillo Fuentes Organization）把控着，这个组织一般又被直接称为华雷斯集团。在 20 世纪 90 年代，这一组织由亚马多·卡里约·富恩特斯（Amado Carrillo Fuentes）领导，他有一个绰号叫作“天空之王”。因为他拥有一个舰队的飞机，专门负责从哥伦比亚运输可卡因。就像一部糟糕的黑帮片里的桥段一样，1997 年亚马多在墨西哥城死于一场整容手术，他原本想通过手术来改变自己的容貌。没有人知道他究竟是死于什么原因，以及他是如何在做手术时死的。但是几个月之后人们发现，三个搞砸了这次手术的医生的尸体被塞在六十六加仑的油桶里，桶的缝隙则用水泥填上了。这个团伙另一次遭到重创则是藏在政府里的一个重要内线暴露了。何塞·杰斯·古铁雷斯·雷博洛（José de

Jesús Gutiérrez Rebollo）是军队中的一名将军，他曾被任命为国家毒品打击协会（National Institute for the Combat of Drugs）的会长，这一职位 34
让他成了墨西哥的毒品沙皇。而实际上，他一直都被华雷斯集团收买。如果你对这个人有模糊的印象，可能是由于你看过 2000 年的一部讲述贩毒的电影《毒品网络》，有一个角色的原型就是这位将军。亚马多死去、腐败的毒品沙皇出局之后，华雷斯集团的规模在急剧缩小。

敌对的黑帮发现了这一点。华雷斯城所带来的稳定持续的黑色财富一直以来都让这个城市成了诱人的兼并目标。现在只需要一个专业的公司并购专家来制定兼并计划了。恰好就在这个时候，2001 年冬天的一个早上，墨西哥最狡猾的毒枭华金·古兹曼（Joaquín Guzmán）从监狱中逃了出来。古兹曼是一个来自锡那罗亚州西马德雷的矮胖男人，由于他那一米六八的身高，又被称作“El Chapo”，即“矮子”。他这矮壮的身材使他能够藏在装有待洗衣物的小推车里，从墨西哥城郊外的监狱中逃脱。埋在监狱犯人们换下的内衣裤中，这对他来说可能不是一个很体面的逃脱方法。但这丝毫没有损害到他作为墨西哥最具影响力的毒枭的地位。他是锡那罗亚集团的领袖，锡那罗亚集团是世界上最具影响力的贩毒组织。《福布斯》杂志曾把“矮子”列入亿万富豪的名单中，并把他评为 2010 年世界上最具影响力的 60 人之一（而连墨西哥总统卡尔德龙都没能进入这一榜单）。

锡那罗亚集团和华雷斯集团很快开始发生冲突。在 2004 年，卡里约·富恩特斯最年轻的弟弟鲁道夫（Rodolfo）在锡那罗亚的一个电影院外被杀害。人们普遍认为“矮子”是这次谋杀的幕后主使。同年，“矮子”的兄弟阿尔图罗（Arturo）在监狱中被杀害，很可能是被华雷斯集团报复了。经过了相安无事的四年之后，“矮子”的一个儿子埃德加·古兹曼（Édgar Guzmán）在锡那罗亚一家购物中心的门外被射杀。（传闻事件发生的两天后正好是母亲节，锡那罗亚的女人醒来发现这个州已经买不到红玫瑰了，因为“矮子”怀着巨大的悲痛买下了所有的红玫瑰。）[1]一个月之后，“矮子”前女友的尸体在一辆汽车的后备厢中被发现，身上还刻着敌对帮派的标志。冲突已经升级成战争。

35 2011年，我怀着非常紧张的心情第一次前往华雷斯城，事后发现当时正值帮派厮杀的巅峰时期。从机场出来，我手中拿着一个笔记本，那个没用的定位装置仍然塞在我的袜子里，显得非常累赘。我随后见到了米格尔（Miguel），米格尔是当地的一个毒贩子，他答应当天开车带我转转。通常来说，这种时候我在外面都会叫出租车，但是华雷斯的出租车以作为黑帮的移动岗哨而闻名。因此我还是决定通过朋友联系上米格尔。直到他说汽车的倒车挡坏了之前，我都在想拥有一个自己的司机是多么不错。于是我只好帮他一起把车子从停车位里推出来，之后我们便驶向城里。在路上我想，这可不是一辆适合逃跑的车。

当我们开到进城公路的时候，我开始觉得华雷斯城有一些不对劲。和其他的城市不同，那里的每一个十字路口都没有卖食物、电扇或者是苍蝇拍的商店，街上空空如也。即便天气开始逐渐转暖，每一辆车的车窗仍然是关着的。人们开车似乎开得特别小心。要知道如果在墨西哥城，驾驶体验是非常糟糕的（当然，还有一部分原因可能是由于考官太腐败，不行贿就没有办法通过考试，导致驾驶员考试在几年前被取消了）。在华雷斯城则不同，司机们都非常礼让。我问米格尔，为什么在红灯停下来的时候和前面的车保持这么长的距离。“防止被枪战误伤。”

他耸了耸肩答道。红灯是杀手刺杀目标时最喜欢的地点，所以和前面的车保持的那几英尺距离，往往就决定了是生是死。

我此行要去拜访华雷斯大学（University of Juárez）的一位教授雨果·阿尔玛达（Hugo Almada），他一直关注毒品生意在这座城市的兴衰起落。我和阿尔玛达教授约好在市中心的一家叫巴里加斯（Bariigas）的美式餐馆见面，碰面后阿尔玛达教授非常疲惫地坐在座位上。“毒品的贩卖就像一条河一样。”他用一只手比画着，另一只手拿起一块玉米饼。“如果你尽力去堵这条河，”——他的那只手往桌上一拍——“那么河水就会到处流。”像许多的墨西哥人一样，他对卡尔德龙总统发动的毒品战争感到厌烦。毒品战争中，军队被派去粉碎一切贩毒活动，但 36
往往带来了更多的麻烦。阿尔玛达勉强地表达了对美国做法的钦佩。美国的做法比较现实，对毒品的“战争”是有选择、有策略的。“我们要向美国学习。虽然毒品仍然在那里流通，毒品大规模的批发仍然存在，从中获得的利润都通过洗钱转移了，如果一直是这样的话就什么事情都没有，”他说，“如果有一天，一个毒贩把警察杀了，那么州警察就会出动，把罪犯绳之以法，让他在监狱里面待四十年，也不会有越狱的事情发生。这些都是不成文的规矩。但是在这里，毒贩毫无顾忌地杀死警察，好像他们才是正规军。”

把警察作为打击目标已经成为争夺华雷斯城斗争中最突出的现象，这背后也有经济学原理。在 2008 年冲突第一次升级时，锡那罗亚集团在华雷斯城的一座阵亡警察纪念碑上贴出告示，向警方宣战。这张黑帮贴出的告示是用黑色的马克笔潦草地写就，最上方的标题是“致那些不相信的人”。标题下面是四个当地被刺杀的警察的名字。在这四个名字下面是另一个标题："致那些还不相信的人"，在这之下是七十名还活着的警察的名字。这个名单贴出来没多久，锡那罗亚集团就开始按部就班地把上面的人一个个除掉；前六个人被杀后，剩下的警察都匆匆逃走了。

把警察当作目标不是一个巧合。普通的公司在执行并购时需要满足反垄断监管者的要求，并购交易才能继续进行。在毒品产业里，主要的监管者就是警察。警察的任务就是阻止贩毒集团合并，如果要让他们允许并购继续进行，就必须进行充分的贿赂或者恐吓。"矮子"在这里遇到了问题。华雷斯集团在争取监管者的支持上很有一套——还记得吗？他们成功买通了墨西哥的毒品沙皇——当地警察也是在华雷斯集团的控制之下。

作为警察局的领导机构，华雷斯城的市政府方面坚决否认这一点。离得克萨斯州边境不超过手枪射程远的地方，在一座水泥铸的地堡一样
37 的办公室里，当我问及当地的警察是否有能力控制住毒贩时，华雷斯城那位好强的市长赫克托·穆尔贾·拉蒂扎博（Héctor Murguía Lardizábal）顿时面有愠色。"他们可要比你们英格兰警察厉害多了。"他向我厉声说道。在问了这个问题之后，我们整个访谈剩下的时间里他都开始刻意地反复查看他的黑莓手机。然而有大量证据表明，华雷斯集团和当地警方有所勾结，市长穆尔贾手下的公安局长因向美国边境官行贿 19，250 美元被判监禁。他行贿的目的正是希望边境官准许一辆装有 400 千克大麻的卡车过境。[2]华雷斯集团有一支武装力量，叫作"La Linea"（阵线），其中成员来自当地的警察队伍，退休和现役的都有。华雷斯集团和当地警察千丝万缕的联系让"矮子"碰壁：多年以来，华

雷斯城的警察都效忠于卡里约·富恩特斯，因而不是那么好再被收买。

当监管者妨碍并购计划的开展时，一般的企业会怎么做呢？一种选择是去别的地方，看看别的监管者能不能搞得定。典型的例子是 2000 年通用电气（GE）和霍尼韦尔（Honeywell）的并购案，当时就有这一策略的运用。当通用电气宣布其计划收购霍尼韦尔的决定时，所有的竞争者都感到恐慌，毕竟霍尼韦尔是一个巨型的科技公司，从防盗报警器到直升机的零件无所不造。美国司法部最终批准了这次并购。但是通用电器的竞争对手们不愿就此善罢甘休，所以他们想到了欧盟的反垄断机构。在审查了相同的事实情况后，欧盟委员会达成了相反的结论：这桩并购案违反了反垄断法的要求，他们认为霍尼韦尔的飞机引擎业务在和通用电气自身的航空业务线合并之后，可能会在相关市场行成垄断。通用电气的对手们通过利用另一监管者的决定，成功阻止了这桩并购案的实行。

贩毒集团也会使用同样的伎俩。在无法说服华雷斯城的监管者——当地的警察——允许他们收购当地的毒品生意之后，“矮子”决定去找找别的监管者。幸运的是，墨西哥多层次的警察系统让这个计划变得可能。墨西哥的 2,000 多个地方政府都有自己的警察系统（至少理论上是 38
这样，一些偏远的地区除外）。在这之上，31 个州又各自有自己独立的警察系统。最顶层是联邦警察，相对来说，联邦警察是更精英的队伍，他们装备更好且训练有素，能够在全国执行任务，并且在卡尔德龙当政期间得到了比较大规模的扩张。

“矮子”在联邦警察中发现了机会。虽然华雷斯城警察队伍中的那些腐败分子已经被卡里约·富恩特斯收买了，许多州警察也在为他效力，但是那些从全国各地征募的联邦警察对华雷斯城没有什么特别的感情，还有被收买的可能。

这个计划一旦成功，将会出现非常荒谬的情况：在华雷斯城巡逻的两级警察之间会爆发枪战。交战双方都会指责对方和贩毒集团串通一气，而且两方都说得没错。市级的警察逮捕了两名持枪扫射酒吧的联邦警察；联邦警察随后破获了一个绑架团伙，其中就有一名成员是市级警察。联邦警察因携带非法武器逮捕了一群市级警察，然后联邦警察中就有人说不想继续巡逻了，因为害怕被市级警察逮捕。在 2011 年，甚至有一次登上了国际媒体头条的事件，一个原本被安排给市长穆尔贾当保镖的市级警察，最后竟然被联邦警察开枪打死了。

就像在通用电气的并购案中，美国对欧盟的态度非常不满（援引美国司法部副部长的原话就是“与反垄断法的立法宗旨完全背离”）一样，华雷斯城当地政府对联邦警察帮助锡那罗亚集团试图吞并当地黑帮的做法也非常不满。“你们无权在华雷斯城发号施令。”穆尔贾某次对一队联邦警察呵斥道。这场争斗现在不仅仅发生在两个黑帮之间，也在两批警察之间，并且逐渐变得越发激烈，特别是在 2008 年大量的联邦警察被派驻华雷斯城之后。

39 华雷斯集团面对这项预谋已久的吞并计划，反应和普通公司遭遇敌意收购时一样。要做的第一件事就是针对试图收购的公司展开一场公关运动。一种叫“Narcomantas”（字面意思是“贩毒集团的毯子”）的东西开始遍布整个墨西哥的西北部。这种“毯子”实际上就是把一些标语用颜料写在一大块帆布上，呼吁当地人民抵制“矮子”。这些口号上写着：“矮子”和他的锡那罗亚集团不仅仅是毒贩子那么简单，还是一群小偷、强奸犯，甚至是政府的双重间谍。[1]

同时，和遭遇敌意收购的其他公司一样，华雷斯集团需要筹集一笔资金来为抵御锡那罗亚集团做准备。一方面，锡那罗亚集团加强了对华雷斯集团毒品供应链的控制，另一方面，华雷斯集团找到了资金的另一来源：收保护费。这给华雷斯城内老百姓的生活带来了毁灭性的打击，华雷斯集团收的保护费实际上相当于给当地的商人又增加了一层“税”，商人们快要被榨干了。

沿着华雷斯城的市中心走，我感觉我来到了一座鬼城。那家屋顶上有巨大墨西哥街头乐队雕像的普埃布罗餐馆（El Pueblo）正在招租；附近的奥利维亚酒店（Olivia Hotel）好像刚被炸弹炸过，屋顶已经塌陷下去了。我走进一家酒吧，酒吧的老板是当地为数不多愿意谈起他们和黑帮之间关系的商人之一。刚进酒吧，我过了好一会儿才适应从室外中午刺眼的阳光到酒吧内阴暗光线的转换。环顾四周，我发现酒吧里面非常冷清，整个酒吧里只有老板和几个百无聊赖的服务员。酒吧的老板跟我说，每周交保护费就相当于要多给一个员工发工资。这家店每周要交的保护费是1,500比索，大约120美元。如果你没有按时上交的话，“他们会打电话到你的家里去，威胁要绑架你。”城郊那些被烧掉的房子时时刻刻提醒着人们如果不合作会有什么后果。这条规矩被无差别地执行：经过暴徒扫射之后，殡仪馆的整面透明玻璃墙都要被换掉；街那边的一家餐馆直接被人从窗户里丢进过一颗手榴弹。

“矮子”和他的同伙们正通过血腥手段一点一点占据上风。在屠杀

---

〔1〕双重间谍指表面上受雇于某一情报机构，实际上却是在为另一机构效力的间谍。

当地警察的同时，他们向外散布一些谣言，声称州检察官们已经和华雷
40 斯集团沆瀣一气了。锡那罗亚的杀手们绑架了最近刚退休的州检察官的一名兄弟，这些杀手拿着枪逼他录下了一段“供述”视频，在这段供述里，他承认自己扮演了为华雷斯集团和州政府牵线搭桥的角色。在这段被上传到 Youtube 的视频中，他说出了几名官员的名字，称他们其实都是华雷斯集团的内线，其中包括一名几周前被杀害的前情报官员（和他的一位摔跤运动员兄弟一起遇害）。不管这些内容是真是假，这段在胁迫下做出的“供述”仍然破坏了当地政府的公信力。这场华雷斯城争夺战的一个决定性时刻是在 2011 年，“阵线”的头目胡安·安东尼奥·阿卡斯塔［Juan Antonio Acosta，绰号“迭戈”（El Diego）］被警方逮捕。在被逮捕之后，他承认自己组织了超过 1,500 次的谋杀活动。当“矮子”逐渐占据了绝对的优势地位，华雷斯集团的抵抗力量逐渐消耗殆尽，总体的谋杀率便下降了。当来自监管方面的妨碍都被清除时，锡那罗亚集团的兼并即告完成。

墨西哥多层级的警察系统意味着帮派之间的兼并需要和多个层级的政府进行谈判，这样使得冲突的时间变得更长。卡尔德龙总统经常抱怨州、市两级的政府总是成为他所管理的联邦政府的阻碍。正当这边华雷斯城开始消停下来，阿卡普尔科（Acupulco）又开始成为帮派武力吞并的下一个目标。在这个繁华的海湾城市，约翰·韦恩（John Wayne）[1] 曾拥有一座庄园，克林顿夫妇曾在这里度蜜月。总统卡尔德龙曾非常恼怒地向我抱怨，之所以会出现这种问题，就在于地方政府和联邦政府不

---

〔1〕 约翰·韦恩（John Wayne，1907 - 1979），美国电影演员，曾获奥斯卡最佳男主角奖。

能互相配合。“我何尝不想只当一个阿尔普尔科市的市长，这样我会非常轻松，我真的非常喜爱这个城市，”他说，“但事实是那里有一个市政府，除了市政府，州里面还有州长，两个人手下的警察队伍加起来有5,000人。要是这些警察能够维护治安就算了，关键他们都没有起到维护治安的效果，这样一来，不稳定的问题就会一直存在。”这种不稳定以及它带来的帮派之间毫无限制的斗争，被认为是导致卡尔德龙任内总计60,000人丧生的原因。

这也让墨西哥变成了一个更黑暗、更让人提心吊胆的地方。在华雷 41
斯城，持续的恐惧感让我不敢在任何一个地方逗留太长时间。中午在一家墨西哥卷饼店里快速解决午餐（这家店居然叫“教父”[1]，唯恐不能再给这个城市添上一份黑帮的气氛），然后匆忙地从一个会面地点赶去另一个会面地点。到了晚上，我打算在天黑之前赶上飞机，在我们开车去机场的路上，米格尔小声地跟我说，他觉得有人在跟踪我们。我们赶紧默不作声地加紧赶路，这个时候，一队载着士兵和联邦警察的皮卡车队从我们身边驶过，黄昏中他们透过头盔的缝隙盯着我们看。在太阳落山的时候，我们终于到达了航站楼。随着飞机起飞，逐渐爬升到夜空中，我悬着的心才放下，真正找回了安全感。那天我并没有真正发现有谁在跟踪我们，但这次旅程，加上后面几次去华雷斯城和其他北墨西哥边境城市，我都从未真正摆脱一种不小心闯进黑帮地盘的感觉。即便是在墨西哥城的高档住宅区，有时当一辆豪车突然停在餐馆门口，听到车上下来的人穿着牛仔靴踏步走来的时候，餐馆里面的喧闹声也会戛然而

[1]《教父》是美国一部经典的黑帮电影。

止。很少有地方像华雷斯城这样是各家必争之地。对于普通人来说，一不小心就会踏进别人的地盘。

· · ·

为什么在萨尔瓦多情况就完全不一样呢？像墨西哥一样，萨尔瓦多也受一些非常骇人的犯罪所困扰。萨尔瓦多的两大街头黑帮是“萨尔瓦多人”和“18 街”。这两派的帮众都不在萨尔瓦多出没，而是活跃在加州的监狱和穷人区里。在那里，年轻的萨尔瓦多移民联合在一起互相保护，同时进行贩毒和敲诈勒索的违法活动。随着一部分的萨尔瓦多移民被遣返，帮派势力扩散到了整个拉丁美洲。年轻、无业、文身，同时有一些使用武器的经验，在美国也有根据地，他们开始回到中美洲继续进行他们的犯罪活动。在这里，更加松散的执法环境让他们获得了前所
42 未有的发展空间。两个帮派预计约有 70,000 的成员分布在中美洲，[3]这个数字和通用汽车在美国的直接雇员数相当。[4]在一个总人口 400 万出头的地区，这是一股相当可怕的势力。

为了更深入地了解这些跨国组织是如何运作的，我和“18 街”的头目卡洛斯·莫哈卡·莱赫加（Carlos Mojica Lechuga）安排了一次约见。莫哈卡被关在科胡特佩克（Cojutepeque）的一座碉堡一样的监狱里，并在这里管控着他庞大的跨国生意。这座监狱在离萨尔瓦多热闹的首都圣萨尔瓦多（San Salvador）向东一个小时车程的地方，过去应是座宏伟的古老建筑。现在从石墙上的铁窗外，你能够看到阳光从曾经是屋顶的地方照进来。监狱外面用沙袋堆成的炮台附近，一些身着迷彩的

士兵挂着冲锋枪在巡逻，不让任何人接近。尽管此刻我正在市中心，却发现已经完全没有手机信号了。附近一位面有颓色卖普普萨（Pupusas，萨尔瓦多著名的一种烤玉米制成的小点心）的小贩告诉我说，手机没有信号是因为监狱安装了信号干扰器。他给我指了指这条路上稍微能收到信号的一个地方，一群当地人正在那里在不停地挥舞手机，试图收取信息。

不过到了监狱里面，我还是要交出我的手机，除了一个笔记本、一支笔和一支录音笔之外，我什么都不能带。武装警卫带我到一个院子里，然后从那里再去一个大约有一个教室那么大的空旷牢房之中。这个牢房空空如也，只有一些塑料椅子。不一会儿，莫哈卡被带进来了。他戴着手铐，但是这似乎是在监狱对他唯一的限制。他穿着一件蓝色篮球衣、一条亮白色的短裤，脚上穿着一双崭新的白色锐步训练鞋。所有这些看起来都是全新的。在他饱经沧桑已经秃了的头上戴着一顶黑色的棒球帽，帽子前面绣着数字“18”，帽子边上绣着他的绰号“老林” 43
(Viejo Lin)。他从头到脚都有文身。脖子上面刺着非常大的一个“100%18”。他右手臂的文身图案上有一条很大的疤痕，从肱二头肌上一直划下来。在他的左眼旁边刺有一个小泪滴。在他的前额，分成三行刺着一句话，因为帽舌的原因被挡住了一部分：“En Memoria De Mi Madre”（纪念我的母亲）。

大多数的黑帮成员都是年轻人，因为能够在一个黑帮中熬到老的概率是非常小的。根据联合国的数据，萨尔瓦多 2009 年的谋杀率是每 10 万个人中有 71 个人因谋杀而死，这让它成为世界上最凶残的国家。按照这个比例，一个萨尔瓦多男人一生之中大约有 1/10 的概率被谋杀。

而且这只是平均数，对于那些出身贫穷，或者出生家庭和黑帮有关联的人来说，概率又要高得多。

所以“老林”这个年龄在黑帮里面并不寻常。当他拉着一张椅子准备坐下的时候，我问他现在有多大年龄了。“我25岁。”他沙哑地回答道，脸上没有什么表情。不对，他咧开嘴笑了，他实际上已经50岁了。两名少女因和“萨尔瓦多人”的成员约会而被他砍头，这一罪行使得他被判监禁，他的余生很有可能要在牢狱中度过（之后我在读相关的新闻报道时发现，他和他的同伙被指控在杀害这两名少女之前还用地坪磨光机折磨她们）。像许多的暴徒一样，“老林”21岁的时候在洛杉矶加入黑帮。他的嗓音很低沉，就像抽了太多烟而没有吸入足够的新鲜空气一样。尽管当天热得像蒸笼，我感觉衣服因出汗已黏在我的后背上，“老林”的皮肤却是那种因为长期待在牢房里而变成的浅白色。

“老林”的组织正在尝试一种与墨西哥贩毒集团完全不同的商业模式。在2012年的3月，“18街”和他的劲敌“萨尔瓦多人”达成了一个停火协议。“老林”和“萨尔瓦多人”的头目［一个叫做埃德森·扎卡里·尤费米亚（Edson Zachery Eufemia）的美国人，同时也被关在萨尔瓦多的另外一个监狱里］达成共识，他们不再互相厮杀。“这是深思熟虑的结果，”“老林”告诉我，他的语气一下切换成了首席执行官一样的模式，“我们不再用暴力来解决问题，我们已经进入到双方亲如兄弟的新阶段。”在20世纪90年代，两方之间的战争几乎让50,000人丧生。“现在我们的监狱里全部都是年轻人，有一些人确实是为自己犯下
44 的罪行在服刑，有些人则不是。我们的家人因为所有的这些事情而感到非常痛苦。而且这个国家也被划分成一个个的片区。”这里他所指的

“片区”是被不同帮派瓜分的地盘。在圣萨尔瓦多的贫民窟里，闯进了敌对帮派的地界就足以因此丢掉性命。这个“片区化”的国家中，有多少片区是属于“18 街”的呢？“老林”微微一笑：“Bastante”（非常多）。

正是这种“片区化”的局面在一定程度上解释了为什么共谋对萨尔瓦多黑帮来说是一个不错的选择，而在墨西哥就不太能行得通。公司与公司之间的共谋，不论是贩毒集团之间，还是普通公司之间，是为了把一个大的竞争市场变成一些小型的垄断企业。试想一个国家的市场上只有两家电话公司，如果他们在全国范围内竞争，那么以更低价格提供更优质服务的那家生意会更好。结果就是两个公司都不能赚到很多的利润。但如果两家公司进行共谋，例如相互约定，一家负责整个国家的北部地区业务，另一家负责南部业务，那么每家公司都能在小范围内享有垄断地位。这就是为什么共谋通常来说都是被法律禁止的。当然，做非法生意的公司就不需要担心太多关于反垄断法的合规问题，这就是为什么敌对黑帮之间进行一定程度的共谋比你想象中要更平常。

尽管可能在经济学上说得通，但墨西哥的贩毒集团想要按照这种方法来划分市场则要难很多。在整个交易中，扮演重要角色的过境点和港口太稀少，就像在华雷斯城这样的城市，走私到美国的可卡因有 70% 都从这里经过，想要有一套“公平”的分配方案实在是太困难。对于萨尔瓦多的黑帮来说就不一样了。他们在国际毒品走私市场中并不是什么重要角色，不论是贩毒还是敲诈勒索收保护费，大部分都是本地生意。这种国内的市场相对来说更容易划分出国内的垄断寡头。在相互竞争的情况下，“老林”和他的对手帮派不得不通过打价格战来不断提供更低价格的毒品，以及越来越合理的保护费条件（也有可能是对那些不愿交保护费的人更加残暴，这样自然也要花更多的钱）。因此，通过
45 把整个国家划分成相安无事的“片区”，无论是在毒品上还是保护费上都能够收更多的钱，也因此极大地减少了两方因互相争斗带来的多余成本。

这一停火协议有极其深远的影响。几乎是一夜之间，谋杀率下降了大约2/3。这意味着萨尔瓦多这个原本世界上最暴力的国家，现在的危险程度变得和巴西一样。圣萨尔瓦多曾一度是世界上最凶残的城市，到了2012年，谋杀率已经下降到比加利福尼亚州的奥克兰还要稍低一点的水平。按照“老林”的说法，停火协议旨在让这个国家的年轻人重回正轨，看样子“老林”现在已经完全进入到新闻发布会的说话状态了。“我们希望能够得到工作的机会，过上有尊严的生活。别忘了，”他一边对我说，一边用手指戳着空气以示强调，好像说的这些问题和他一点关系都没有一样，“我们的年轻人之前一直都是在充满暴力的环境中成长的。”

萨尔瓦多黑帮里的年轻帮众们有一个标志性的特点，就是那些从头到脚的文身。像“老林”一样，几乎所有的黑帮成员在身上文这些图案都是为了宣示他们对自己帮派的忠诚，无论是“萨尔瓦多人”，还是“18街”。正是这些文身，间接导致了这个国家大量暴力冲突的发生。因为这就像是在每一个年轻的帮众身上非常明显地画上了一个靶心，一旦他们游荡到敌对帮派的地盘里面，很容易就会被发现。但是，这些图案也能够让帮派之间更有可能进行共谋。

意大利经济学家米凯莱·保罗（Michele Polo）对黑手党做了相关

研究。该项研究表明，黑帮们彼此会试图从对方那里挖“士兵”（soldati）过来，这是这些意大利敌对黑帮之间激烈竞争的常见表现形式之一。[5]保罗起草了一份标准模板，来说明黑手党是如何和他们的成员签订“合同”，进而尽可能减少他们叛变机会的。这些合同的一个基本要素是设置足够高的报酬来保证忠诚。但是这样做代价昂贵，所以黑手党们也会通过暴力威胁来防止成员背叛。墨西哥的贩毒集团基本上也是用这些路数，对那些从组织内出逃的叛徒使用最可怕的手段进行报复。

萨尔瓦多的黑帮在这一方面和他们不同。萨尔瓦多黑帮的成员身份不是按照谁付最高的工资来决定的，而是看出生在哪里。一旦一个年轻人成了“萨尔瓦多人”的一员，他就会在身上文上“萨尔瓦多人”的 46
文身，这样的话要叛变加入“18 街”是不可能的，反之亦然。即便是想要离开，从事一个新的、合法的职业几乎也是不可能的，因为任何一个雇主都不会接受求职者额头上的骷髅图案。从经济学的角度来看，这意味着墨西哥的暴徒们都是高度自由的，哪一个帮派看起来更强大或者给的钱多就会去那里，但是萨尔瓦多的黑帮劳动力市场是完全不流动的。在任何一个帮派都没有机会挖别人墙角的情况下，这些帮派完全不需要为了人才而竞争，因此他们能够把工资开得足够低。

在“老林”所在的监狱和首都之间是伊洛潘戈（Ilopango）。伊洛潘戈在圣萨尔瓦多的郊区，也是两大帮派的分界线。在我回市里的路上，我打电话给萨尔瓦多·鲁诺（Salvador Ruano）联系见面的事。萨尔瓦多·鲁诺是刚选出的伊洛潘戈市长，他看起来似乎非常享受他的新角色。我们正坐下准备开始我们的谈话，此时他一边说话，一边大口吃着盒饭里的米饭和豌豆。突然他起身说要为几对新人证婚，并问我要不要一起。我跟着走出了办公室，然后走进了这个小城镇中心里的一间小会议室。两对新人和他们的家人此时正围坐在一张桌子旁边，都穿得非常漂亮，心情激动。在发表了一番关于婚姻和谐主题的简短讲话之后（包括倡议新郎也要帮着做家务，“墨西哥玉米饼不是靠女人一个人准备就够了的”），他宣布新郎新娘正式结为夫妻。之后我们回到他的办公室，他继续吃他的午饭。

这位市长习惯以第三人称来说自己的情况。他承认，基本上这个小镇的每一平方英尺的土地都被“萨尔瓦多人”和“18 街”给统治了。“在竞选期间，我从每个社区经过，遇到的都是全身有文身的人。大多数人问我的是：你能给我一份工作吗?”他答应会给他们一份工作，就这样毫无悬念地当选了。现在他说，给这些年轻的暴徒们提供工作，实际上也能减少保护费，在此之前，当地的商户每天需要缴纳 5—10 美元
47 的保护费。“这个市长自己就生活在这里，他的小孩也生活在这里，”他一边告诉我，一边用手指指着他的胸口表示强调，“我们都希望把冲突平息下来。”

作为停火协议的一部分，政府决定帮助全国的黑帮成员找到合法正规的工作。这看起来可能是一个很高尚的决定，但是这项计划实际上要把大量的公共开支放在那些不久前还在危害社会的人身上。在停火后的第一年，政府承诺为这些曾经的暴徒投入 7, 200 万美元的项目资金用作招聘。这些项目计划在 18 个城镇开展，但至少有 40 个城镇称也想加入到计划中来。在伊洛潘戈，一些黑帮成员被分配经营一家小面包店。我来拜访鲁诺市长的时候，他正在为明天一家养鸡场的开业做准备，这家养鸡场同样将会由黑帮的成员来经营。

黑帮的头目们似乎从停火协议当中也获得不少好处。以“老林”为例，他所在的监狱确切地说不能算豪华，但是按照萨尔瓦多的标准已经非常舒适了。之前他被关在萨卡特科卢卡（Zacatecoluca）监狱，由于其严格的管理又被称为“萨卡恶魔岛（Zacatraz）”[1]。就在停火协议公布的前不久，“老林”被安排到现在更加舒服的监室里。埃德森·扎卡里·尤费米亚（Edson Zachary Eufemia），这位“萨尔瓦多人”的头目同样被从一座条件艰苦的监狱转移到环境更加舒适的一座监狱。这种管理上的变动，官方说法是为了让帮派的老大能够和他的组织成员关在一座监狱里，这样才能够和他们进行沟通，从而推动停火协议谈判的进行。“我们需要更方便地来和我的弟兄们商量。”“老林”解释道。这可能确实是一部分理由，但实际上，这种调换到更低安保级别监狱的安排也是给他的一个甜头。

更舒适的监狱环境，加上把公共资金投在一些为黑帮成员创造就业岗位项目上，让民众对停火协议颇有微词，即便这使得谋杀率得到极大程度的下降。很多人怀疑这些黑帮的真正动机是什么，许多人都认为他们签订这个停火协议只是为了维护他们的生意。他们可能是对的：即便“老林”那些真诚想改过自新的说法是真的，害命型犯罪的犯罪率下降也并没有带来谋财型犯罪的犯罪率下降。敲诈勒索可能是所有犯罪里面最受人痛恨的犯罪，因为它不仅仅影响黑帮，还影响普通人的生活。敲 48

[1] 阿尔卡特拉斯岛（Alcatraz Island）是美国加利福尼亚州旧金山的一个小岛，曾为联邦监狱，关押重刑犯人，又被叫作恶魔岛。此处“Zacatraz”即是把萨卡特科卢卡（Zacatecoluca）监狱和恶魔岛（Alcatraz）两个词拼在一起，译为萨卡恶魔岛。

诈勒索的犯罪规模仍在扩张。“保护费是黑帮收入的主要来源。他们有这样一句话：‘我们可以谈，但在保护费的问题上没有谈判的余地。’”大卫·蒙吉亚（David Munguia）说道。2012年停火协议签订的时候，他是当时的安全部长。

出于这一原因，政客们对这一项目一直感到十分忧虑。当停火协议最初宣布的时候，这一协议被描述成是经由天主教会撮合，两大帮派最终达成了一致。政府对谋杀率的下降表示欢迎，但对停火协议本身仍保持距离。在停火协议签订的一年之后，看到谋杀率仍然保持低水平，这个时候政客们才稍微愿意承认他们在这项政策中发挥的作用。在停火协议的撮合中，前国防部顾问罗尔·米贾戈（Raul Mijango）也起到一定作用。这一事实也逐渐被公开。在3月促成了“萨尔瓦多人”和“18街”达成停火协议之后的几个月里，他又说服了几个规模更小的帮派也签订停火协议。其中“毛毛”（La Mao Mao）和“机器”（La Maquina）这两个非常小众的帮派也签订了停火协议。同样地，两个专门从事普通犯罪的帮派都选择加入到停火协议中，一个叫“种族”（La Raze），另一个是专门由在监狱出生的人组成的不成规模的“M. D.”帮。

从此之后，停火协议就开始不断遭受到各方面力量的动摇。当2014年新任总统萨尔瓦多·桑切斯·萨伦（Salvador Sanchez Ceren）正式宣布撤回对协议的支持，并承诺对犯罪活动开展一连串的打击运动时，停火协议彻底破裂。谋杀率毫无疑问地回升到之前的水平，黑帮之间也又恢复到之前那种打打杀杀的状态。令人不解的是，鲁迪·朱利安尼（Rudy Giuliani），这位在20世纪90年代成功降低了纽约市犯罪率的前任纽约市长，以顾问身份被一家私企雇佣，负责在圣萨尔瓦多运用相同的方法来治理犯罪。他的这些方法最终也没能奏效，当地的黑帮仍自顾自地互相厮杀。

外国政府，尤其是美国，仍对这种签订停火协议的策略保持怀疑。但是萨尔瓦多的停火协议确实带来了犯罪率的大幅下降，有人已经从中受益，美国的这一态度让这些人感到有些挫败。“他们不喜欢这个？那就 49
给我拿一个不同的方案出来，一个神奇的方案。如果美国政府有别的法子，直接告诉我是什么。”萨尔瓦多·鲁诺市长激动地说道。大卫·蒙吉亚承认停火协议是“不完美的”，但是坚持认为“我们必须阻止黑帮之间的斗争”。按照他的计算，仅 2012 年一年，停火协议就让 1900 人到 2500 人不再因谋杀丧生，而按照之前的高谋杀率，这些死亡都是不能避免的。在一个只有 600 万人口的国家，这确实是一个令人难以置信的数字。另外，停火协议让监狱也变得可控了。在我和“老林”见面不久之前，萨尔瓦多接待了美洲国家组织（Organizations of American States）秘书长何塞·米格尔·因苏尔萨（José Miguel Insulza）的访问。其间他被安排参观监狱，这在以往是完全难以想象的。

由政府居中调停，帮派之间握手言和，确实有可能会给这些恶棍们重新组织势力的机会，但是这也给了整个社会一个认真思考评估这一策略的机会。大卫·布兰查德（David Blanchard）是一名美国人，在圣萨尔瓦多黑帮所控制的地区担任牧师。他对停火协议遏制黑帮组织的扩张抱有审慎乐观的态度。在首都附近的一所学校里，他说，大家都知道有四个六年级的小孩（也就是大概十一二岁的样子）是“老林”的“18 街”的成员。这些小孩是帮派里面最年轻的成员；按这样发展，之后他们就逐渐能去商店里面收保护费了。黑帮“像太阳神一样，要求用小孩来献祭”，他说，当停火协议生效的时候，“我们就是试着把这些小孩从祭坛上救下来，换上别的祭品。”

· · ·

针对毒品战争的新闻报道往往倾向于给人这样一种印象：毒贩们永远都处在一种你死我活的争斗状态中。毫无疑问，毒品生意是残酷的：因为犯罪组织不能诉诸法律来解决纠纷，暴力是他们唯一用来保证合同执行的手段。但是墨西哥和萨尔瓦多的例子展示了，通过改变市场环境能够有效地降低暴力的水平。从经济学角度审视这两个犯罪市场，能够
50 揭示为什么墨西哥黑帮竞争是如此激烈，而萨尔瓦多能够至少在一段时间内维持和平。这样的思考方式也能为将来政府控制暴力提供一些参考。

为了控制华雷斯城这样的城市，黑帮之间爆发了激烈的竞争。这一现象背后的根本原因是，控制这样的城市是控制有限出境机会的必要条件。边境城市如此高的暴力犯罪水平使得一些美国人呼吁彻底关闭入境关口。然而从经济学的角度来看，则应当反其道行之：打开更多的入境关口，每一个就会变得没有那么宝贵，这样一来单个入境关口就不值得那么激烈地争夺了。诚然，这会给贩毒集团更多走私毒品到美国的机会。但是再怎样严厉打击供给端，对走私货物的总量和毒品的价格也起不到多大的影响（参见第一章）。开放更多的过境站能减少争斗，同时不会对美国的非法毒品市场带来很大影响。

墨西哥的情况同样说明了，控制整个产业的监管者——即警察——

对毒贩们也是一个重要的目标。对警察进行更严格的审查、开更高的工资将会提高贿赂他们的成本。但是让墨西哥警察变得廉洁是一个长期的工程。与此同时，一个更容易的改革举措是把多层级的警察力量统一起来。犯罪学家一直建议以此来提高效率。从经济学的角度来看，这种做法也能让毒贩无法和不同监管者分别合作，从而防止他们互相争斗。现在，贩毒集团能够利用不同层级的警察来发动代理人战争，这样的结果是损害了整个国家的利益。如果能整合不同层级的警察，就能够让这种做法变得更加困难。

萨尔瓦多的情况则带来了不同的启示。尽管向整个国家的黑帮头目做出让步，可能跟鼓励犯罪没有区别，但是政府调停交战中黑帮的做法是值得鼓励的。黑帮们愿意合作的另一原因是他们在各自独立的地区都
处于垄断地位，互相之间无竞争的关系。即便政府可能会对某些结果表 51
示欢迎，比如由此带来的更加昂贵、更少竞争的毒品零售市场，但显然政府不应鼓励垄断的形成。

因为这些文身的暴徒很难轻易地从一个黑帮跳槽到另一个黑帮，这就决定了黑帮劳动力市场几乎没有什么流动性。在这样的情况下，通过剔除流动性这一竞争的基础，便能促成整个停火协议的签订。此外，黑帮这种运作方式也让他们更容易瓦解。通常，黑帮组织需要给它的成员支付足够合理的薪水，才能够防止他们叛变。比如说，锡那罗亚集团如果不再雇那些华雷斯城贫民窟里的小孩作为眼线，这些小孩就会去别的地方找工作。与之相反，萨尔瓦多的黑帮们不需要花多少钱就能够雇佣大量的人力，因为这些成员要离开帮派太困难了。这意味着引导这些黑帮成员去找一些普通的工作而不再为黑帮效力，不需要花很多钱；唯一

的条件就是找到那些不在意他们身上文身的老板。国家在这里可以发挥革旧除新的作用，花一些钱帮助这些监狱中的犯人们免费去除他们身上的文身。在加州，洛杉矶县治安局已经开始开展这样的工作了。对于那些一旦服刑期满出狱后愿意改过自新的人，洛杉矶县治安局帮助他们去除身上的文身。[6]这一免费的服务需花费几千美元。但是这些开支相比节省下来的福利支出要小很多，要不然这些人在出狱后还是会面临失业。如果是在萨尔瓦多，这就不仅仅是省钱的问题了，这还能够挽救不少生命。

总的来看，墨西哥和萨尔瓦多的例子说明了改变市场情况能够带来多大的变化。整个国家的黑帮只要握手言和，超过4,000条萨尔瓦多人的生命就得以挽救，墨西哥贩毒集团之间的竞争一旦激化，则大约有6万人会因此丧生。这两种结果都是不可避免的。正是有这样风险的存在，政府才更应该想方设法地引导这些市场，而不是简单地不惜一切代价冲进这场打击黑帮的战斗中。

第三章

贩毒集团的人事难题：当007遇上憨豆先生

一切都进行得如此顺利：合同谈妥，那边毒品已经备好，这边钱已经凑齐。这些正是保证毒品交易顺利进行必备的前期准备工作。整个交易的发起人是一个高级经销商，他专门做从欧洲大陆走私大麻和可卡因到英国的生意。他已经把现金准备好了：厚厚的一大捆旧钞票，总共有30万英镑，相当于近50万美元。他清点过这些钞票后，把它们交给了一名司机，这名司机的任务是开车把钱送到比利时，和那里的联系人见面，然后交付这些现金。

就是从这里开始，事情变得不对劲了。这一大笔钱，一张张纸币蓬松地捆在一起，看上去确实很有分量。于是这个司机决定把这些钱抽出来，体验一下撒钱是一种什么样的感觉。没想到他发现这场面是如此壮观，以至于他忍不住要和别人分享，于是他决定邀请他的女朋友来，然后再炫耀一番。之后在一座监狱的牢房里面，发起整个计划的老板在接受英国内政部（Home Office，英国的国家安全部门）的调查员讯问时，只好沮丧地讲述计划最后是如何败露的，“这个蠢货当时想，如果把钱铺在床上，然后在上面和他那位十七岁的女友疯狂做爱、拍照会是一件

多么美妙的事。”和赃物一起拍私密自拍照，本身就是一件不太明智的
54 事情，但事实要比这更糟：除了有一个女朋友以外，这个司机还有一个爱吃醋的老婆。在出发去比利时之前的星期六晚上，这对夫妻打算在城里逛逛。这时候恰好撞见了他这位女友，而且他女友刚刚喝得烂醉。争吵一瞬间爆发，最后司机的女友决定把他们拍的那些私密照片给他妻子看。不用说，这位妻子快要气炸了。

这位妻子之后暗下决心要教训一下这位出轨的丈夫。她怒火难耐，打电话给英国的边防警察，向他们透露一起即将发生的毒品走私活动。毫不知情的司机此时带着30万英镑出发去比利时，正当他准备过关离开英国的时候，在多佛港（Port of Dover）被海关及时扣下。当边境官问及他车上这一批现金的时候，他只好如实招认。“这个蠢货当时已经要崩溃了。”他的老板叹了口气。整个计划宣告失败，交易终止。更让他气愤的是，这个爱吃醋的妻子自己就有毒瘾，每周要吸2,500英镑（折合4,000美元）的可卡因，几个月之后便又找到这个老板，问是否能让他的丈夫重新做回这份工作。[1]

人们对毒品生意的一般印象是：每个人都无情又专业，无论是冷酷的杀手，狡猾的走私犯，还是物流专家，都要比警察还更加机智。有的时候确实是这样。但是极度无能的人也普遍存在。如果你仔细想想会发现，即便是毒品交易的底层人员也能够有很高的收入，一个司机只需要简单地运着可卡因在英国跑一天就能赚800英镑（1,300美元）。然而就是这样的工作，却往往是由一些“divvies”“numpties”（在英国俚语中都是蠢货的意思）在做。根据英国内政部调查员的说法，这种明显的能力不匹配是频繁有毒贩落网的原因，他还指出这种“肥皂剧式的

生活方式”是毒贩和他们的同伙被抓住的重要原因。

在毒品生意的高收入和雇员的低水平之间出现的能力不匹配，说明了贩毒集团面临的最大问题是人力资源问题。管理大师们喜欢经常重复的一个陈词滥调是，一家企业最重要的资产是人才。但在毒品贩卖这个 55
行当里，这确实是大实话。贩毒集团面临了两个关键问题。第一，他们是在一个严格保密的行业里招募人才，这意味着他们不能发布招聘广告，整个环节需要双方绝对的信任。与这一问题相关的情况是毒品产业有非常高的人员流动率。在毒品运输国如墨西哥，开展极端的暴力行动是工作的一部分。贩毒集团成员的高死亡率带来了持续的人员招募需求。即便是在富裕的北美国家和西欧，虽然死亡人数要少得多，但警察执法力度更大，意味着很多贩毒集团成员最终进了监狱。一个英国的走私犯预计，他从加勒比地区派出飞往英国负责运送可卡因的“毒骡”里，每四个就有一个会被拦下。每一个成员被捕或者死亡，都意味着新一轮单调乏味的人员招募和审查又开始了。

第二，人力资源方面的另一大问题是：贩毒集团在处理好和供应商、客户的关系的同时，还必须处理好他们和手下员工的关系。在一个普通公司里，如果一名员工有偷窃行为，或者一个供应商未按照约定提供已经支付价款的货物，公司能够通过向法院起诉来获得赔偿。显然，当“钱骡”[1]直接拿走了运送的一大笔钱或者是供货商没能送到该送达的一批毒品，贩毒集团都不可能去法院寻求帮助。犯罪组织强制执行合同的一种方法是使用暴力。这就是为什么恐吓和杀戮能力是成功贩毒

---

〔1〕 与“毒骡”类似，钱骡是指以各种方式携带现金越境的人。

集团的核心能力。但是，使用暴力往往也是代价很高的办法，而且会对生意造成损害。

如何招募员工和如何保证他们能够依照命令行事这两大难题，是贩毒集团的人力资源经理们要一直思考的问题。雇佣一些非常不稳定、低水平、难控制的员工来运作一个非常复杂的生意，本身难度就很大，这些员工往往完全因为愚蠢而搞砸了生意。而那些真正达到目的的组织，往往是那些对待人事问题最严肃最认真的团伙。

· · ·

56 圣多明戈（Santo Domingo）是多米尼亚共和国（Dominican Republic）的首都，整个城市充斥着一种破败美学。在圣多明戈一家嘈杂、昏暗的西班牙餐厅里，国家缉毒小组的一些缉毒警察此刻正因庆祝周末的到来而喝得酩酊大醉。当我拉开一把椅子在他们旁边坐下，又一轮啤酒被端上来了。这个可怜的服务生被呼来唤去，一边还被叫作“Tonto”（傻瓜）。其他的就餐者虽有怨言，但是看了看这边的情况，想想还是不要引起争端了。

多米尼亚共和国的缉毒小组比往常要更忙。这里面最清醒的一位警官一边大口吃着“plátano frito”[1]，一边向我解释道，这个国家最近几年出现了一种令人不安的势头：被搜查出的入境毒品数量正在“令人头晕目眩”地大量增长。很多年来，加勒比地区都是可卡因进入美国

---

〔1〕 一种类似香蕉片的食物。

的重要中转地。在20世纪80年代，所谓的“迈阿密风云”时期，毒贩们驾着快艇从加勒比地区飞速驶向佛罗里达，去的时候上面装满可卡因，回来就全部变成美元。但是这条线路被南佛罗里达特遣队（South Florida Task Force）成功取缔。这一特遣队由当时的总统里根提议，由美国联邦调查局（FBI）、美国缉毒局、美国海关部门、税务部门和其他一些联邦机构共同合作，直接由副总统乔治·布什（George H. W. Bush）领导。这一特遣队的工作成效立竿见影，加勒比地区的线路逐渐被废弃。毒贩们开始向西转移，把墨西哥作为入境的主要地点。

然而此后，又有迹象表明这些毒贩开始回归到这些加勒比海域的小岛上，结果就是犯罪率陡增。“墨西哥方面的压力导致毒贩们向东转移，回到了加勒比。”这位警官一边说，一边在餐馆的木头桌子上面用盘子和瓶子拼出一个表示这几块区域的地图。墨西哥和中美洲武力争斗的爆发让这些毒贩们开始寻找一些更加平静的线路，因此加勒比地区又重新变得受欢迎。比较明显的变化发生在2011年，此时正值墨西哥的毒品战争达到最血腥的阶段。在那一年，多米尼亚共和国缴获和烧毁了
近九吨的毒品，这个数量是许多年前的两倍。这些赃物中大部分来自哥 57
伦比亚，在考塞多（Caucedo）港被发现。考塞多港是一个新开设的港口，在多米尼亚南部的海岸边。这些毒品大部分最终要么流向波多黎各，然后再继续运到美国大陆，要么运到荷兰或者是西班牙的港口。

这位警官告诉我，对毒品的有效拦截得益于新购买的八架巴西“超级大嘴鸟式”（Super Tucano）战斗机。（笔记本记下这段对话的地方，我画了一个问号：想要抓毒品走私犯，却把钱投到战斗机上看起来有一点奇怪。这可能确实有点奇怪。在我们聊天之后过了几个月，《华

尔街日报》报道称巴西检方以行贿罪起诉了战斗机生产商巴西航空工业公司的几名员工，声称他们向多米尼亚有关官员行贿，以签下这笔飞机的订单。)[2]

大部分被逮捕的走私犯都是当地人。被逮捕犯人数量的激增让这个国家酷热的监狱又变得更加拥挤。在2014年，监狱中犯人数量是10年前的两倍。现在被监禁的总共26,000人挤在预计至多容纳15,000人的牢房里面。这将近一倍的超员率给囚犯带来了痛苦不堪的监狱环境。这也是一件好事，这位警官补充道：对于这些人渣来说，监狱至少不会是一个很舒服的地方。他那些喝醉了的同事提议举杯——向英国女王致以“问候”，明显是冲着我来的。〔1〕然后又叫了一轮酒，这个时候我趁机叫了一辆出租车离开。

这个国家的监狱是如此人满为患和污秽不堪，许多警察和选民都对此表示非常满意。毕竟，越多的罪犯被关进监狱，街上就会有更少的抢劫和谋杀，或者更少有毒品走私发生。而且监狱里面的环境越糟糕，对犯罪的威慑力就越大。美洲大部分的国家似乎都是这样：以美国为代表，美国拥有世界上最高的监禁率，每150个人就有超过1人被关在监狱里。这个地区的监狱同时也有最接近地狱的生存环境。2012年洪都拉斯的一座监狱发生火灾，导致了超过350名犯人丧生；在这两年前，
58 81名犯人死于智利的一场大火。谋杀很普遍，大规模的屠杀也不是不常见：在墨西哥北部隶属“哲塔斯”的一群犯人在逃跑前，杀死了敌对帮派的44个犯人，显然没有花太大的力气。

---

〔1〕 由于作者是英国人，此处警员们是以对英国女王的不敬向作者挑衅。

没有人想被关在这种地方。但是对于犯罪组织来说，监狱在招募和培训成员上起到了关键性作用。卡洛斯·莱德（Carlos Lehder）的故事非常清楚地说明了这个问题。他父亲是德国人，母亲是哥伦比亚人，这个矮小、勤恳的小孩在 15 岁的时候搬到美国，此时他还挣扎过，试图融入和适应美国社会。当时正值 20 世纪 60 年代，大麻在美国大受欢迎，所以年轻的卡洛斯决定开始卖大麻。当他年纪渐长，就逐渐开始在加拿大和美国之间用船运输盗窃的赃车。一切都进行得很顺利，直到莱德 25 岁的时候，他终于被逮捕，但判的刑期不长。他被送到了康涅狄格州丹伯里（Danbury）的一座监狱里。这本可能是他犯罪职业生涯的终点。但是监狱方面决定把他和乔治·晶（George Jung）关在一起，这可能是一个改变了整个国际毒品交易进程的决定。乔治·晶这个 32 岁的波士顿人留着一头金发，参与的毒品买卖规模更大。他因在墨西哥和美国之间走私大麻被判刑，在走私的过程中他还使用了偷来的轻型飞机。两个人没有别的事情可以做，就开始交换各自的故事，然后一起想新的贩毒点子。

这是两个有犯罪头脑的人的一次会面。乔治·晶知道如何用飞机来运输毒品；莱德则在哥伦比亚有熟人可以接应。在这个时候，可卡因在美国还是一个相对小众的毒品，走私规模还很小。1976 年，当莱德和乔治·晶两个人从监狱被释放之后，他们开始着手改变这个情况。不到两年的时间里，他们开始成吨成吨地走私可卡因。通过和哥伦比亚巴勃罗·埃斯科瓦尔（Pablo Escobar）的“麦德林”（Medellín）集团一起合作，他们把可卡因从诺曼礁（Norman's Cay）用飞机运往美国。诺曼礁是巴哈马群岛的一座小岛，上面建有他们的基地。如果说有谁让美国人迷上了可卡因，卡洛斯·莱德比任何人都要更有资格。

莱德传奇的发迹史说明了一个人的犯罪生涯可以起源于一小段监狱
59 时光。在和乔治·晶建立合作关系的同时，莱德还利用他在丹伯里的时间和洗钱犯、杀手和引渡专家混在一起。这个拥有百万美元财富的恶徒最终在 1988 年被捕，现在正被关在美国的监狱里，将要终此一生，他把丹伯里称为他的“大学”。对很多暴徒来说，这确实就是监狱所扮演的角色。一旦进去了，一个犯人可能被黑帮招募、训练，然后当他最终离开监狱之后，黑帮能给他一份工作。贩毒集团所面临的人力资源第一大难题就是找到有合适的犯罪背景的潜在成员。要想解决这一难题，可能再也找不到比监狱更好的解决方案了：一个充满了罪犯的地方，待在里面没什么事干，而且出来之后正好又没有工作。

像诞生了莱德和乔治·晶这对组合的会面并不是每天都有。所以犯罪组织在监狱里面建立了系统的方案，来执行他们的招募计划和培训系统。举一个高度组织化的例子，比如“我们的家族”（La Nuestra Familia）。这是加州的一个监狱黑帮。这个组织成立于 20 世纪 60 年代，当时监狱里的一些犯人想保护自己不被另一个大的黑帮“墨西哥黑手党”（Mexican Mafia）欺负而组建。当时“墨西哥黑手党”逐渐统治了加州的监狱，向其他犯人收保护费，并且每年在监狱里面都要杀掉许多人。面对侵略扩张的墨西哥人，来自北加州的拉丁裔犯人们显然有很强的危机感，这些墨西哥人正好根植于南加州。所以他们决定联合起来，组建他们自己的“家族”来自卫。“我们的家族”很快便发展壮大，开始在监狱内和监狱外收保护费、抢劫和贩卖毒品，并从中赚取利润。直到今天，他们已经有大概 500 名核心成员，另外还有 1000 左右松散挂靠着的加盟成员。[3]

“我们的家族”马上面临了所有犯罪组织都会遇到的问题。尽管加入一个黑帮是有好处的：能够保护自己不被其他帮派的人欺负，有机会从有组织的诈骗活动中赚点钱，并获得一种归属感、兄弟情。但对于打算加入成为新成员的人来说，也有一些可怕的风险。黑帮要求他们的成员有绝对的忠诚，必须绝对地服从他们老大的命令。这样做的原因是限 60
制犯罪集团内部的交流，没有讨论和异议的余地。《纽约客》杂志曾经引用过另外一个美国监狱黑帮“得克萨斯雅利安兄弟会”（Aryan Brotherhood）一名成员的话。他抱怨通过民主的方式很难组织好一次谋杀：“我们过去是一人一票……这样做的话几乎需要等到整个州的人同意……等到征求完大家的意见，回来对你说‘把这个人给做掉（杀掉）’，往往风声都走漏了……你不可能这边想做掉院子里的这个人，那边等两三个礼拜再来。”[4] 这样一来，专制的结构就形成了，底层成员必须按照他们接收到的命令行事，不管你愿意还是不愿意。

加入黑帮的过程也有一定的难度，目的是把真正认真想加入的人和浪费时间的人区分出来。像获得其他的成员资格或者组织资格一样，比如高尔夫俱乐部还是大学里的兄弟会，黑帮也会预先让新成员承受一些代价，通常是要么交钱，要么完成一些入会仪式。[入会仪式中最痛苦的一种当属“我们的家族”的入会仪式。这是一个血腥的墨西哥贩毒集团，据说会强迫他们的新成员读约翰·埃尔德雷奇（John Eldredge）的作品，这是一个专门写基督教自我救赎书籍的作者。] 而且，和大部分的高尔夫俱乐部不同的是，监狱黑帮会杀掉所有退出黑帮的人。这看似不同寻常，但也有其合理性：如果保证每一个脱离会籍的人都被除掉，那么将会极大降低出现泄密者的风险。

除去害怕因退出组织或者违抗命令而被杀掉以外，阻止潜在的新成员加入黑帮的最大因素是害怕被虐待或者受剥削。新成员对“墨西哥黑手党”最大的怨言是他们老大对低级成员收取保护费，而且和帮派外的普通人相比几乎是一样多。在这样等级森严、毫无民主的黑帮结构中，对高级成员来说，剥削低级成员是很容易的一件事，因为这些人几乎不可能离开。尽管这种剥削违背整个帮派的长远利益，因为这意味着
61 不会再有新成员愿意加入，但是从低级成员那里收钱确实是符合每一个高级成员的个人利益的。换句话说，黑帮遇到了经济学里面所谓的“集体行动问题”（collective - action problem）。如果所有人约定不要互相利用，那么每一个人都很可能获益。但是利用别人来为自己谋利的激励是如此强烈，以至于不是每个人都能严守这个约定。

犯罪团伙是如何解决这个集体行动问题的呢？在《法律、经济和组织杂志》（*Journal of Law, Economics and Organization*）中刊有一项非常吸引人的研究。这项研究的作者叫大卫·斯卡尔贝克（David Skarbek），是英国的伦敦国王学院（King's College, London）的一名经济学家。他分析了“我们的家族”这个帮派里面的组织结构。黑帮面临的一项挑战是，既要以某种方式把所有成员的利益联合起来，同时要保证级别高的人不会被一些因素激励去剥削其他成员。如果他这样做了，那么就要承担相应的责任。所有的这些规则都被写在一个精心设计的“章程”里面。美国联邦调查局获取了一份章程副本。在章程中，整个黑帮分成四个等级，最上层是“将军”，“将军”之下指挥最多十名“上尉”。每个“上尉”分别管理一个“中尉”，由“中尉”管理最低

级别的成员“士兵”（“我们的家族”帮派中很多创始成员是越战老兵，所以他们都是用的军衔来命名）。为了避免伤害低级别的成员，章程建立了一套机制，如果低级别的成员发现他们被剥削了，可以检举他们的上司。尽管“将军”有权力解雇“上尉”，但是却不能任命他们：这是普通“士兵”的权力。而且尽管“将军”享有最高权力，在全体“上尉”一致同意的情况下也会被弹劾。

这样的安排并不是一直奏效。在1978年，“将军”罗伯特·索萨（Roberto Sosa）在被指控从帮派金库里抽走了10多万美元（相当于今天将近40万美元）之后，其他帮派成员决定将他弹劾。但是他拒绝就这样灰溜溜地离开。于是这场纠纷最终还是得按照老派的方式来解决，整个帮派决定把他除掉（可惜他们没有很好地执行整个计划，罗伯特·索萨事先得到消息逃跑了）。在此之后，章程被修正：“将军”这
一职位被一个由三人组成的“组织管理委员会”取代，委员会实行2/3 62
的多数决原则，而且委员会成员的弹劾条件更低。从那以后，章程基本上就没有再改变了。

“我们的家族”这个帮派的治理规则非常精细，包括了六大项条款和许多分项。其中的内容不仅涉及了帮派的组织结构，也涵盖了无聊的监狱生活（另外，帮派里关于一些特殊的实地操作技能的说明也非常详细，据说包括了如何用火柴头制作炸药，如何用尿液写加密的信件，以及如何用纳瓦特尔语这种古阿兹特克语来交流）。但是这个章程的目的是明确的：吸引新成员加入帮派并不容易，只有通过分权与制衡才能够让组织对新成员有吸引力。正如斯卡尔贝克在论文中写道：“尽管是一个谋财害命的监狱黑帮，（‘我们的家族’）在推动机构内部有效治理

上还是做出了积极和理性的努力。”

政府如何破解这样的组织架构呢？回到多米尼亚共和国，在经历了和那些喝醉了的缉毒小组的会面之后，我开始不抱太大信心了。但是在这个国家的监狱里面，一场实验正在开展，终于对黑帮的招募策略造成不小威胁。我们从可能是加勒比地区最豪华的洗手间开始说起。整个房间从地板到天花板都铺上了蓝色、绿色和白色的镶嵌瓷砖。在马桶上，银色和紫色的瓷砖组成了一只水母的形状，红色和绿色的瓷砖则勾勒出了珊瑚和水草的形状。浴缸和澡盆上有用金色瓷砖画的金鱼。这个洗手间显然已经不算非常好用了，要用来苏尔（Lysol）清洁剂好好地洗刷一下。它位于圣多明戈城外一座宽敞的山间别墅里。这间别墅是拉斐尔·特鲁希略（Rafael Trujillo）几套居所中的一套。拉斐尔·特鲁希略是一个杀人如麻的独裁者，统治了多米尼亚共和国长达31年，直到
63 1961年死于一场反对者组织的刺杀。据说这场刺杀所用的冲锋枪是由美国中央情报局提供的。特鲁希略统治期间有五万人死亡，同时有无数的“统帅”（El Jefe，即他自己的称号）雕像被树立。这位独裁者的这座行宫，和房顶屋檐上代表他名字的两个首字母“R. T.”一起，可以说是他众多有碍观瞻的罪行里最恶劣的一项了。

难以想象的是，这样宏伟的环境是一个新设立的行动小组总部。这个行动小组成员非常精干，负责扭转这个国家监狱逐渐腐化堕落的颓势。这个装饰精致的总部现在被用来训练新的狱警。这样的安排也反映了整个刑罚系统在政府事务中的重要性，以往在打击有组织犯罪的运动中，这一项一直是政府严重的弱点。由罗伯特·桑塔纳（Roberto Santana）这位政治科学家，同时也是圣多明戈大学（University of Santo Domingo）的前校长建立，新的监狱系统在罪犯管理上进行了大刀阔斧的改革。在以往，监狱故意被搞得非常森严可怕，借以震慑犯罪。现在，桑塔纳说他把监狱看成“学校”，狱警则是“教育工作者”。

一次在参观培训中心时，桑塔纳和他团队的同事向我展示了特鲁希略总统曾经的宴会厅如何被改造成了图书馆和教室，用来培训下一代的多米尼亚狱警。在外面，他们向我展示了缉毒犬如何嗅探毒品（我多次把一小袋毒品藏在五个扣过来的桶中，这些缉毒犬果然每次都能够准确识别）。我们绕着建筑外围走，桑塔纳不断地介绍在他采取监狱学校化改革之后，这里取得了什么样的进展。桑塔纳是一个富有激情的教育家，他认为整个国家的高犯罪率不是因为道德败坏，其背后有更深层次的经济问题。所有人都知道旧有的体系出了问题，带来了高自杀率、谋杀率和再犯罪率。问题在于，他说，没有任何一个国家真正解决了这些问题。“问题最后归结为：我们到哪里找一个好的体系作为范例？我们找了几乎所有的国家，但是最后没有找到令我们满意的答案。”尽管有一些国家，比如说挪威，积极探索了比较彻底的以改造犯人为导向的监狱体制，但是没有任何一个国家要解决像我们这样的高犯罪率问题。 64

最终的答案是在吸收了来自世界各地的犯罪学家的观点之后，自下而上重新设计的一套监狱系统。17 座新的“模范”监狱现在只占整个国家所有监狱的不到一半，19 座老的监狱和 1 座未成年人监狱仍然在旧的监狱管理体系之下运作。为了看看新的监狱系统和老的系统有什么样的区别，我决定去参观一下纳吉尤（Najayo）监狱。这是一座在圣克里斯托瓦尔（San Cristóbal）的女子监狱，位于圣多明戈的正西方。如果从正门走进去，很显然这里和拉丁美洲其他大多数的监狱没有什么相似点。门口处一块大的石板上写着联合国的《世界人权宣言》。这一人权宪章恰恰是整个大陆大部分的监狱所忽视的。走廊的墙上挂着犯人们画的画，在来访登记区摆着唱歌、跳舞和多米诺骨牌比赛的奖杯。这些奖杯是监狱中的犯人在和其他地区监狱的犯人比赛中赢得的。在旁边的一间安静的房间里，一名监狱犯人正在和她的家人会见，身边还有一名免费指派的律师。

舒适的环境并不是这座监狱唯一的出众之处。新的监狱体系里的每一处都被重新设计，目的就是从各方面消除激励犯人再犯罪的因素，并由此阻止黑帮招募新成员。整个系统的第一步是给新收监的犯人分配监狱。拉丁美洲许多国家不成文的策略是把相同帮派的犯人关在一起，这样能够最大程度上减少产生冲突的风险。某一帮派的成员被送到一座监狱，敌对帮派的成员就会被送到另一座去。这样的区隔策略可能对维持和平有所帮助，但这也会强化黑帮组织的控制力。在萨尔瓦多，“老林”能够像在一片封地上一样来管理他所在监狱里的犯人，因为这座监狱就是专门为“18 街”的成员准备的。几年前在墨西哥阿卡普尔科的一次突击检查中发现，监狱中的犯人“偷运”进了 100 只用来斗鸡的公鸡，19 名妓女和 2 只雄孔雀。在墨西哥的另一座监狱里，犯人们抽签轮流住进一间装有空调、冰箱和 DVD 播放机的监室。默许黑帮像
65 这样操纵监狱让狱警过上了清闲日子，但是却让犯罪势力更加强大。如果一名犯人在进入“老林”控制的监狱时还不是“18 街”的成员，他出去的时候肯定就是了。

与此相反，在多米尼亚共和国的新式监狱里，犯人们不是按照特定的帮派来分配监狱的。相应的替代措施是每一个模范监狱里面有一个最

高安全级别的区域，在这里关押着黑帮老大们。这个区域与其他的犯人相隔离，防止他们在监狱中发号施令。我们进入纳吉尤监狱的第一件事是交出我们的手机，这也是为了削弱黑帮的组织、交流能力。在多米尼亚的监狱里，没有人可以带手机——包括狱警们——这样就意味着能偷偷送进手机的机会要小很多。

为了打发时间，关押在监狱中的 268 名女犯人（在我去参观时还包括了 38 名外籍囚犯，所有外籍囚犯都曾是“毒骡”）被安排去制作蜡烛、插画和珠宝。之后这些工艺品会在监狱的礼品商店里售卖给游客们。这样安排的一部分原因是为了让这些犯人有事可做、不惹麻烦。但实际上还有别的原因。这些工艺品售出所得利润中的 60% 由监狱和犯人平分，剩下的 40% 归犯人的家人。这是让犯人在狱中也能和他们的亲属保持联系的众多措施中的一项。桑塔纳推断，人们之所以加入黑帮和其他类型的犯罪组织，一部分原因是他们没有别的关系网络可以依靠，所以监狱方面便想尽办法地维持犯人和家人的联系。在一件案子中，一名犯人唯一能被查到的家庭成员是她的一位远房叔叔，而且住在 200 英里之外的山上。桑塔纳仍然派出了一名警察骑着一匹骡子去找到这个人，并且把他带过来探监，最终这位叔叔和犯人相见。在纳吉尤监狱，92% 的犯人都有人来探监，对女子监狱来说，这是一个相当高的比例。（全世界的女子监狱中，孤独都是一个非常令人难过的话题；如果夫妻一方在服刑，另一方还要和他/她保持联系，丈夫往往要比妻子更难坚持下去。）

同样地，监狱在犯人出狱时给她们安排工作上也付出了不少努力。
纳吉尤监狱有一家由犯人经营的面包店，犯人们每天早上 5：30 起床， 66

一天能做2,000片烤面包。而且在监狱里每个人都要学习阅读识字。桑塔纳自豪地说，他们监狱里面文盲率为零：阅读识字班是强制的，如果有人不去上课，那么就会被取消掉一些权利，比如说取消和亲友通电话的时间，如果这招还不管用的话，就会取消夫妻探视的权利。有30多名犯人还正在修大学里法律和心理学的课程。

非常关键的是，管理这些犯人的狱警和多米尼亚国内其他监狱的狱警完全不同。拉丁美洲大部分的犯人都是由军人或者警察看守。这样的安排是灾难性的：看守一个充满暴乱的监狱是一件艰苦又不重要的工作，所以派去的看守人员是能力最差的那一部分人。多米尼亚共和国则采取了完全相反的策略：为了减少腐败的风险，多米尼亚专门禁止了任何曾在警察或者军队中任职过的人再去监狱做看守。相反，多米尼亚每年专门训练一批最优秀的人才，给的薪水也是旧监狱系统看守的三倍。更高的薪水意味着更难被贿赂。

这样一来的开销不小：新的监狱系统每天在每个犯人身上要花12美元，这比旧监狱系统要多花两倍多的钱。对于这种在监狱上花更多钱的做法，桑塔纳不得不反复地为其辩护。监狱在大多数人的眼里就是一个犯人逐渐腐化堕落的地方，而不是享受优待之处。当我第一次去他办公室里，我发现他正在接受一个巴拿马谈话电台的电话采访。对于给那些社会渣滓大笔花钱的做法，主持人非常坚定地表示怀疑。桑塔纳也毫不气馁。“这笔投资能给社会省下一大笔钱。如果你不花这些钱在那些犯人身上，那些犯人最终只会变得更危险。”他坚持说。

像这样多花几美元就能省下几千美元的好事，背后的原理其实非常简单。在多米尼亚共和国的新式监狱里，监狱方面给犯人们提供免费的

食物。乍一看，这种管理比老式监狱更加松散。在老式监狱里面，犯人
们要靠他的家人和朋友给他们送饭，如果没有人来就只能挨饿。但是，
由监狱统一提供食物消除了监狱里最大的一个隐患，让武器和毒品没有
办法通过藏在饭盒或者面包里的办法，由来探视的家人偷偷送进监狱 67
了。每天多花几美元给犯人们提供一碗米饭炒豆，这明显是一个很
“软性”的手段，但意味着犯人们不再能够有机会接触到匕首、手枪和
毒品了。纳税人可能不愿意为犯人的午餐花钱，但是豆子肯定要比金属
探测器便宜。

· · ·

一些犯罪组织把运营根基建立在大量雇佣全职人员上。萨尔瓦多的黑帮用文身来确认他们各自成员的身份；墨西哥的贩毒集团有的时候要求成员统一穿印有商标的网球衫和棒球帽。但并不是所有的贩毒组织都是按照这样统一的制度来运营的。特别是在经济发达、治安好的国家，贩毒组织往往相对较小，组织的结构也比较松散。他们的扩张是受到限制的，因为规模越大，暴露的风险就越大：每多一个组织的新成员，就多一点走漏风声的可能，在规模庞大的帮派里，要审查和监控每一个人也是不切实际的。这样的结果是，与其采用诸如“我们的家族”的“合伙制”或者是“18 街”这样的大规模全职成员的结构，经济发达地区的毒贩们更愿意用一个松散的网络来进行组织，成员往往是自由职业者，彼此之间都不认识。

以英国的一个贩毒团伙为例，他们已经靠从西班牙走私可卡因赚了

很多钱。直到被警方瓦解之前，这一组织大约一周走私 50 到 60 公斤的可卡因。他们从西班牙的一个哥伦比亚中间商那里买来毒品，进价是每公斤 18,000 英镑（折合 28,000 美元），然后在英国以 22,000 英镑的价格卖掉。这样一周里能产生超过 100 万英镑的销售额，一年则大概有 6,000 万英镑。在其中，纯利润超过 1,000 万英镑。你可能以为运作了一个如此大规模，每年能够带来大约 1 亿美元销售额的生意背后是一个
68 规模庞大的黑帮。然而根据英国内政部的审问记录，这个几千万英镑的生意只靠两个人来经营。[5]

没有大量招募成员到他们的迷你“贩毒集团”里，这两个罪犯用了一个不一样的人力资源模型，他们雇佣了大量的自由职业者，按照不同的职位为他们分配工作。情报员负责和伦敦的哥伦比亚走私犯碰面，核收总计 10 公斤的可卡因，然后分发到英国各地。每一笔这样的交易他能够赚 800 英镑。第二天买家会把现金送到伦敦去，由专门被雇佣来收钱的人收取，这个人每天赚 250 英镑。然后再以 250 英镑雇佣一个人去清点这些现金（一般一天最多能够清点 220,000 英镑的现金）。再由一个人负责把支付的款项交给两个对接的人：一个是一名委内瑞拉女人，她负责帮助哥伦比亚人把钱送回西班牙。还有一个“现金保管员”，他负责保管贩毒所得的现金。这两名真正元凶还雇用了一个司机，工资每天 200 英镑。这两个人雇佣的所有这些人加起来至少有六人，这些人负责一系列不同的工作，而无须成为黑帮的“成员”——当然也看不到整个生意背后的巨额利润。

除了和自由职业者打交道以外，贩毒集团还常常和其他的犯罪组织打交道。很少有贩毒集团有能力把毒品供应链从生产到销售的每一个环

节都管控起来。一些墨西哥的贩毒集团确实在尽它们最大努力来控制哥伦比亚的古柯树种植和美国的毒品销售。但是这些毕竟都是少数。相反，大多数的贩毒组织只专门做整个贩毒链条上的一环。一个团伙可能能够解决走私入境的问题，在这之后，它就会把这些货交给下一个负责全国分发的团伙，再然后由新的团伙负责街头巷尾的毒品零售。

在维持这些商业关系时，为人处事显得至关重要。而且出乎意料的是，毒贩之间的关系要比人们想象中还要密切。如果你想实际感受一下一个非常老道的毒贩是如何处事的，看看皮特（Pete）就知道了。皮特是一个专门从南美往荷兰走私可卡因的毒贩。有一次他下了一个20公 69
斤可卡因的订单，按照荷兰的批发价要花大约50万欧元（折合超过60万美元）。这批可卡因由皮特在巴西的熟人发货，最终顺利地送到了。但是在检查这批货物的时候，皮特不高兴了。有12公斤的可卡因是好货，但是剩下的8公斤不达标，他马上打电话给卖家投诉这些“白色粉末”。我们能知道这些，是因为在皮特不知情的情况下，他的电话被荷兰警方监听了（荷兰警方恰好非常注重电话监听，每1,000部有效使用的电话中就有大约1部被许可监听）。

如果是按照好莱坞电影的桥段发展，皮特在这个时候可能会派自己的一名亲信立刻乘飞机去里约来算这笔账。但是事实上他没有这么做。相反，巴西方面卖方公司的客服团队旋即做出回应。老板亲自为质量上出现的问题向皮特道歉，他说他们平常没有接过20公斤这么大的订单，所以他不得不向别的供货商要了一些货。为了弥补这一失误，他承诺派出一名“工程师”到荷兰把这些质量较次的可卡因转化成质量更好的货。皮特对这样的方案仍有些不满，但是无论如何，两方交涉下来没有流一滴血。

之后又发生了一次类似的事件。皮特像往常一样，派出一名“毒骡”，计划从南美带一箱可卡因回来。这个“毒骡”带着他的手提箱准备登机的时候，由于过度紧张而放弃了整个计划。他不仅没有带着这些毒品登机，还把这个箱子和里面价值几千美元的货直接扔在机场了，然后他把这些情况告诉了皮特。皮特听到之后顿时大发雷霆，甚至怀疑他是不是根本没有丢掉这些可卡因，而是转手卖给了别人。一时间，皮特甚至想直接杀掉这名“毒骡”来消气。皮特在巴西的可卡因供应商——可能是希望弥补上次因为提供“白粉”而犯的错误——这次甚至直接表示愿意帮皮特把这个“毒骡”给杀掉。幸运的是，皮特有一个更加理智的兄弟，决定去一趟机场亲自检查一下这个“毒骡”说的话是不是真的。虽然最后没有找到这箱毒品，皮特这位兄弟还是相信了“毒骡”的说辞，并且说服皮特放弃了刺杀计划。尽管丢掉了（或者很
70 有可能是偷走了）一整箱的可卡因，这位不称职的“毒骡”最终还是得以苟活下去。

在一份非常特殊的欧盟委员会报告中，类似皮特出现的这些情况被记载成案例并加以分析，这份报告旨在研究当规模较大的毒品交易出问题时，一般会发生什么。[6] 这份报告的撰写者从荷兰警方的案卷中搜寻提炼出了 33 笔可卡因交易，这些交易最终都因某种原因未能完成。所有的这些交易都涉及巨大数目的毒品，至少是 20 公斤以上，有时甚至达数吨。像之前英国所做的研究一样，这份报告揭示了几种非常典型的毒贩团队出现能力不匹配的例子。有一笔交易最终败露的原因是许多机密的材料在传真时传错了传真号。还有一大批货物被运到安特卫普

（Antwerp）后就丢失了，这些货物本来应当运到鹿特丹的。有的时候，詹姆斯·邦德式的周密计划最终被憨豆先生一样的执行者给毁了。还有一笔交易是走私犯制订了一个复杂的计划，准备把可卡因装进特制的罐子里，然后把罐子固定到船体上，到港后由潜水员回收。毒品顺利地被封好了，船舶也抵达了荷兰港口，但是整个计划最终还是搞砸了。因为潜水员在下潜前遇到了严重故障，他们最终无法下水。这些可卡因只好被抛弃了，现在可能还被绑在某一艘油船的船底，在世界各地穿行。

这项研究的关注点就是这些争议最终是如何解决的。报告的撰写者发现，像皮特这样耐心的可卡因进口商一样，大多数的毒贩都尽可能地选择非暴力的手段来解决纠纷。在这所有的33个案例中，大部分的情况都涉及了数十万欧元的损失，其中2/3的案例中都没有使用暴力来解决纠纷。这可能非常出人意料。毒品和暴力紧密相连，因为使用武力或者至少是用武力来进行威慑是贩毒集团执行合同的唯一方法。像之前说的那样，贩毒集团没有办法到法院去解决他们之间的纠纷。尽管乍一看，保证合同履行唯一的方法是进行威胁和恐吓，但证据显示毒贩们从整体上更希望尽量避免动武。像其他正常的公司一样，他们处理这些意 71
外情况的方式是开展调查。通过调查来判断这些问题是因为故意的欺诈，还是简单的运气不好所致。如果有证据显示有人从组织中偷窃或者故意背叛组织，使用暴力就不可避免了。但是大多数情况一般都是因为疏忽大意或者是极度不称职导致的，这样的话就没必要追究了。报告中写道，这一现象说明“即便是这样大规模的毒品交易，也是按照类似于其他小企业一样的方式来处理，管理者在对个人做出处罚决定时，都需要顾及双方的关系和面子”。因为招聘新成员和建立进出口毒品的交易网络都不容易，毒贩们要比合法经营的企业更愿意原谅下属所犯的错误。他们说：“因为在这些市场中消息传播速度很慢，所以维护好员工和企业的关系，会比在合法的市场中更重要。”

那么建立长久持续关系的关键是什么？在一般人印象里，毒贩通常都不会是一个圆滑融通的形象。但是许多成功的大型贩毒集团都具备平息潜在冲突的能力。巴勃罗·埃斯科瓦尔设计了一套基础的保险机制，来对冲可卡因运输过程中出现丢失时造成的损失。他凭借这一机制成功化解了许多冲突，同时也说服了麦德林那些做合法生意的老板们给他投资（这反过来也帮助他的贩毒集团深入渗透到哥伦比亚社会当中去）。黑帮对那些有价值的交易伙伴有的时候十分慷慨。已故的墨美边境关系评论家、作家查尔斯·鲍登（Charles Bowden）在一本书中讲述了一件非常有趣的事，一个墨西哥的黑帮杀手在一次行动中被他的同伴误伤了。作为组织给他的补偿，他被派去马萨特兰（Mazatlán）的海边度假区度假，[7] 费用全部由组织支付。

这一章节中提及的这些黑帮组织在维持帮派结构稳定的时候，还会使用另一种方法。“我们的家族”“墨西哥黑手党”和“雅利安兄弟会”这些帮派都通过种族来筛选他们的成员。监狱黑帮尤其如此，它们因按人种来相互区隔而臭名昭著。（“只要想象我们还处在20世纪50年代。
72 就能理解了。”一部黑色幽默电视剧《女子监狱》[1]中的一名角色这样说道。）即便是那些对肤色没有那么挑剔的犯罪团伙里面，文化和语言上的联系似乎也非常重要。西班牙是拉丁美洲毒品流入欧洲的主要入

[1] 《女子监狱》是一部美国电视剧，根据一部监狱经历回忆录 *Orange is the New Black* 改编，讲述主角参与贩毒而入狱的故事。

口。同样地，上文提到的关于英国和荷兰的研究发现，大量的外籍受访对象都是来自加勒比地区曾经的英国或者荷兰的殖民地。

那么按照相同种族或者共同文化背景来组织帮派，会不会带来一定的优势呢？在正常的商业世界里，大家普遍对这种想法表示深恶痛绝，在现代商业环境中，多样性有的时候是一个企业的骄傲。大量的研究也表明，多样化的员工构成会更加有创造力和适应力——而且无论如何，根据种族来招聘在大多数的国家都是违法的。几乎没有研究提出任何证据证明，员工的单一文化结构能够带来任何的好处。[8] 那么这样一来，竟然有如此多的犯罪组织按照种族来组织员工，这就显得很奇怪了。人们很容易认为这只是因为犯罪分子们都是一些邪恶的人，所以对他们来说有种族主义这样一种同样邪恶的特质是非常自然的。但是这种想法与我们到现在为止观察到的犯罪团伙的情况相冲突，这些犯罪组织实际上也正极力地模仿普通公司的运营方法，以此来实现商业上最优化的管理。

上文提到的这份荷兰研究报告的撰写者决定在这一问题上再进一步深入研究。他们按照种族来对黑帮进行分类，发现在种族单一的组织里，通过暴力来解决纠纷的情况要比别的组织要少得多。在那些发生在相同种族里的合同违约纠纷里，只有 29% 最终出现了暴力或者以暴力威胁。而那些发生在不同种族间的类似纠纷里，有 53% 通过动武来解决。

更少使用暴力解决纠纷的真正原因可能并不是文化上的认同，真正的原因是这样能够有效地形成威慑以防止成员背叛。以最近在荷兰发现的一个哥伦比亚走私网络为例，除了想方设法地走私可卡因到荷兰，这个走私团伙同时也要思考如何把大量非法获得的现金安全地送回哥伦比亚。他们的做法是给一些业余的“钱骡”每人3,000欧元，让他们提着
73 装有最多150,000欧元现金的手提箱回到波哥大（Bogotá）。由于500面值欧元的钞票存在，从欧洲把现金走私出来变得非常容易，这种高面值的钞票让犯罪分子的生活变得轻松许多，一个香烟盒里就能藏20,000欧元。在某些欧盟国家，这些钞票又被戏称为“本·拉登”：每个人都知道其存在，但是除了犯罪分子以外，普通人没有一个人真正见过。在两年时间里，这个犯罪组织总共运送了至少4,200万欧元（折合4,700万美元），这些都是由哥伦比亚公民完成的，他们不仅仅能够享受一次免费的假期，还能够拿一笔劳务费。

永远只雇佣哥伦比亚人，从商业的角度上来说是一个精心设计的策略。组织的头目会记下所有这些“钱骡”家人的名字和住址，如果“钱骡”逃跑了，黑帮就可以拿他们在哥伦比亚最亲密的家人报仇。当然，黑帮可以恐吓任何人，不一定限于是哥伦比亚人。但是真要开展复仇打击的话，在一个治安相对较差的国家显然要比在西欧国家容易得多。而且这样也很难再找黑帮头目的麻烦，反正他们在大西洋的另一侧。荷兰的这种情况绝对不是孤例：英国警方同样也发现了很多起受害人在哥伦比亚被绑架的案子，等到有人在英国还清债务之后才放人。

在美国贩毒也会出现类似的情况。现在美国大部分的海洛因都来自墨西哥的黑帮（参见第九章）。根据美国缉毒局官方的说法，墨西哥黑帮花巨大代价把一些墨西哥人送到美国来，这些人在美国的街头巷尾售卖大量毒品。按照这种方式从墨西哥派出一支小分队，确实要比直接雇佣当地的人付出的成本更多，但是这实现了另外两大目的。第一，在另

一个国家重新运营一支毒品销售团伙，用难以追踪的现金来做生意，以及把大量的毒品委托给他们本身就有很大的风险，这些人可能会干脆直接卷走毒品。在哥伦比亚“钱骡”偷运现金的这些案例中，墨西哥的 74
毒枭们设计了专门的保险政策来应对类似的情况，以向他们那些还在墨西哥境内的家庭成员报仇相威胁来防止背叛发生。第二，相比只依靠当地人的用人策略，用那些贩毒集团领导层熟悉的墨西哥人，然后每几个月对人员洗一次牌，这些措施都能让整个团伙更难被渗透。

与正常合法的商业世界不同，种族和国籍在贩毒集团的招聘中确实是重要的考量因素。这样做的真正原因，不仅是想和同一种群的人一起工作，更多的是能通过敲诈勒索来使团伙更有威慑力。然而在这种按种族来招聘的策略之外，仍然存在个别的例外情况。像其他许多团伙一样，尼日利亚的海洛因毒贩主要从他们的尼日利亚同胞中招募成员。但是当需要招募“毒骡”从欧洲走私海洛因到美国时，也有例外：他们发现白人女性在机场被拦下的概率要远远小于其他人。[9]

· · ·

倡导刑罚改革的人一直主张“监狱没有什么用”。这句话其实只说对了一半：对于贩毒集团来说，监狱非常有用。监狱为贩毒集团提供了一个雇佣和训练新成员的场所。而受限于贩毒本身的违法性，通常来说，雇佣和训练新成员对犯罪组织都是极度困难的。从像卡洛斯·莱德一样的头目到脆弱、年轻、寻找庇护和工作的多米尼亚人，每年有成千上万的人只是进了一次监狱就彻底开启了犯罪生涯的大门。即使是理查德·尼克松（Richard Nixon），第一位向毒品“宣战”的美国总统都知道，把轻微罪犯送到监狱这所犯罪分子们的大学里是非常错误的。“把某个抽这种东西（大麻）的人，丢进有一堆更恶劣的犯罪分子的监狱里……毫无疑问是很荒谬的……对这些人一定要采取和监狱监禁不同的方法来处理。”1971 年他在椭圆形办公室里的一次私人谈话中说道。[10]

75 自从他发表这些意见之后，美国开始专门努力寻找“和监狱监禁不同的方法”。在尼克松说这段话的时候，美国监狱内有大约 20 万犯人。这个数字现在已经增加到 160 万。对这一政策，大部分的批评都集中在人权保护的角度上，但是从经济学的角度同样能做出强有力的批判。监狱是一个极其花钱的地方。把一个青少年送进监狱，要比送他到伊顿公学这个培养威廉王子和哈里王子的地方还要花钱。这在美国显得尤为奇怪，毕竟这个国家引以为傲的就是长期对政府权力的限制。但是在这个一年要花掉 800 亿美元的公共服务上，这个国家突然变得很包容。美国的每万人监禁人数是英国的 5 倍，加拿大的 6 倍，德国的 9 倍，真的有必要把这么多人关起来吗？[11]

很显然，监狱需要减少服刑的犯人数量。但没那么明显的是，同样有人认为需要让监狱更加舒适一点。这种观点确实有一点反常识，我们一般认为，更糟糕的监狱环境对犯罪有更强大的威慑力。但是证据表明，监狱中的犯人面对糟糕、危险的环境会纷纷选择加入犯罪组织，因为犯罪组织会给他们提供保护和特权。“我们不是一个黑帮，我们是一个工会。”墨西哥华雷斯城监狱里的犯人这样告诉伦敦《泰晤士报》的记者。[12]就像普通的工人一样，犯人更加倾向于组成工会来抵抗监狱中糟糕的环境。让监狱更加安全则会消除犯人这种寻求保护的需求；提供职业培训也为他们离开监狱后提供了更多选择。国家越是无法满足犯人的基本需求，犯人加入黑帮的概率就越大。

多米尼亚共和国展示了这种政策是如何产生效果的。这个国家曾一度有很高的监禁率，而且把监狱里面的环境搞得糟糕透顶。在多米尼亚旧监狱系统之下，有一半的犯人在出狱后三年之内再次犯罪。在新监狱系统之下，这个比例降低到了小于3%。这两个数据可能都要比实际的 76
情况更低，因为这个国家在侦查和控告犯罪上的能力有限。但是这前后之间的差距很悬殊。对于有组织的犯罪集团，在旧的更加具有惩罚性的监狱体系下，引导犯人加入犯罪组织要容易得多。监狱越好，则越难成为犯罪分子的人才市场。

让犯罪团伙更难招募成员会产生连锁反应，带来更多新的好处。对欧洲可卡因交易中那些失败案例的研究表明，当事情发展不顺利时，毒贩们出乎意料地变得非常宽容。这不是因为他们是慈善家；相反，是因为他们不得不维护他们仅有的这些联系网络。招募新的成员，或者拓展新的供应商和经销商是一件困难、危险的苦差事。一不小心就会把自己暴露给那些警方潜伏着的线人。正因如此，除非万不得已，他们不会轻易地抛弃现有的联系网络。即便是在很容易建立可卡因销售网络的地方，皮特这类荷兰走私犯本可以对那位提供了以次充好的“白粉”的巴西供应商或者是那位丢掉一整箱可卡因的“毒骡”大打出手。但是由于这些合同本身就很难订立，对他们更宽容一点显然是更加理性的选择。

这些案例的启示是，如果一个人能够通过限制监狱中的人员流动来妨碍犯罪团伙招募的话，那么就能够挤压整个犯罪分子的人力市场。一方面，这会迫使犯罪组织给他们的成员开更高的薪水，相应的利润就减少了。另一方面也能够让他们更加善待他们的成员。只有当一个岗位可替代的人源源不断在排队等待的时候，老板才能够随意地开除他的员工。在过去，多米尼亚的暴徒们在杀掉那些不配合的成员或者派他们去和别的黑帮火并时，完全不会把他们放在心上，因为永远有新的成员像开着闸的水龙头一样源源不断地准备加入。如果包括多米尼亚共和国的监狱在内的世界各地的监狱都能够拧紧这个水龙头，黑帮就必须像皮特这位耐心的荷兰毒贩一样，焦虑地牢牢抓住已订立的合同，出现问题时也更愿意平和地去解决。

第四章 77

公关与恶人：贩毒集团为何关心社会责任

这些天，库利亚坎（Culiacán）城中充满了节日狂欢的气氛。库利亚坎是锡那罗亚州的首府，整个锡那罗亚州都深受毒品战争困扰。这个时候无论男女老少都纷纷走上街头，大家和着小号和长号的演奏声边走边唱。这是2014年的2月，墨西哥刚刚见证了一件出乎所有人意料的事情：华金·古兹曼，这个锡那罗亚集团的头目、世界顶级通缉犯终于落网。在锡那罗亚集团，这个被叫作“矮子”的关键人物长期组织领导恐怖活动。他主导了锡那罗亚和其他地方共计几千人的谋杀案。几年以来，他一直都能躲避警方的抓捕，总能想到办法在军方的武装直升机抵达之前逃跑。但是他的运气最终还是消耗殆尽了。在这次惊心动魄的抓捕中，他从安全屋浴缸背后的暗门逃进库利亚坎的下水道，最后一路逃到马萨特兰的海滨度假村。在那里的一间廉价旅店里，他终于被发现并在枪口下被捕，随后他被带到墨西哥城，警方在电视摄像镜头前向数百万名墨西哥人播报了古兹曼被捕的消息。

在古兹曼的家乡锡那罗亚州，这一消息迅速引起了民众的热烈反 78
应。几天之内，锡那罗亚州的几个城市里，四处有人散发号召民众上街游行庆祝的传单，以纪念这一重大时刻。最终，锡那罗亚人民走上了街头，但这些游行的目的却让人始料未及。如果你仔细看看这些游行的人民——有老有少，有男有女，还有的是家长带着孩子——就会发现他们身上穿的T恤和手里拿着的条幅上写着一些让人大跌眼镜的口号。一幅条幅上面这样写道："矮子比许多政客更受人爱戴和尊敬！""锡那罗亚是你的，矮子"，一件T恤上醒目地写着这句话。还有的人穿着印有数字"701"的衣服，而701是《福布斯》杂志整理的亿万富翁排名中古兹曼的最新排名。"矮子，我给你生一个孩子吧"，一个年轻女子穿的紧身背心上面印着这句话。原来，这些人出来游行并不是为了谴责这个恶毒的毒枭，而是赞美、声援他。在街上，当整个游行队伍不断前进的时候，不断有人呼喊："Que viva el Chapo！"（矮子万岁！）这个时候没有警察在场阻止，显然他们有别的事情要做。

"矮子"古兹曼曾组织指挥了几千桩杀人命案，理应是全墨西哥人最痛恨的人。但是在这个国家里他邪恶势力最强大的一些地方，人们的感情却是十分复杂的。尽管毫无疑问的是，在库利亚坎的这次游行中，有一部分人是被迫参加的，但也有一部分人确实是他的拥护者。由《改革报》（*Reforma*）所做的一项全国范围的民调显示，只有53%的受访者认可对古兹曼的这次逮捕，有28%的人表示强烈反对。[1] 在墨西哥的贩毒民谣（narcocorridos）中就有很多对毒枭事迹的歌颂。在节奏欢快的长号和手风琴的伴奏下，这类民谣诉说着毒枭们的"英雄事迹"和他们智胜警察的特殊技能。为了向"矮子"古兹曼致敬，乔斯·尤罗乔·埃尔南德斯（José Eulogio Hernández），这位戴着牛仔帽、人称"锡那罗亚马驹"的情歌歌手，专门写了一段歌词：

From his feet up to his head

（如果你注意到他从头到脚之间的距离）

He's a little short in stature

（他可能确实有点矮）

But from his head up to the sky

（但是从他的头顶到天空）

Is how I calculate his height

（才是我心目中他真正的高度）

Because he is a giant among giants.[2]

（因为他是巨人中的巨人）

这位身材矮小的巨人并没在监狱里呆多久：2015 年 7 月，在他被 79
捕之后一年多一点，墨西哥政府宣布“矮子”从他们的眼皮底下又一次溜走了。之后这些羞愧难当的官员公开了监狱闭路电视监控画面。监控画面显示在这个关押关键人物的牢房里，“矮子”先是在房间里来回踱步，然后便走进了房间里通往他个人浴室的角落，之后就再也没有回来。监狱长发现在淋浴底部有一个洞，这个洞背后是一条挖得非常专业有一英里长的地下通道。这条地道里有简陋的通风管，还有一辆摩托车停在轨道上，用来搬运土石。“矮子”显然就是经由这个地道逃走的，他逃跑时还打碎了地道里的电灯泡，最终消失在乡野田间。不到几个小时，歌颂他勇敢逃跑事迹的贩毒民谣就被上传到 Youtube 上了。其中一首歌中，卢皮约·里弗拉（Lupillo Rivera）欢快地唱道：

Tons [of drugs] have been moved by water and air

（如果成吨的毒品能漂洋过海送来）

A well - planned tunnel can emerge anywhere.

（那么一条周密计划的地道也能够畅通无阻地把人带来）

六个月后“矮子”在逃亡中再次被捕，然而对很多人来说他仍旧是一个英雄。“矮子”不是唯一一个如此受欢迎的毒枭。从事贩毒生意的人有一个非常有趣的特点，那就是顶级的大毒枭能够享受比大多数罪犯都更高的人气——当然，也要超过很多的政客（美国国会议员们肯定很渴望拥有“矮子”那样高的人气）。大毒枭们甚至能够引领时尚潮流：埃德加·瓦尔迪兹·维拉雷尔（Édgar Valdez Villareal），这个强壮的毒贩（同时他还有一头棕色的头发，因此得到一个实际上不准确的绰号——“芭比娃娃”）被捕时，穿了一件特别醒目的绿色拉夫劳伦网球衫。在此之后，全墨西哥城的服装店迅速上架了这件衣服的同款，卖给那些想模仿他的年轻人。

类似的情况在西方国家也有发生，在这里毒贩们常常被描绘成浪漫的形象，以粉饰他们的罪行。在电影《美国毒枭》中，演员约翰尼·德普（Johnny Depp）扮演了一名在美国广受喜爱的哥伦比亚裔黑帮老大。《美国毒枭》是一部讲述毒枭巴勃罗·埃斯科瓦尔的麦德林集团如何崛起的电影。埃斯科瓦尔的儿子——胡安·巴勃罗写了一本关于他父
80 亲的书，他写道，他父亲早期靠向他的高中同学卖假文凭发家。霍华德·马克斯（Howard Marks）这个正在服刑的英国毒枭，也写了一本题为《好心先生》（*Mr. Nice*，书名同时也是他曾经用过的一个化名）的传

记，之后还靠做演讲讲述他充满冒险的犯罪生涯赚钱。

这些贩毒集团的所作所为一点都不传奇。在“矮子”古兹曼的领导下，锡那罗亚集团的暴徒们会毫不留情地杀害一切妨碍他们发展的人。这些受害者中，有的被折磨至死，有的被活活烧死，还有的被当众绞死。这些暴徒们甚至都不愿用革命斗争的名义来掩饰，而仅仅是因为他们妨碍到帮派成员赚钱了。像“好心先生”霍华德·马克斯这样的人，可能的确没有亲自动手杀掉任何一个人，但是，是他们在背后雇佣的杀手执行了这些谋杀。贩毒本来就是一件十分肮脏的事！但是这些亡命之徒一样的毒枭非但没有被大众所唾弃，反而在国内外都享受了很高的人气。从一群肮脏、残暴的恶棍变成了令人喜爱的“绿林好汉”，这种公众形象的巨大转变堪称商业世界里维护公共关系（PR）最具戏剧性的成功案例。这些贩毒集团究竟是如何做到的？

· · ·

“致全市市民，”一则通知的开头这样写道，字母全部大写以示强调，“我想借这个形式来澄清一点，我从未下令杀过小孩和妇女。我也不会允许勒索和绑架的发生。是那些来自‘阵线’的成员彻底毁了整个城市……这些规矩对我们来说都是很明确的：不针对小孩，不针对妇女，不针对无辜的人，不勒索，不绑架。而‘阵线’会为了仅仅 1,000 比索（大约 70 美元）的保护费而杀人。”[3]

这封公开信用黑字和红字非常专业地印在一张白色大横幅上，在某天一大清早就被挂在华雷斯城里一处繁华地段的人行天桥上。这发生在

2010 年，此时“矮子”古兹曼的锡那罗亚集团和华雷斯城当地的“华
雷斯集团”“阵线”之间的交战正在持续升级。这张由“矮子”亲自签
81 字署名的条幅，只是几十块“*narcomantas*”（意思是贩毒集团悬挂的横
幅）之中的一块，它们在城中各处同时出现。武装冲突激烈程度持续
升级的同时，广告宣传的数量也在增加。

表面上看起来，贩毒集团可能并不需要担心市场营销的问题。尽管和毒贩们相比，广告经理的名声也没有好到哪里去［H. G. 威尔斯（H. G. Wells）曾形容广告业是“合法的谎言”；乔治·奥威尔（George Orwell）也说“广告就是拿根棍子在泔水桶中搅拌发出的哐当声”。］，一般人可能会以为那些暴徒不会对这种传播游戏特别感兴趣。实际上，他们会非常认真地做市场营销活动，尤其是公关和广告。在公众中保持某种程度的支持度，是让那些像“矮子”古兹曼这样的逃亡者能够一直不暴露行踪的唯一方法。正因如此，贩毒集团才会想出一系列的复杂方法来包装他们的公共形象。

他们这些厚颜无耻的广告遍布整个墨西哥北部。比较传统的做法是：从人行天桥上面挂一块帆布或者塑料横幅，然后在政府把广告收走之前，通知当地的摄影记者把画面拍摄下来。有时候上面的内容被很随意地涂画在一些旧床单上面；而大多数的条幅都是经过专业的设计和制作的。这些广告目的各异。在新拉雷多（Nuevo Laredo）和得克萨斯交界处，“哲塔斯”曾经用一张横幅发起了一次招募运动，上面写道：“如果你是士兵或者退伍士兵，哲塔斯行动小组需要你。我们会给你提供丰厚的薪水、优质的食物，并给你的家人提供津贴。在这里没有虐

待，没有饥饿——我们不会让你吃麻露酱汤面（Maruchan soup〔1〕）的。”更普遍的情况是，他们通过广告互相攻击，说对方的坏话或者恐吓威胁敌对帮派（在这些情况下，这些广告旁边往往还有一些尸体），或者发布一些广告，向市民们保证贩毒集团是和他们利益一致的：他们只会做毒品生意，而不会去勒索普通人。

就此而言，这种简陋的户外广告发挥了一定的作用。因为这些广告给当地的群众营造了一种表象，似乎发广告的人在当地有很大影响力，以至于能够在公共场所随意挂这些广告，这也在暗示这些贩毒集团对当 82
地的警方有一定程度的控制力。但是他们广告内容的说服力还是令人存疑的。纵观全世界，无论是在合法的还是非法的生意里，广告都正在一定程度上面临危机。几代人以前，消费者可能会相信那些印在麦迪逊大道以及各种可信赖的报纸杂志上的“合法的谎言”。但是现在，随着免费的线上线下媒体的爆发式增长，消费者更难被说服了，他们尤其怀疑商家在广告中对自家产品写的那些东西。比如，你很难想象现在还有人会把20世纪50年代那些香烟广告中所宣传的保健功效当真。“矮子”和“哲塔斯”反复宣称他们是守规则的商人和优秀的雇主，这同样显得很空洞虚伪。

相应地，市场营销专家们正在把他们的精力放在别处，贩毒集团们也是如此。10年前，品牌营销大师阿尔·里斯（Al Ries）和劳拉·里斯（Laura Ries）认为传统广告已经失去了原有的地位，通过广告的兄弟——“公关”则更加容易改变消费者的看法。[4] 现如今，社交媒体让

〔1〕 日本东洋水产株式会社下的一个方便面品牌。

公司能直接在线发布他们的公关信息。这些一般都是通过大卫·密尔曼·史考特（David Meerman Scott）提出的所谓“新闻劫持”的方法发出的。与传统的广告不同，公关不再去购买报纸和广告牌上的付费广告位，而是专注于影响那些更有传播价值的社论专栏和电视新闻节目档位。报纸上一篇充满溢美之词的公关稿，要比在背面印的付费广告效果好得多。据美国商业报纸《公共关系日报》（*PR Daily*）估计，一篇社论公关稿的价值是付费广告位价值的三倍。各个公司都争抢着要把公司的信息写在这个广受欢迎的位置上，他们以前所未有的热情来游说记者们在文章中提及自己的公司。在英国，现在在公关领域工作的人数（47,800 人）已经超过了记者（45,000 人）。[5]

对新闻通讯社来说，出售一点点社论版面还是很有吸引力的，因为整个新闻产业的前景都不明朗。对于收入低的记者，接受公司提供的长期赞助或者是赠送的免费产品作交换，来写一些正面评价的文章也是非
83 常有吸引力的。在新闻行业，提供“原生广告”的做法变得越来越普遍。“原生广告”是一种介于报道文章和付费广告之间的赞助内容形式。这些“原生广告”一眼看过去像是一篇普通的报道文章，但实际上是由广告主撰写或者经其审阅的。这一形式给公司提供了一种新的方法，能够让他们把想传达的信息包装得更像是一篇社论，但实际上却是一则广告。面对广告向新闻报道里渗透的现象，大多数的新闻记者都感到不安。但是广告主愿意为这种效果显著的内容形式付非常多的钱。读者们可能不再相信广告里的广告词了，但是如果一家公司能够让一家报纸或者一个电视频道用他们自己的口吻重复这些广告上的内容，这确实能够产生一些效果。这些道理对贩毒集团也是适用的，它们近几年来正

极其夸张，有时甚至是残暴地升级他们的媒体宣传方式。

太阳刚刚从地平线上升起，我正在沙漠中以我所能控制的最快速度开车向前驶去，我把记者证藏在手提箱内侧的一包旧袜子里。这是在墨西哥北部 5 月的一天早晨，此刻温度还没有升高，外面的气温还算适中。这一天很早我就醒了，这让旅店里的工作人员也很惊讶，他们正在把昨晚盖在金丝雀鸟笼上的布掀开，而我则准备要去吃早饭了。我在 40 号公路上一路向西行驶，离开蒙特雷这个庞大、富有、接近美国边境的城市。最近，当地的黑帮开始为他们新一次的地盘之争筹措资金，任何一个看起来是那种家人愿意为他付一笔巨额赎金的人，都有很大的被绑架的风险。在城里，我一个有钱的朋友之前还开着他崭新的“路虎”到处兜风，前段时间却开着一辆又寒酸、又旧的老车到我酒店的门口。他向我解释道：“你不想在这段时间吸引任何人的注意力。”

蒙特雷的暴力问题广为人知。和其他许多墨西哥北部城市一样，当
地的报纸头条充斥着关于枪战和杀戮的报道。城里很多生意人都把家人
搬到了美国的安全地方，和他们聊天的时候，我听说了一些传闻，在北
边的另一座城市里有更奇怪更邪恶的事情正在发生。在蒙特雷西边大约 84
150 英里的一个地方，公众很少会把这里和毒品战争联系起来。雷诺萨
(Reynosa)，这个坐落于美墨边境的城市和得克萨斯州的麦卡伦
(McAllen) 相邻。和其他任何一座边境城市一样，这里有加工工厂、便
宜的诊所以及一个脏乱的叫作“男人的小镇”的红灯区，这里同样也
是毒品走私的据点之一。虽然整个墨西哥北部都有层出不穷的暴力冲突
事件发生，但几乎没有任何有关贩毒集团在雷诺萨火并的新闻。不知为
何，这座城市从来都没有出现在任何电视、报纸关于毒品战争的报道

里。没有任何一篇文章提及过任何一个来自这里的杀手，也没有任何尸体的照片被曝光出来。政客们似乎也不愿意提及这里，就好像雷诺萨已经从整个国家分离出去了：这是一个没有消息的城市。我决定亲自去探访一下。

现在是清晨，马路上空无一人，我便加大马力沿着40号公路一直开去。没有人会想在这一段路上逗留，因为蒙特雷和雷诺萨之间的路段长期以来都是“海湾”集团（the Gulf cartel）和“哲塔斯”之间枪战的地方。这两个黑帮曾经是盟友，现在却为了争夺墨西哥东北部的控制权变得势不两立。半路上我经过了“教子”（Godchildren）餐馆。几个月前的复活节前夕，这里发生了一起长达两小时的枪战。参战双方是50名士兵和40个持枪歹徒。这场枪战在迷人的墙面上留下了很多弹孔，外墙现在看起来就像是一个奶酪磨碎器。

在雷诺萨，通过对记者发出威胁，犯罪集团已经完全控制了当地的新闻报道。在过去两个月，我就了解到有一名当地记者被杀，五名记者失踪。两名从墨西哥城来的驻派记者被绑架并遭到毒打，一名美国记者在街上四处调查的时候，有一个陌生人走上来直接告诉他赶紧滚出这里，最终他只好仓皇离开。

停好我租的这辆车之后，我向市政厅走去，一路上我尽量沿着马路上光线暗的一侧行走，同时加快脚步，以备一有危险能够马上拔腿就
85 跑。当第一位受访者发短信告诉我采访时间不得不临时改变时，我变得更加紧张了——这名受访者是议会的一名工作人员，他镇定地向我解释道，他的一名同事刚刚遇害，所以一下变得非常忙碌。大家都不明白为什么这位年轻的议会工作人员会在昨天被杀害。他当时正坐在他的车

里，停在离市政厅五个街区远的一个红绿灯前，此时杀手走过来，开枪把他打死。这起枪杀案没有被任何媒体报道，后来我开车经过案发地点时，发现当地政府似乎也已经非常有效率地把现场清理干净了——在一个连垃圾都不能准时清理的城市，这简直就是奇迹。

没有人会愿意报道这起谋杀案，因为当地贩毒集团严格要求雷诺萨的记者不能报道任何有关毒品战争的新闻。在没有任何形式报道的情况下，市政府建立了一个推特信息流，提供有关这场战争最基本的信息，帮助市民们确保安全。我的一名受访者阿尔弗雷德（出于安全考虑我用了化名）利用他桌上的电脑，运营了一个叫“@ GobiernoReynosa”的推特账号，为当地的居民提供一点基本的有关安全方面的信息。关注了这个推特信息流的人能够看到类似这样的信息：“风险状态。本市多处地段已经被封锁。小心驾驶，如无必要请勿下车”和“据消息称，去往蒙特雷方向的公路风险状态已经解除。环路处车辆行驶较慢。请耐心驾驶”。这个账号运营时间是从早上 6：00 到晚上 11：00，每一个小时左右更新一次，如果遇到特殊情况，更新会更加频繁。“报纸、广播和电视已经有两年不播新闻了。”阿尔弗雷德说，他还说这个想法来自他那位精通互联网的女儿。没有记者愿意把自己的名字放在一则犯罪报道上面。有时别的城市的媒体信息比本地媒体的还要更快更全。“蒙特雷的报纸报道这边的新闻，我们的报纸则报道他们那里的新闻。”阿尔弗雷德说。

墨西哥的贩毒集团把很多的时间和金钱用在说服记者和控制他们的 86
新闻报道上。说服用的手法是比较传统的“*plara o plomo*”——“要银还是要铅”，意思是要么接受金钱的贿赂，要么就被子弹射死——这种做法也被黑帮应用到处理其他公共关系上面。记者们被黑帮长期威胁恐吓，如果他们不愿意配合，就会被杀害，同时黑帮也想以此杀鸡儆猴。举最近发生的众多案件中的一个作为例证，乔斯·布莱迪米尔·安图那（José Bladimir Antuna）这位来自《杜兰戈天气报》（*El Tiempo de Durango*）的犯罪报道记者被杀害之后，身上还留有一张纸条："我之所以被杀，是因为我向军方提供了情报，还写了一些不该写的东西。在写报道之前请千万注意你写的每一个词。"安图那被杀前正在调查一名同事被谋杀的案子。他在调查中发现，当地警方和犯罪组织之间有金钱往来关系。

当毒品战争持续升级，对记者们的压力也在持续升级。1994 年到 2004 年这段时期，社会相对和平，墨西哥只有 13 名记者被杀。在接下来的 10 年里，到了 2014 年则有 60 名记者被杀。专门做犯罪调查的机构实际上非常穷，以至于本来不太值得被杀（有的受害者确实死于交火的混乱中，但不是被故意杀死）。但是大部分的记者的确是被蓄意谋杀致死：根据一个美国非政府组织"保护记者委员会"（Committee to Protect Journalists）的统计，每十个犯罪报道记者中就有八人遭到过毒打。这些贩毒集团的策略确实起到了一定的效果。在迄今为止死亡人数最多的 2010 年，五家墨西哥报纸甚至公开宣布他们不会再报道有关毒品战争的犯罪新闻，因为这种报道对他们的记者风险太大。有时贩毒集团甚至能够把他们自己的说法植入到媒体中。在四名员工被绑架之后，千禧电视台（Milenio television）被告知，如果不播出一段谴责敌对帮派和腐败警察串通的报道，这四名员工将会被处决。千禧电视台最后很不情愿地配合了这项要求（尽管只是在地方频道里，没有在全国的网络频道中播放）。

贩毒集团的宣传着重关心两类受众人群。一类是普通公众。比如，如果能让民众相信“矮子”古兹曼的锡那罗亚集团是一个更加值得尊敬的帮派，而且他们不会向普通人勒索或者是屠杀儿童，那么相比之 87
下，普通民众就不会把锡那罗亚集团的情报汇报给警察，相反他们会告发锡那罗亚集团的对手，这些人在他们眼里更加糟糕。同样地，黑帮的宣传中往往会谴责当地的警察或者检察官的腐败行为，这样做也是为了让普通人不要给警方或者检方提供信息。

贩毒集团在意的另一类受众是政府。哪里有关于暴力事件的报道，政府就会做出响应，派出更多装备精良的警察或者士兵进驻这些地方，以此来控制局面。如果执法者像这样加大执法力度的话，贩毒集团就更难做生意了。所以阻止这些有关暴力事件报道的发出就显得非常重要：如果昨天晚上发生了大屠杀，但却没有任何的新闻报道出现，那么下一星期就不会有新的部队被派遣进驻过来，贩毒集团的那些非法生意就可以继续照常做下去了。在枪战之后，贩毒集团有时候甚至会把现场的尸体拖走，一部分原因是为了埋葬他们，但同时也是为了尽可能地让现场看起来像什么事情都没有发生一样，从而尽可能地不让军方产生激烈反应。这些尸体被丢进水井、旧矿坑或者是沙漠的乱葬岗里。对于当地人来说，贩毒集团之间的战争是非常魔幻的：某天窗外的枪声、警笛声和直升机的轰鸣声能听得很清楚，但是到了第二天，就好像什么事情都没有发生过一样——在报纸上当然也不会出现任何报道。

那么，为什么这些贩毒集团经常用残忍的方式当众处决人质呢？其实许多的处决都是为了做给大家看，他们把整个过程拍摄下来然后传到网上，在线上推广。在华雷斯城，一位病理学家曾经告诉我，最危险的出门时间是在下午的5：45，因为贩毒集团为了赶在6：00的晚间新闻之前一点执行他们的刺杀计划。这样做的原因是黑帮想要在他敌对帮派的地盘上面挑衅。如果十几具尸体堆在公共场所，政府就会派出镇暴特遣部队到事发地区，这个地方的黑帮几周之内都很难做生意。那么贩毒集团有时会故意“激化”敌对集团的地盘——用当地的话来说叫“*calentar la plaza*”——故意挑起政府的武装镇压。这同样需要媒体的
88 配合，有的时候媒体被命令在一些专栏版块做专题报道。

一方面有贩毒集团说要闭嘴，另一方面又有贩毒集团要求大规模地发布一些新闻，夹在中间的记者很难占上风。《华雷斯日报》（*El Diario de Juárez*)》在两名报社员工被杀害之后，于2010年全球发行的一期的头版社论里直接对话当地黑帮。文章的题目是《你想要从我们这里得到什么》。文章的开头这样写道：“此时正在争夺华雷斯城地盘控制权的各组织成员们……我们想让你们注意，我们只是信息的传达者，不是会读心术的魔法师。正是基于这一原因，作为信息工作者，我们希望你们能够说明，你们想从我们这里获得什么，你们想要我们发布什么、不发布什么，这样我们才能够明白我们要坚持的方向。此时此刻你们是这个城市里实际的控制者，因为依法组建的政府此时已经没有任何能力来保护我们的员工，让我们不再继续送命。”[6]

贩毒集团对当地媒体的铁腕控制导致一部分的内容向互联网上转移。然而和普通的公司一样，犯罪集团也努力想维护自己的网络形象。推特账号@ GobiernoReynosa 在发布新闻的时候尽量地保持模糊，概括地称为“风险状态”而省略掉细节。但是一些业余记者则更敢于利用互

联网的匿名机制提供比报纸多得多的细节。诸如像“毒枭博客”（El Blog del Narco）这样的网站，通过发布一些在纸质媒体上看不到的报道（同时还放一些即便是对暴力描写最大胆的墨西哥报纸也不会放的照片和视频）获得了很大一批读者。有记者表示，他们会把那些放在自己报纸上有很高风险的报道发给某些博客。对于贩毒集团来说，这种线上的信息发布方式对他们的新闻控制带来了新的挑战。

有迹象表明，贩毒集团正在尝试使用那些曾经对付主流媒体的方法来限制互联网上的报道。2011 年，第一次有人因为在社交网络上发帖被黑帮杀害。两具尸体被吊在墨西哥东北部另一座边境城市新拉雷多的一座桥上，旁边写着一句警告：这是所有散布“互联网小道消息”的人要付出的代价。在这不久之后，一个著名的博客博主被黑帮认出并杀 89
害，她的尸体旁边放着一个电脑键盘。

贩毒集团甚至愿意花很多钱让这些业余记者闭嘴。2013 年，雷诺萨所在的塔毛利帕斯州（Tamaulipas）全州散发了悬赏传单，悬赏60 万比索（约 4 万美元）找出一个匿名的本地新闻网站“塔毛利帕斯州之勇”（Valor por Tamaulipas）背后的创办者。一年后，网站其中一位自称“Felina”（猫女）的供稿人的推特账号被发现并被盗号。“各位亲朋好友，我的真名叫玛丽亚·罗萨里奥·富恩特斯·卢比奥（Maria del Rosario Fuentes Rubio），我是一名医生，今天我的生命结束了。”账号被盗号后发的第一条推特这样写道。几条推特之后，最后一条推特写道：“关闭你们的账户吧，不要像我一样还把家人连累了，我请求你们原谅我。”还配了一张玛丽亚尸体的照片。令人震惊的是，尽管如此危险，“塔毛利帕斯州之勇”和其他类似的网站仍然还在运营。不过黑帮无情的公关战役确实极大减少了这些歹徒和同伙们的曝光度。

· · ·

贩毒集团用来美化自身形象的更长期的策略是在企业社会责任上面下功夫。企业社会责任（corporate social responsibility，CSR）是一个管理学上的术语，也被认为是现代社会的新潮流。但是企业社会责任本身有一段很长的历史。在18世纪，市民开始组织运动抵制那些参与了贩卖奴隶的公司，因此导致那些更注重社会责任的公司开始大肆宣传他们“人性化”的员工管理体系（当然，这些说法当中有的和真实情况有差距）。一百年之后，维多利亚时代的工厂为他们的员工们建立了“模范村庄”。员工在这里面能够享受安全、舒适的居住环境。在我所生长的英格兰北部附近有一个小镇叫索尔泰尔（Saltaire）。这座小镇由一个维多利亚羊毛大亨泰特斯·索尔特爵士（Sir Titus Salt）建造。他坚定地
90 相信禁酒的好处，因此整个小镇建造的时候没有建酒吧（这一原则最近几年被打破了，镇上开了一家酒吧，就叫作“不要告诉泰特斯”）。企业社会责任最与众不同的一点，同时也是在各行各业广受争议的一点，就是一定程度上它的确是出于道德上的追求，但一定程度上也是因为自利。索尔泰尔没有酒吧可能确实是为了让当地居民更健康，但是也可能只是想让这些工人上班的时候更加准时。

企业社会责任作为一项商业战略的流行发生在20世纪90年代。现在，大多数公司花大量的时间和金钱，为了展现他们对全球公民意识、

可持续发展、三重底线[1]和其他听起来富有责任感但是较难明确定义的目标上的承诺。这些概念本身是什么意思可能都还未明确，但是可以确定的是，要实现这些目标都不便宜：尽管 2014 年的经济环境波动很大，世界 500 强中的 128 个美国企业还是拿出了近 120 亿美元投入在企业社会责任相关的项目上。[7]

不是所有人都认为这种带有空想色彩的社会改良行动值得花这么多钱。许多股东都在思考，这些在慈善事业——保护环境、提供免费食物、保护鲸鱼——上的花费是否能够真正增加公司的市值。一项由爱荷华大学商学院（Tippie College of Business at the University of Iowa）所做的调查发现，这些在社会责任上投入很多钱的企业在经济下行的时候能够表现得更好。据调查报告的作者推测，这些企业的客户在经济下行的时候会更加忠诚，在资金紧张的情况下也更不会抛弃他们。但是也有人认为实际的因果关系可能是反过来的：那些稳定又成功的企业比那些不稳定的企业有更多的现金可以随意花在更无关紧要的项目上。

近几年来，管理学家对企业社会责任的讨论热度开始减小。仍然在坚持着的支持者对一件事感到很困惑：为什么现在那些最成功的企业没有因为他们不关注可持续发展、企业公民意识等问题而使业务受到影响呢？总部设在爱尔兰的廉价航空瑞安航空（Ryanair），虽然饱受争议，但他们完全不为所动，仍然横扫了欧洲的航空市场。其他的航空公司往往会为客户提供购买碳信用（carbon credits）的机会来“抵消”他们造成的污染。与此不同，瑞安航空没有时间留给这些环保主义者。“我们

---

〔1〕 三重底线原则由英国学者约翰·埃尔金顿提出，指企业盈利、社会责任和环境责任的同一。

只想尽一切可能让这些傻瓜感到烦躁。对付这些环保主义者最好的手段
91 就是拿枪毙了他们。”瑞安航空那位好胜心强的老板迈克尔·奥利里（Michael O’Leary）这样说道。卡洛斯·斯利姆（Carlos Slim）也是靠着疯狂地榨取他拥有的电信特许经营权所能带来的一切利益，同时又比其他的亿万富翁捐钱更少而成为世界首富的。

尽管企业社会责任在某些合法的产业里面逐渐式微，但是它在非法生意世界里仍然很受欢迎。一些敢于冒险的罪犯通过做一些表面上的慈善来赢得一个好名声。“矮子”古兹曼喜欢到锡那罗亚最豪华的餐馆去，给服务生的小费经常能够给到几千美元。巴勃罗·埃斯科瓦尔会给麦德林的小孩送去圣诞节礼物、修建滑冰场，甚至是为穷人提供住房。“我们的家族”给商人提供低息贷款，和非正式的“争议解决”服务（当然，这种解决纠纷的做法也没有人敢质疑）。许多毒枭都花钱建教堂。墨西哥专门有这种行为的叫法：“narcolimosnas”（毒品布施）。在伊达尔戈州（Hidalgo）的一座小教堂里，有一块铜板上面写着：“由赫里伯托·拉斯卡诺·拉斯卡诺（Heriberto Lazcano Lazcano）捐建”，在这句话前面还引用了一句赞美诗。拉斯卡诺实际上又被叫作“处决者”，是黑帮“哲塔斯”的头目，据说他享受把处决之后的尸体拿来喂狮子和老虎的快感（他本人则很平淡地死于 2012 年海军陆战队的枪击）。

有的牧师也很乐于接受来自这些人的捐赠。在 2005 年接受当地的一名记者采访时，已故的阿瓜斯卡连特斯州（Aguascalientes）主教拉莫·戈德内斯·弗洛雷斯（Ramón Godínez Flores）这样分析道：“当她用非常昂贵的香水涂抹她的脚的时候，（我们的主）拒绝了［抹大拉的

玛丽亚（Mary Magdalene）］进献的贡品吗？耶稣没有问她‘你从哪里买的这些昂贵的香水？’他不在意这些钱是从哪里来的：他直接收下了这些贡品。”有些吃惊的记者问他，但是如果一名牧师怀疑这些钱是通过非法途径获得的呢？没有任何问题，神父戈德内斯让他们不要担心：“当这些人意图是善的时候，这些钱就会被净化。你无须因为钱的来源是坏的就把这些钱烧掉；你必须转化它们。所有的钱都能够被转化，就像一个腐化堕落的人也可以改过自新一样。”[8] 有的毒枭甚至通过做慈善 92
的方式获得了几乎堪称圣人的地位。在“我们的家族”帮的头目纳扎里奥·莫雷诺·冈萨雷斯（Nazario Moreno González）2010 年被警方“击毙”后，米却肯州一时间出现了许多纪念他的圣祠。更戏剧化的是，在“复活”之后，他的神圣地位更得以升华，他最终在 2014 年被警方击毙。政府不得不承认他在 2010 年的时候并没有死，这一次几位部长向民众保证死者确实是他本人。

企业社会责任在毒枭中大受追捧的原因很简单：对于通用汽车的股东来说，他们很难一下就看出给底特律歌剧院捐钱能够带来什么好处，但是对毒枭们来说，成为一个有社会关怀的企业家所能够带来的好处是显而易见的。的确，在不受欢迎的情况下成功地办好一家企业也是完全有可能的，比如说像瑞安航空、斯利姆的商业帝国等一系列数不胜数的例子。但是在犯罪这个行当里，能够把生意做到什么程度，完全取决于周围的人是不是支持你。如果锡那罗亚集团的生意做不下去了，那每月派发给一些山区老人的退休金也会相应停止。这并不是说这些贩毒集团对社会是有益的：他们所带来的腐败、暴力和恐惧已经让墨西哥倒退了几十年，毒品所带来的投资远比不上因为毒品问题而错失的投资。但是当越来越多的选民感到，如果贩毒集团被取缔了，他们也会失去一些东西的时候，贩毒集团就越不可能被取缔。

给穷人发钱和建造冠有自己名号的教堂是毒枭们履行企业社会责任的相对简单的两大做法。实际上还有一种更复杂的方法，在企业社会责任上花点钱，最后自己能够得到好处。来自哈佛商学院的塔伦·汉纳（Tarun Khanna）和克里希普·帕洛普（Krishna Palepu）两位教授撰写了很多关于新兴市场中存在的“制度缺失”（institutional void）问题的文章。发展中国家缺少了各种基本的基础设施，而这些基础设施在发达国家都是习以为常的，比如像样的马路、可靠的司法系统、优质的学
93 校、免费的医疗等。一方面为了自身业务开展的便利，另一方面也是为了迎合当地的消费者，一些大公司有的时候也会提供一些政府本应提供却没有提供的服务。

为了理解这些以贩毒为生的暴徒究竟是如何赢得普通人认可，或者至少是部分认可的，我特地拜访了一位我们都称呼为罗莎的老妇人。她在康得萨（La Condesa）的一间空间宽敞、装潢现代的公寓里接待了我。康得萨是墨西哥城的一个富人区，就连附近的公园里出没的一些纯种宠物狗身上穿的都是设计师款。当我走出电梯，走进公寓里面敞亮的厨房连体餐厅的时候，空气中此刻正弥漫着美食的香味。罗莎，这位桶型身材、身高不到153公分的70岁老人正在煎蓝莓薄饼，她给我装了厚厚一盘。这间奢华的公寓并不是她的，公寓的主人是一个墨西哥的商业顾问，我通过工作认识了这个人。罗莎是他的“muchacha”，字面意思是“女孩”，这是一个很传统的词，专门用来统一称呼那些无论年龄大小，负责提供打扫、烹饪和各种各样的家政服务的女人。公寓主人邀

请我来参观，并且见一见罗莎，因为他认为罗莎会有很有趣的故事可以和我分享。罗莎给我的说法则是，在拖地和做蓝莓薄饼之余，她正在谋划一场谋杀。

罗莎住在墨西哥州的一个穷人区里，围绕首都周围的一大圈地方居住着1,700万人口。在她所在的移民区里生活是很艰苦的，由于当地警方已经束手无策，大量的犯罪活动完全不受法律制裁，在那里生活变得更加艰苦。三个月前，她十六个孙子女中的一个孙女在和她丈夫回家的时候，正好发现两个小偷在他们家里翻箱倒柜。这两个小偷当时便逃走了，但之后竟然又回来用斧头柄对她丈夫一阵毒打，警告他们不要报警。“他现在还是像这样走路。”罗莎说道，同时一边演示着手臂因为骨折只能够悬挂着的样子。在最近发生的另一件案子中，一个独居的老人被小偷抢了。老人的邻居听到求救的呼喊之后，把小偷扭送到法庭。但是不知为何小偷还是花钱出来了——罗莎不确定是通过保释还是贿
赂。罗莎说，这个老人在得知消息之后又生气又震惊，几个月之后便因 94
为心脏病发作去世了。过了几年之后，还是同一批人，他们在洗劫一个养鸡场时，仅仅为了偷几千美元就把两个人给杀害了。

“他们肆无忌惮地进入别人的房子里，他们拿走任何他们想要的东西，他们威胁恐吓别人。这些人让我们感到恐惧，”罗莎说道，握着拳头猛敲了一下餐桌，“我们没有很多的东西，我们很贫穷。他们便偷走电视、音箱、羊、牛、衣服，甚至连电线都偷。”而警察对此束手无策。“实话说，我也不相信他们，”罗莎说道，“如果政府什么都不做，那我们还能怎么样？一个人在这样的环境下完全过不下去。我们不能活在随时有人会闯进我们的房子然后杀了我们的恐惧里。”最近，有些事

情让她开始看到事情开始有转机了。那天她正坐在一辆公交车里准备回家，在一段僻静的路上，有一群强盗准备上车来抢劫。然而这一次，乘客们奋起反击，给这些强盗们一顿痛打。“可惜巡逻警车一下子就赶到了。没有让他们有机会把这些歹徒给解决掉。”罗莎遗憾地说道。

这件事启发了罗莎和她的邻居们。他们正在攒钱，准备雇一些人来除掉那些威胁恐吓过他们的强盗，这样能一劳永逸。她说他们的想法是把这些强盗痛打一顿，可这样就完了吗？“当然……”罗莎在找更合适的词来形容他们正在做的事，“这么说吧，就算打得更狠一点……又怎么样呢？”他们计划从附近一个叫做帕丘卡（Pachuca）的城市招人。她其实已经物色好了一个人选，这个人有四十来岁，是退伍军人，有一把手枪，之前也干过类似的活。“这些人就是专门做这个的。他们负责替人复仇。”她说，当她说到“复仇”这两个字的时候，眼睛睁得很大。

深紫色的一小块饼从蓝莓薄饼上面滑落掉到我的餐巾上，慢慢渗开，这些饼也一下子变得没有那么诱人了。我向她告辞然后准备回家，路上一直在想，我的家政阿姨在闲暇的时候是不是也在筹划着什么？罗莎的故事可能有点可怕，但是听起来也没有那么不寻常。当国家很弱的时候，在本该由国家出面的地方，人们会寻找一些另类的，有时是在法律之外的解决问题的方式。国家衰败的早期标志之一就是人们开始自己
95 做自己的执法者。例如在一些衰弱、混乱的中美洲国家，当地的报纸有很多类似的报道，许多城镇里的人们把当地的小偷或者强奸犯统统抓起来，然后当众一顿痛打，有时甚至有更加严厉的处罚手段。即便是在发达国家，有组织的犯罪组织也会提供邪恶版的“公共服务”，专门填补那些因政府缺位而形成的空白。在北爱尔兰，对于那些被控告贩卖毒品

或者其他不可饶恕罪行的人，爱尔兰共和国军（Irish Republican Army，IRA）过去常会用枪击碎这些人的膝盖骨。这背后的原理和罗莎的情况是一样的：只要犯罪组织是为了填补“制度缺失”而存在，那么就能赢得一部分社会成员的支持，支持他们做这些扭曲的“承担社会责任”的工作（由于这些人的核心业务就是要铲除敌对帮派势力的武装，因此对他们来说是一举两得的事）。

许多有组织的犯罪集团都提供这种“保护”。巴勃罗·埃斯科瓦尔专门组建了一帮暴徒来做这种事，给这个组织取名叫作“Muerte a Secuestradores”（绑架者末日），试图向大家证明他们只针对那些做了坏事的人。同样地，锡那罗亚集团也创建了一个杀手小组叫作“Matazetas”（哲塔斯杀手）。他们在上传到网上的一系列视频中声称：“我们唯一的目标就是哲塔斯。”这个小组将“一直造福墨西哥人民”。这些戴着头套的人说道。

犯罪分子所做这些的企业社会责任行为是否真正能够造福社会呢？美国经济学家赫谢尔·格罗斯曼（Herschel Grossman）创建了一个关于黑帮提供公共服务的模型，他发现在某些情况下，政府和犯罪团伙在相互竞争下所提供的公共服务，要比当只有政府提供公共服务时质量要好。[9] 在格罗斯曼的模型里，为了提供公共服务，黑帮们收保护费和政府收税实际上有很大的相似之处。如果税率越高的同时，政府提供的公共服务还越糟糕，那么民众和商人就会更倾向于依靠黑社会来满足他们的需要。黑帮也面临相同的两难困境：如果保护费收得越高，提供的服务越少，那么就会有更多的人回归到国家那里去。格罗斯曼认为，这种
形式的竞争可能是潜在有利的，因为这会让国家不再征收高税赋却不作 96

为。“根据这样的分析，黑帮的存在只会损害那些统治阶级权贵们的利益，因为他们的主要来源就是权力寻租。”格罗斯曼写道。（当然，格罗斯曼也按照经济学家严谨的风格补充道，同样也会存在“黑帮们的活动对社会造成动荡的可能性”）

这是一个相当愚蠢的分析。几乎没有任何社会因为有组织的犯罪而得到改善。犯罪团伙有时确实能够提供对某些人有用的服务。犯罪团伙典型的一个诡计是串通投标。关于这一现象最早的研究是在1876年，当时一位意大利政治家、经济学家欧普多·弗兰凯蒂（Leopoldo Franchetti）到西西里岛调研后撰写了题为《西西里的政治和行政条件》（*Political and Administrative Conditions in Sicily*）的报告。[10]如果知道最早的关于意大利黑手党的正式研究是关于食物的话，电视剧《黑道家族》〔1〕的粉丝们会非常高兴。在西西里岛的首府巴勒莫（Palermo），弗兰凯蒂考察了两家专业的磨坊。在正常的市场环境下，两家磨坊会在面粉的价格和质量上互相竞争。顾客们购买到的是最便宜、质量又最高的面粉。但是两家磨坊马上就意识到，有一种更简单的方法来做面粉生意。他们不再相互竞争，而是选择进行共谋。他们轮流削减产量，想让面粉变得稀缺，这样他们就能够定比之前更高的价格。换句话来说，他们形成了一个典型的卡特尔〔2〕。这个计划除了一个缺点以外都很完美，那就是很难保证两家磨坊都严格地遵守限制产量来抬高价格的约定。每一方总是会存在

---

〔1〕《黑道家族》是一部美国电视剧。讲述位于美国新泽西州北部黑手党犯罪生活的故事。

〔2〕 卡特尔是垄断组织形式的一种，通常以合同约定的方式控制价格、销量等实现垄断。

一种很强的激励，促使他们超量生产面粉，以及按照比约定价格更低一点的价格销售，这样就能抢占整个市场。法院是不可能判决执行这种合同的，因为价格垄断本身就是违法的。所以这些磨坊主们决定雇佣那些被弗兰凯蒂叫作“强大的黑手党成员”的人来强制执行合同。这几方都很高兴：磨坊主们做更少的事情，还能赚到更多的钱，黑手党从中也能赚一笔。最后只有穷人吃亏了，他们花更多的钱，反而只能买到更差 97
的面粉，吃更差的意大利面。

从此之后，犯罪集团也开始提供类似的合同执行服务。这些合同往往无法寻求法律上的救济，要么是贩卖违禁物品，比如说毒品，要么是参与一些非法活动，比如说价格垄断。在弗兰凯蒂的研究基础上，迭戈·甘必大（Diego Gambetta）和彼得·罗伊特（Peter Reuter）合写了一篇经典的论文，[11]提供了大量关于黑手党如何在意大利和纽约提供类似服务的例子。在巴勒莫和那不勒斯，政府对在红绿灯处刷车窗进行敲诈的行为放任不管，黑手党则趁机将其管理起来。在罗马则相反，黑手党没有参与其中。两种情况对应的结果是完全不同的。在巴勒莫和那不勒斯，黑手党能确保这些敲诈的人各自只在事先划定好的地盘里活动，在罗马这些刷车窗的人则会为争抢最赚钱的地盘大打出手。罗马警方很快就会介入，让所有这些敲诈的人都很难再做下去。而在那些黑手党负责管理这些生意的城市里，生意却还是像往常一样进行。

在纽约，黑手党一直参与当地的垃圾收集生意。这生意很难让人觉得有很多油水，至少比起跨国毒品生意肯定没那么有吸引力。但是通过垄断废物收集的价格，垃圾处理公司可以急剧提高利润。和 19 世纪西西里岛的那些磨坊一样，问题在于如果一家公司为了窃取客户而降低价格的话，价格垄断的协议就会破裂。解决方案是寻求黑手党的帮助来确保所有人都信守诺言。甘必大和罗伊特还写道，对于垃圾处理公司来说，和这些暴徒合作还附带有别的好处，那就是防止新的公司进入市场。1972 年，布鲁克林区检察院的遭遇就是一个生动的例证，当时检方设立了一家新的垃圾处理公司，希望将其作为卧底来接触黑手党。没有多久，新公司的几辆卡车就被这些暴徒给毁坏了。

98 对于那些想多挣些钱，同时也不介意违反竞争规则的商人，犯罪集团提供了一个很有用的合同强制执行服务。有证据表明他们的收费相当合理：有证人证实纽约的黑手党为保证水泥行业价格垄断所收取的费用是水泥价格的 2%；在西西里岛，据说工程建设行业给黑手党的费用是 5%（其中真正到黑手党手里是 3%，剩下的 2% 用来买通官员）。如果价格垄断协议让一家公司可以坐地起价，那么支付这些费用是值得的。实际上他们确实因为价格垄断而能够赚更多的钱：兰德咨询公司在 20 世纪 80 年代的一项研究表明，相比之前充分竞争的情况下，纽约长岛的居民要多花出 15% 的钱在垃圾处理上，商家则要多花 50% 的钱。[12] 在黑手党提供的排他性保护之下，垃圾处理公司之间的合同可以非常灵活，甚至可以互相买卖特定地区、特定客户的垃圾处理权。正如甘必大和罗伊特所写的：“排除竞争是几乎所有公司的梦想。黑手党则是少有的能够帮助实现这一梦想的非政府机构。”作为这种公司之间非法协议的有效执行者，犯罪集团赢得了支持，反过来进一步确保这些暴徒能够继续开展他们的生意。

· · ·

整个世界都应为贩毒集团所犯下的这些骇人听闻的残酷暴行而感到愤慨。大多数人确实是如此。但是通过运用那些向正常商业世界学到的技巧，这些贩毒集团成功地在几个关键领域赢得了足够多的支持，因此减少了他们被告发和起诉的概率。通过在慈善事业或者是宗教事业上高调捐款，他们把自身形象塑造得更加温和。通过提供那些国家没能提供的公共服务，在一些贫穷的地区，他们逐渐被视为民选政府的替代品。99
通过确保公司之间违法协议的有效执行，他们和商人阶级建立了联系。通过广告宣传、掌控社交媒体和恐吓记者，他们确保所有展现给公众的形象都尽可能是他们最光鲜的一面。

政府如何破解贩毒集团的这套公关机制呢？要消解这些暴徒在"慈善"方面所做的努力，最有效的方法就是确保政府自身提供基础的公共服务。如果在墨西哥城那些暴力事件频发的郊区里，警察和法官们都能够忠于职守，罗莎这个 70 多岁的保洁员也不会去想着找一个杀手来帮她报仇。如果麦德林政府在公园、游泳池和青年俱乐部的建设上多投入一点，哥伦比亚人就不会对巴勃罗·埃斯科瓦尔建的溜冰场那么青睐了。如果墨西哥政府给老年人提供合理的养老金，就没有人会排队去领"矮子"古兹曼让手下派发的钱了。如果墨西哥的银行贷款政策没有那么苛刻（和巴西相比，他们只贷出了巴西银行一半的钱，和智利比他们只贷出了智利 1/3 的钱），[13]那么许多家庭和商家就不用那么迫切地想从黑帮那里借钱。当各种各样的分析师们谈及毒贩们占领那些政府缺位的领域时，他们构想的画面往往是政府忽视了这些领域，没有派出足够的警察或者士兵。但实际上大多数时候是另一种情况：从日常娱乐到垃圾收集和小额贷款，这些恰恰是政府根本就没有提供任何公共服务的领域。总的来说，如果政府越负责任，那么留给暴徒们来展现他们虚伪“责任感”的空间就会越小。

对于黑帮为非法合同提供执行服务，又该如何破解呢？与上述其他服务不同，这项服务政府不能提供，因为像价格垄断和串标肯定都是违法的。在西西里岛和纽约市，有证据表明黑手党在这些事情上的参与开始逐渐式微。一方面的原因是反垄断调查能力的增强。纽约的垃圾处理
100 行业现在已经由商业信誉委员会监管，这一措施一时间消除了纽约市内绝大多数黑帮在商业上的影响（尽管在郊区黑帮的影响仍在继续）。另一方面的原因是全球化。在西西里岛本地的磨坊主之间垄断价格，对黑手党来说可能是一件很容易的事，但是要联结意大利其他地区的大公司一起签合同则变得困难得多，更不要说和世界上其他地区了。当小型的、区域性的公司被大型、跨国公司替代，执行价格垄断合同就变得更加困难。

当政府想要扰乱黑帮传达的公共信息时，有两件事可以做。第一，他们应当了解黑帮之间的“calentar la plaza”策略（即故意在对方地盘里挑事，吸引警方的注意）。如果在一个地方出现了恐吓广告或者在公共场所里摆放的大量尸体，政府的反应往往是派出增援部队进驻到那个地方来维护和平。这背后的想法可以理解，但是这往往就是犯罪分子们想要的结果。政府应该做的是往故意挑事的那个黑帮所在城市去，这样能够反过来减少这个黑帮挑事的积极性。去对方帮派的地盘挑事将很有可能事与愿违，因为这样只会让大量的部队进驻到那个真正应该负责的黑帮地盘里。

第二，对于黑帮邪恶的“公关”战役，解决方案是给记者提供更

好的保护。当然，说起来容易做起来难。当我和墨西哥总统菲利佩·卡尔德龙的一名助手谈起此事时，他只能冷笑。他反问道：“我们能怎么办——给北墨西哥的每个记者都派一个保镖吗?”显然这不现实，但是对谋杀案件加强侦破力度将会让那些乐于杀害记者的凶手落入法网，这种罪行极有可能被定罪判刑。国家也可以考虑提高对那些谋杀记者凶手的刑期，就像在许多国家，谋杀警察要比杀死一个普通人判的刑更重。实在不行，通讯社也可以约定好在特别敏感的话题上发布内容相同的报道，黑帮总不可能把所有的记者都杀了。在 20 世纪 90 101
年代，哥伦比亚的报纸有一段时间就是这样做的。有大量的原因说明这其实并不是一个很好的策略：减少了竞争，降低了纠正错误的可能性，还形成了一个错误概念，即存在一个所谓“官方”版本的事件真相。但是这总要比报纸集体噤声强，像现在某些被黑帮控制的地区就没有任何相关的报道。

最后，发达国家的政府应该在教育民众上加大投入，告诉他们毒贩们赚的钱最后都花到什么地方去了。以往，发达国家的公众教育电影都集中在描述吸毒对健康带来的损害上。几十年过去了，这些公众教育运动似乎没有起到什么作用。这并不奇怪，毕竟死于吸毒过量的概率相当低。事实上，购买和吸食毒品可能都不会要你的命。但是这却非常可能会要了其他某个人的命。比如，对专门生产和运输可卡因的贩毒集团来说，杀人和虐待也是他们商业模型中的一部分。（参见第八章，有些毒贩最近在网上极力鼓吹的所谓“公平交易可卡因”是完全虚假的。）在欧洲或者美国买可卡因理应给人一种不安，这种不安同样应该困扰着你，因为你的购买行为意味着在像雷诺萨这样的地方可能会有人因为毒品买卖而被折磨至死。人们应该了解这些事情。每年有几百万的消费者购买毒品，但是却没有人想到他们实际在花钱让别人承受难以想象的痛苦，不过这也正说明了，为什么贩毒集团能够轻易美化他们的形象。

第五章 103

离岸外包：在蚊子海岸做生意的好处

如果你被海水冲上洪都拉斯境内崎岖的加勒比海岸，东边的一片荒野便是被称为蚊子海岸（Mosquito Coast）的地方。你可能会以为这里与世隔绝。离开海滩向里走，是一片茂密湿润的热带雨林。雨林里蝴蝶翩翩飞舞，低矮的灌木丛茂盛地生长着，树林里时不时传来鹦鹉的啼叫。在这里你会忘了你生活在哪一个世纪，更别说在哪个国家了。然而在离大海 10 英里左右的地方，你会发现另一番意想不到的景象：一座巨大的由短裤堆成的小山。在热带城市圣佩德罗苏拉（San Pedro Sula）城郊的一座巨型工厂内，成千条的衣服和裤子在这里被缝好，从拳击手的短裤到短内裤和鼓鼓囊囊的灯笼裤，应有尽有。这些衣服和裤子叠好之后便被装进一个个木箱中，然后运往世界各地。洪都拉斯现在是美国棉质内衣和袜子的第一大供应国。洪都拉斯廉价的人力成本——人均每周收入大约是 45 美元——让这个国家成为跨国公司在海外设厂降低成本的天然基地。洪都拉斯北部丛林里的各个工厂正在大量生产商品，准备送到全世界的消费者手上。

“离岸（offshoring）”——这种把一部分商业经营行为放在一个境 104

外国家，有的时候外包给其他公司的做法——是 20 世纪末以来最大的商业趋势之一。如今，国际运输变得越来越快的同时也越来越便宜，而且远程交流也变得更加便利。在自由贸易的国际趋势下，许多国家开始签订贸易协议，比如由加拿大、墨西哥和美国在 1994 年签订的北美自由贸易协定。之后，欧盟也在 21 世纪早期吸收了许多东欧国家。当这些国家之间的壁垒被打破，那些原本在美国和欧洲开设装配工厂的公司就开始盘算，既然现在这些工作可以由几百英里以外国家的人做，做得还和之前一样好，那么为什么还要在发达国家用高薪雇当地的工人，用高房租租当地的工厂呢？那里的工资、房租和其他所有的东西都要便宜太多。于是制造业的大转移便出现了，这些工厂纷纷转移到拉丁美洲、北非和远东。在圣佩德罗苏拉，纺织厂旁边就是汽车零部件的生产线和水果包装仓库，甚至还有开着空调的客服中心，会说英语的本地人正在这里处理来自美国的客户咨询。

离岸潮让西方的消费者感到非常满意，他们发现可以花更少的钱买到来自洪都拉斯的袜子。同时，这也让一部分西方国家的工人感到害怕，他们眼睁睁看着自己的工作向南方和东方流失。美联储前副主席艾伦·布林德（Alan Blinder）曾预计离岸将会是“下一次工业革命”，美国服务业有 3 千万到 4 千万的工作岗位最终都适合用离岸的方式来分配。[1] 虽然发展中国家的工资水平在逐渐赶超发达国家，有迹象表明离岸的趋势有一些放缓。但是行业格局已经发生了剧烈变化：美国员工所供职的机构已经有 1/4 把至少一部分的业务设在海外。[2]

105 在毒品行业，离岸模式的优势也存在。像其他公司一样，贩毒集团也想要减少他们的成本。相比合法企业来说，贩毒集团甚至有更多的需求，他们必须四处比较、寻找最宽松的监管环境以便开展业务。在中美洲，你很容易就会发现，那些吸引纺织厂、汽车制造厂的条件对毒品生意来说也是无法抗拒的。在近年来，一些墨西哥的跨国公司开始进入到那些贫穷、治理混乱的中美洲国家。在圣佩德罗苏拉，热带雨林中廉价工人正在制造的产品可不止袜子一种。

· · ·

南美洲和北美洲大陆之间只由一条细窄的地峡连接，最窄处仅 30 英里，似乎随时都会断裂脱离。在面积上，中美洲比得克萨斯州还小。然而在这里却有 7 个小国家，其中大多数都经受着反复的政变和为了争夺弹丸之地而发动的无数战争。在地理上这里也是动荡不安：如果从上空飞过，你一下便经过了 20 多座活火山，其中还有几座火山口正喷涌着岩浆，偶尔喷射出一些熔岩。

中美洲形容他们自己是一架“蹦床”，因为这里被用来作为从南美洲把毒品运往美国这个庞大的毒品消费市场的中转站。据美国国务院计算，美国所有的可卡因中有多达 80% 是从南美向北美运送。毒贩们通常是用船或者轻型飞机把毒品由哥伦比亚或者委内瑞拉运来，在中美洲这段地峡中转，之后再运往墨西哥。自从 20 世纪 80 年代加勒比这条走私路线被政府取缔之后，这架“蹦床”变得越来越拥挤。这便迫使走私犯们开辟一条从南美到北美的新路线。此后，一个新的模式出现了。墨西哥的走私犯们不再单纯地把中美洲当成跳板，而是开始在这里扎根下来。

他们在这里持续活跃着。2011 年，洪都拉斯警方第一次发现了一
106 个大规模的可卡因加工实验室。据他们计算，这家实验室每周能把 400 公斤的古柯膏制成可卡因粉末。根据调查人员搜集到的证据显示，这家实验室是由锡那罗亚集团的头目“矮子”华金·古兹曼经营的。几个月之后，危地马拉发现了一个更加惊人的情况：在危地马拉北部一片叫作“椰树”的牧场，27 个人被斩首，他们的头颅被丢弃在周边各个牧场里。牧场中的一面墙上用血写着一句话，这句话显然是用一名受害者被割下来的腿写的，最后署名是“Z200”。“Z200”是当地哲塔斯帮头目的名字。

像圣佩德罗苏拉生产内衣和制造汽车音箱的公司一样，贩毒集团也发现了把一部分业务设在境外有很多好处。第一点就是大量廉价的劳动力供应。在危地马拉城中心一座破败的大楼里，我遇到一个年轻人，大家都叫他何塞（José）。他只有 18 岁，长着一张娃娃脸和一头毛茸茸的黑发。但是他的眼神就像是已经衰老了几十岁的人一样，冷酷无情而又疲惫不堪。虽然他很年轻，但是他已经给当地的黑帮当了好几年杀手了。可能称他为小杀手（hit boy）要比杀手（hit man）更合适一点，因为他开始做这一行是在他只有八岁的时候。当时另外一个黑帮的人把他父亲给杀了，并且在街上把他也用刀刺了，之后他们才发现并没有结束他的性命，于是又赶回来想把他彻底解决掉。在把那个杀了他父亲的人反杀之后，何塞便开始了他的犯罪生涯。“我很享受这个过程。”他说道，脸上没有任何表情。

我们见面的这座破败的老楼是“拉塞瓦”（La Ceiba）的总部。“拉塞瓦”是一家非政府组织，为那些在首都遇到麻烦的年轻人提供庇护

和训练。在一间房间里，有人正向一些青少年展示如何制作一个幻灯片。在走廊尽头是一些安静的房间，在这里他们可以向一些心理咨询师吐露心声——“就像告解室一样”，一个工作人员说道。在这里，何塞正在尝试彻底改变他的人生。他说离开黑帮很难：他们发誓如果想脱离组织就要杀死一个“拉塞瓦”的人。作为手上沾了很多条人命的杀手，107
何塞本人个子不高，身高不超过150公分，整个人显得消瘦、苍白。长期的营养不良导致发育迟缓，这种情况在危地马拉的小孩中很常见。何塞天真无邪的外表和他真实经历的人生形成强烈的反差。当他讲述他的父亲是如何被杀，讲述自己胸口是如何被子弹射中（他顺便展示了那些伤疤），讲述他被打得右胳膊几乎不能动弹的时候，他会尴尬地来回搓着双脚。他的脚上穿着那种小号的儿童款、用尼龙搭扣系紧的鞋子。

这是一个关于何塞的童年是如何完全被剥夺掉的故事，听起来让人感到不寒而栗。但是这对贩毒集团的猎头来说却简直是天籁。这些人像其他企业的人力资源部门一样，迫切地想利用中美洲的廉价劳动力市场。像这片地区的许多国家一样，危地马拉有大量的穷人、处于社会边缘的青少年，相比于周边更有钱的人来说，这些人非常容易被说服，然后开始从事犯罪活动。危地马拉人均收入一年只有3,500美元；在尼加拉瓜则不到2,000美元。而墨西哥人均年收入超过了1万美元。如果说服装生产厂商在中美洲可以开出比在墨西哥更低的工资，那么贩毒集团也可以。除此之外，贩毒集团更加重视的一点是，这里有危地马拉特种部队“凯必依”（Kaibiles）成员。凯必依曾是一位当地领袖，带领当地人民战胜了西班牙的征服者。在20世纪80年代到90年代，危地马拉恐怖的内战时期，“凯必依”的成员实施了一些极为恶劣的侵犯人权的行为。危地马拉的母亲们如果要吓唬孩子的话，就说这些令人害怕的突击队员来了——说他们是杀手、食人族、直接生吃活鸡头的人。现在，其中一部分没有工作的前队员便加入到毒贩子中来。

负责阻止这种不受欢迎的跨境投资的人就在全中美洲最宏伟、也最丑陋的总统府中办公。作为一座按照新殖民主义设计风格建成的官邸兼要塞，危地马拉的帕拉西奥总统府（Palacio de Gobierno）用当地产的石
108 料建成，石料上零星的淡绿色是危地马拉人民腐败的公共生活的隐喻。在去总统府的路上，我不得不挤着穿过侧门口的一群山羊，这显然是有农民来抗议了。这是 2011 年，我在危地马拉市，此刻正要去拜访总统阿尔瓦罗·科洛姆（Alvaro Colom）。他身材瘦弱，有着一头灰黑头发，说话非常轻柔。他说话的声音低到介于沙哑低语和轻声耳语之间。在桌边有一只颜色非常艳丽的绿咬鹃标本，这更衬托出总统的低调形象。绿咬鹃是危地马拉非官方的吉祥物，是一种微型的热带“孔雀”，有着华丽的亮绿色和蓝色尾羽。极少有生物能和绿咬鹃鲜艳的外形相媲美；很不幸，科洛姆显然不是那极少数中的一分子。

他在总统任期内尽力投入到重新夺回对国家的控制上来，而之前也正是他把这个国家给掏空了。1996 年爆发了毁灭性的内战之后，整个国家实行了大规模的裁军。如果裁掉军人能换来更多警察的话，这可能会是一个好想法。但是警察数量并没有增加。这个国家遭遇了一次“安全系统的全面瓦解”，科洛姆说道。军队人数从原先超过 3 万人锐减到现在的 1 万人。一方面，这意味着有 2 万名士兵现在要开始找新工作了，这恰恰是贩毒集团乐于提供的。另一方面，这让整个国家的国防非常脆弱。有一段 200 英里长的边境线只有 32 个士兵守卫着。贩毒集

团已经在北危地马拉建立基地用来“作为国际机场”。一名助手说，在危地马拉北部一块叫做老虎礁（Tiger Lagoon）的蛮荒之地，有一片“墓地”专门停放毒贩们开进来然后遗弃掉的轻型飞机，已经有三四十架了。

一个国家没有能力管理国内的大片领土，这是贩毒集团所认为的另一个很有价值的地方：这里有一个极度软弱的政府。墨西哥可能有时看起来是法外之地，但是和中美洲一些地区比较起来就像瑞士一样。危地马拉城的一名外交官建议我在会见完大使之后坐车回旅馆，虽然步行十分钟就能到达目的地，而且还是大白天走在市中心。这个建议乍一看很
可笑，直到几天之后一个来自大型银行的经济学家告诉我，自从一名同 109
事在餐馆的枪战中被射死之后，他们公司已经禁止来访员工步行离开旅馆周边超过一个街区的距离。我自己也有一次惊险遭遇，那天我走在一个阴暗的社区里，傻乎乎地把 iPhone 拿在手上。一名男子突然抓住我的衣领，然后开始一路拖着我走，直到他意识到这种行为明显不妥，才让我趁机挣脱开他的控制逃走了。“整个国家的治安状况都堪比墨西哥的华雷斯城。”我的一个记者朋友这样形容危地马拉。他说得对。这个国家大约 40% 的杀手都是贩毒集团的手下，总统科洛姆说道。

尽管按照西方的标准属于贫穷国家，但是危地马拉按照国际货币基金组织（International Monetary Fund，IMF）的分类仍是一个中等收入国家；人均收入大约比邻国洪都拉斯要高 50%。但实际上，这个国家一直都满足不了民众一些最基本的需求。就像何塞这种青少年杀手一样，整个国家的许多小孩都处在长期的饥饿当中：有一半五岁以下的人遭受长期的营养不良，这个比例是全世界第四高。拉丁美洲没有哪个国家接

近这个数字：在整个拉美地区最接近失败国家的海地，也只有危地马拉的一半高。和其他问题一样，政府没能解决这个的原因在于收上来的税少得可怜。危地马拉的公共支出只有国家生产总值的12%，是整个拉丁美洲最低的国家，拉丁美洲的平均比例是超过20%。[3] 几届总统都尝试提高税赋，但每一次改革都遭到私营业主抵制或者干脆要求减税，这些人似乎对上缴应缴的税额感到非常厌恶。危地马拉已经变成了一个人人都得靠自己的经济体，公共服务凋敝，许多服务被私营公司替代。

在公共安全方面尤其如此。在我住的酒店，一个有着一颗闪闪金牙的人乐呵呵地把守着门口。他手上拿着一把比金牙还更闪亮的泵动式猎枪。每当有客人进出，他就把枪扛到肩上为他们开门。沿着马路走下去，一个青少年挥舞着一把看起来比他年纪还大的步枪，站在一家花店门口把守着。尽管犯罪率极高，但即便是在首都，你也很少能看见警察
110 在巡逻。在任何地方你一定能看见的是全副武装的私人守卫。离我住的地方几个街区外，一家叫“安姆萨”（Armsa）的枪店正用一块广告牌宣传一款巨型格洛克手枪，画面上的枪直指旁边的一栋建筑。这栋建筑的喷漆很鲜艳，是一家专门为二至六岁儿童准备的托儿所。整个国家里，私人保安的数量是警察的五倍。只要有钱，你能购买的军火数量能超过政府武装。

当贩毒集团在危地马拉逐渐扩大影响力，有人担忧他们会不会逐渐地渗透到政治中。在我和科洛姆总统会面时，总统大选正要开始了。很奇怪的是，总统刚刚宣布离婚。离婚的目的是为了让科洛姆的妻子能够竞选总统。原来宪法禁止近亲属成为继任总统。所以科洛姆和他的妻子桑德拉·托里斯（Sandra Torres）才决定离婚。总统清楚在竞选运动上

有趣的托里斯女士能够比他激发起更多的反响。“我不是一个制造狂热的人。”他承认，脸上淡淡一笑。除了总统离婚这样的肥皂剧情节之外，整个选举季还充斥着关于来自贩毒集团的资助如何进入竞选活动各个部分的报道。科洛姆会担心贩毒集团渗透到他的党派中吗？他想了想，然后非常小声地说：“所有的政党都必须小心。整个国家都已经被渗透了。”[4]

· · ·

对于那些想在美洲建立一个离岸基地的犯罪分子来说，危地马拉有非常多的选择。但是这里也面临着来自南部邻国洪都拉斯的挑战。危地马拉在劳动力廉价程度和政府失职程度两个方面都处于领先地位。但是洪都拉斯在另一方面却独占鳌头，而且可能会对有组织犯罪更有吸引力：愿意积极配合的政府。

1994 年，一位美国商人艾伦·罗森（Alan Rosen）在一次去洪都拉斯的旅途中听到了一个非常不寻常的商机。通过一位朋友，他了解到洪 111
都拉斯军方一位已退休的上校正在寻找一块月球岩石的买家，要价是 100 万美元。离开洪都拉斯后，罗森仍觉得这个“机会”有些蹊跷，但是也已经开始产生兴趣了。回到美国，他调查一番，了解到这些月球岩石可以卖到高得多的价格。所以一年后他又回到洪都拉斯，成功和上校取得联系。这一次上校看起来非常急切地想完成这笔交易。最终拿出来的这块岩石——更确切地说是一块小石头，重量只有一克多一点点——其实是 1973 年由理查德·尼克松交给洪都拉斯人民的，作为两国友谊的见证。整块石头被包在一个球形丙烯酸塑料容器里，安装在一块木头底座上，容器旁边是一面洪都拉斯国旗。上校坚称他有权出卖这块石头，罗森最终把价从 100 万美元讲到了 50 万美元。不仅如此，他还说服上校把运送的价格从 1.5 万美元降到 1 万美元，这样他就能够把石头放在一辆提供制冷系统的卡车里运走了。

回到美国之后，罗森让哈佛大学的一位教授检测了这块石头，确认石头确实是来自月球。拿着这个专家的认证书后，罗森开始到处寻找有意购买的藏家。几年之后，他刊登了一些措辞小心的报纸广告。之后，他找到一位“买家”，但是当他出现在迈阿密准备要和这位买家见面的时候，结果发现对方其实是一个秘密警察。这块石头被当即扣留，并且返回给洪都拉斯政府。整个奇诡故事的完整细节被记录在一则可能是美国司法史上名字最奇怪的判决上：“美利坚合众国诉一个装有月球物质（一块月球岩石）和一块十英尺宽、十四英尺长木板的球状树脂容器案”［*United States of America v. One Lucite Ball Containing Lunar Material* (*One Moon Rock*) *and One Ten Inch by Fourteen Inch Wooden Plaque*］。[5]

如果军队的高级官员都开始准备变卖月球岩石了，那还有什么他们不会因为钱而准备卖掉的？贩毒集团考虑选择离岸业务地点的一个最重要的因素就是政府对吸引外商直接投资的开放程度。如果你要认真考虑
112 在那里开展业务，非常重要的一点是在政府中要有担任重要职务的朋友。如果你在开设工厂、获取专属的飞机降落跑道或者是在城郊运送大批全副武装部队的时候有国防部门的内应，那将会变得方便很多。因为这样能够保证特定区域不会有人巡逻，或者在某个时间段监控的雷达被故意关闭。

当政府出现腐败的时候，洪都拉斯的过往经历证明几乎没有人能够从中获利。洪都拉斯是“香蕉共和国”[1]的原型，因为这里的政客太容易被贿赂了，以至于在19世纪被外国水果商控制。现任总统曾在1974年被弹劾，原因是他接受了联合果品公司（United Fruit Company）125万美元的贿赂，为他们降低了一定程度的关税。在最近几十年，腐败渗透到毒品行业而不是水果行业。许多高级别的军官被判处走私毒品的罪名，政府的一些高级人员被发现对毒品走私采取默许放任的态度，有时甚至主动参与其中。例如，1988年洪都拉斯驻巴拿马大使在迈阿密国际机场被捕，在他行李中查出近12千克的可卡因。

政治上的不稳定诱发政治犯罪。在过去的半个世纪，洪都拉斯经历了三次军事政变，每一次都产生了一个新的临时政府。无论是通过贩毒、挪用社保基金还是兜售月球岩石，其中一些成员借机赚了一些“快钱”。从贩毒集团的角度来说，这里是和政府勾结的绝佳场所。

特古西加尔巴（Tegucigalpa）是洪都拉斯的首都，整个城市混乱不堪。在天气炎热的一天，我拜访了一位叫庞培奥·博尼利亚·雷耶斯（Pompeyo Bonilla Reyes）的前军官。他现在是国家安全部长，非常繁忙。特古西加尔巴建在一个巨大的旧银矿上，住宅区散落在山坡和山沟中。在洪都拉斯总统府里，我路过一群衣着亮丽的加里富纳女人，她们
来自洪都拉斯国内说英语的加勒比海岸。在一个阴凉的庭院旁边的屋子 113

[1] “香蕉共和国”现指经济体系单一（通常经济作物如香蕉、可可、咖啡等），贪污泛滥，同时外国国家对本国事务强势介入。通常指中美洲和加勒比海的小国。最初香蕉共和国是指洪都拉斯、危地马拉等经济命脉把控在美国联合果品公司、标准果品公司的中美洲国家。

里，我见到了博尼利亚。这几天他虽然没有穿军装，而是穿着一身西装，但还是保持着军人挺拔的身姿，就像在阅兵时那样。他有着方形的下颚和扁平的鼻子，外加严肃的双眼。他明白他必须领先贩毒集团好几步才能保证生命安全，更不要说保住工作了。几年前，洪都拉斯的毒品沙皇阿里斯蒂德斯·冈萨雷斯（Aristides González）在送她女儿去学校时被两个骑摩托的人射杀。他本打算再过两个月就退休，然后举家搬到安全的加拿大。正是锡那罗亚集团谋划了这次刺杀事件。

在我和博尼利亚见面的时候，洪都拉斯警方正经历新一轮的“depuración”（全面审查），试图清理掉队伍中腐败的官员。尽管这次打击代号叫作“闪电行动”，但是整个进展很缓慢：开展清理运动几个月以来，他们只审查了总共 1.4 万人中的 570 个。所有这些被审查过的官员中，有 150 人被清理掉，如此高的腐败比例让人很失望。洪都拉斯政府究竟是怎么变得如此腐败的？“原因在于我们的地理位置。”这位部长说道。洪都拉斯恰好处于中美洲的中心地带，夹在南美洲那些可卡因制造国和美国这一可卡因消费大国之间。“我们夹在那些消费毒品和生产毒品的人之间。所以从逻辑上讲，我们一定会变成贩毒走廊。”博尼利亚这样说道。

如果没有当地警方的配合，像最近这些可卡因实验室是很难起步的。虽然警察没有什么能力，但是如果有一个大型制毒工厂就建在他们眼皮底下，是不可能没法发现的。有组织犯罪在洪都拉斯很猖獗，其中一方面的原因就在于官员的薪水过低。这让犯罪分子很容易就能够收买他们，并让他们效忠。就像黑帮歹徒们发现收买墨西哥警察要比收买美国警察便宜一样，收买洪都拉斯警察要比收买墨西哥警察更便宜。一个

洪都拉斯警察一个月的工资还不到300美元，这让贩毒集团能够轻易地
给出他们一个月的工资，然后让他们对运送毒品或者别的什么东西睁一 114
只眼闭一只眼。

如果警察或者士兵不愿意被这样收买，那要把他们除掉也很便宜。在他们开展业务的过程中，墨西哥人付给他们当地的合作商的报酬开始变成毒品而不是现金了，这些毒品之后又会被卖给当地的街头黑帮。正如罗马士兵曾经被用盐来支付他们的“工资”，因为盐是一种运输方便、高价值的商品，而且其价值在边境地区也能被认可且通用，毒贩们发现给他们的手下发可卡因也很方便，可卡因同样满足上面说的几个条件。这种现代工资的出现，可能应该叫做“可卡因工资”。随着黑帮在街头叫卖，在当地创造出了一个惊人的零售市场。而当黑帮间开始进行你死我活的杀戮之后，谋杀率开始飙升。用干脆利落的西班牙语来说就是“调整相互之间的欠款账目”。在2013年，洪都拉斯几乎每一千人中就有一人被杀。根据联合国的统计，这是世界上最高的谋杀率。这种规模的暴力是难以置信的：在计算一个人在一生中可能被杀的概率之后，我把这个数字又交给《经济学人》的研究部门核算了一遍，怀疑我在哪里算错了。他们最后说这个结果是对的：按照现在的比例，对于一个普通洪都拉斯人来说，一生中被杀的概率是令人震惊的1/9。[6]这样高的杀戮数量之下，其中大部分的人即便是神探也很难被拯救。

博尼利亚坚称政府正在逐渐赢得这场战斗，而且整个国家还没成为一个失败国家。实际上，失败国家是一个和洪都拉斯频繁联系在一起的概念。“犯罪并没有控制这里。”他说道。黑帮可能“在某些地区很猖狂。但是洪都拉斯没有任何一个市处于失控的状态”。

如果是在危地马拉，这可能确实存在争议。根据美国国务院的估算，在2012年从南美洲走私入境的可卡因中，有3/4的飞机都在洪都拉斯降落。[7]在2009年，这些飞机从这个国家上一次发生政变之后开始
115 活跃。当天一大清早，总统就被从家中押送出来，身上还穿着睡衣，然后被送上了一架单程飞往哥斯达黎加的飞机。当第二天反对政变的抗议爆发之后，整个国家的警察被告知紧急前往首都维持和平。这意味着在荒凉的蚊子海岸，监控比之前还要更加松散。这让走私犯即便是在雷达监控下也能够溜进去。

一些可卡因是通过船只来运送的。当地的渔民用GPS来找出那些藏在海里的“白色龙虾”。“白色龙虾”是毒品的戏称。除此之外还有毒品通过轻型飞机来运输，通常的机型是“赛斯纳征服者”（Cessna Conquests）或者是“比奇爵士”（Beechcraft Dukes）。这两种飞机能够停在丛林里很原始的停机坪上，这些停机坪只需要花很少的钱雇当地的农民来经常除草并隐蔽起来就可以了。[8]根据美国统计的航空交通数据显示，在2009年政变之后有大批飞机从委内瑞拉飞往洪都拉斯荒凉的加勒比海岸。在这里飞机降落的跑道崎岖不平，而且飞机降落时常常坠毁。由于一架飞机值几十万美元，这是一笔不小的损失。但是贩卖可卡因的利润是如此之高，以至于这点损失不算什么。正如在安第斯山脉铲除掉一片古柯树种植园对美国的可卡因零售价几乎没有影响一样，这里或那里坠毁了一架飞机，对贩毒集团的净收益也没有任何影响。在飞机上损失掉的几十万美元只会让每500千克左右的可卡因走私增加1,000美元的成本。而这些可卡因在美国能卖到10万美元。因此即便贩毒集团撞毁或者遗弃了一架飞机，毒品的零售价格只会上涨不到1%。[9]

危地马拉一项有趣的研究揭示了这项神秘的跑道生意背后的秘密。来自危地马拉马洛京大学（Francisco Marroquín University）的米格尔·卡斯蒂略（Miguel Castillo）开展了一项关于贝登省（Petén）土地所有权的研究。贝登省是危地马拉最北部的一个省份，在这里丛林密布，人烟稀少，是贩毒集团出没最多的地方。他发现有人——没有人确切知道是谁——在贝登省以惊人的速度在买地。在萨亚斯切（Sayaxche）市，90%的土地在2005年到2010年之间转手。在圣何塞（San José）附近 116
这个比例是75%，在拉利伯塔德地区（椰子牧场大屠杀发生的地方），这个比例则是69%。[10]除了能建飞机跑道、毒品加工实验室和训练部队，购置大量的土地还是洗钱的一个好手段。因为这片地区大部分的土地都是被那些没有合法所有权凭证的农民占领，所以说服他们卖掉不是一件很难的事——甚至不需要像在椰树牧场那样使用暴力。

· · ·

离岸潮彻底改变了首席执行官们看待他们公司的方式。尽管以往公司都是固定设在某一个国家，或者至少是在某一个大洲里，如今的公司愿意去世界上任何一个地方开展业务，只要他们能够提供最好的营商环境。杰克·韦尔奇（Jack Welch）这位通用电气曾经的首席执行官，曾经开玩笑地说如果公司能够建在一艘大型游船上，公司的业务开展将会变得很方便，因为这样就可以全世界漂游，停在当前时间能提供最好的经济环境的地方。陶氏化学前董事长卡尔·葛斯道（Carl Gerstacker）也曾表达过类似的观点："我一直都梦想着买下一块不属于任何国家的海岛，然后把陶氏化学的全球总部建在这个真正中立的海岛上，不对任何国家或者社会负责。”对于那些格局宏大的企业家来说，国家之间的界限是20世纪才要考虑的话题。

从这个角度来说，毫无疑问，贩毒集团某种程度上正走在普通公司前面。对于走私犯来说，国界毫无意义，这些人工作的全部内容就是想方设法无视国界的限制。卡尔·葛斯道一个关于没有国家法律和政府的管制、完全私人的海岛的梦想已经被卡洛斯·莱德尝试过了。卡洛斯·莱德这位巴勃罗·埃斯科瓦尔的美国盟友，买下了巴哈马群岛的一个海岛，这个海岛后来几年内都被当作用飞机把可卡因运往美国的基地。甚至是在离岸潮流行之前，毒品交易实际上很早就已经是标准的全球化交
117 易了。当19世纪全球贸易逐渐发端，和茶、香料交易一起，早期的维多利亚人疯狂地开展毒品交易。同时，西方国家的消费者也开始对这些进口的毒品上瘾。据说查尔斯·狄更斯就是一个爱抽鸦片的人；在维也纳，西格蒙德·弗洛伊德一条接一条地吸食可卡因，以至于他曾给女友玛莎·贝尔奈斯（Martha Bernays）写过一封语言轻佻的情书。（“我的小公主啊，你马上就要遭殃了，因为我就要来了。我会吻得你脸颊火热通红，然后彻底填满你的空虚。如果你不害怕的话可以看看到底谁更强壮，是一个吃那么少的小姑娘，还是一个高大狂野嗑了可卡因的男人?”）[11]

毒贩子长期以来在世界上随心所欲。但是他们究竟是怎样确定具体在哪里开设窝点的呢？如我们所见，像危地马拉和洪都拉斯这样的国家对他们来说有无限的可能性。即便是这样，在这两国家之间，甚至在所有的中美洲国家中选择也并不容易。

普通的跨国公司面临同样的抉择困境，他们的解决方案是先一个个国家详细地进行分析，然后在此之上认真比较研究。每年由世界银行发布的一份研究报告——《营商环境报告》（*Doing Business*）可能是全世界官员和商人们都急切等待的一项最具影响力的研究了。这是一份 300 页充满各种图表的报告，看起来可能比较枯燥，但是它足以给全世界的董事会和商务部带来欢笑或者绝望。在《营商环境报告》里，世界银行的专家对接近 200 个国家进行排名，排名的标准是这些国家是否利于公司开展经营活动。比如，报告会写出注册一家新公司要花多长时间（新西兰只要半天，委内瑞拉则需要 144 天），以及一家公司如果想要进口货物要填写多少的表格（在爱尔兰只需要两张，而在中非共和国则需要令人痛苦的 17 张）。在《营商环境报告》中排名较高意味着一大批外商投资将会涌入，而一个较低的排名则会让外国公司纷纷逃离。政府往往对自己国家在周边国家中脱颖而出感到非常自豪：如果你到墨
西哥公务旅行，那么很可能你刚落地下飞机，就有人告诉你墨西哥的营 118
商环境排名比巴西高。这份报告也催生了许多的模仿者：例如，世界经济论坛（World Economic Forum，WEF）也发布它们自己的报告，叫作《全球竞争力排名报告》（*Global Competitiveness Report*）。这份排名报告按照类似方法编制，相比之下更加详尽。

这些指数被跨国公司仔细研究，试着找出它们应该开辟世界上哪一块新市场。比如美国的内衣大亨，正准备要开下一家大型工厂。他知道中美洲工资很便宜而且靠近美国。但是去中美洲的哪一个国家呢？《营商环境报告》会告诉他，在危地马拉获得开设工厂的许可需要 158 天，在萨尔瓦多需要 115 天，在洪都拉斯只要 82 天。报税在萨尔瓦多需要

320 个小时，在危地马拉需要 256 个小时，而在洪都拉斯需要 224 个小时。至少根据报告中的这些方法，洪都拉斯体现出来相对较好的营商环境。这样便有助于解释为什么圣佩德罗苏拉周边的丛林迅速被外商工厂给侵蚀占领了。

当然，贩毒集团的优先级有时不太一样——比如，他们并不怎么关心报税需要多久。但是奇怪的是，像世界银行和世界经济论坛报告中的指数也确实帮贩毒集团提供了一些有用的线索，帮助他们确定到哪里开展业务。只不过需要“倒过来”读这些报告。

以《全球竞争力排名报告》为例，计分卡上的第一部分用来评估政府机关的实力。对于普通公司来说，强大的政府机构——法院、警察队伍、议会，等等——都是东道国有吸引力的特点。如果公司每次申请建筑许可的时候都被索贿，那么公司的发展可能会被限制。如果对方公司能够暗地里说服法官偏向他们一方来判决，那么合同的执行也就变成了无稽之谈。而对贩毒集团来说刚好要反过来看，对他们来说那些政府比较弱的国家是开展业务理想的地方。世界经济论坛的报告可能完全就
119 是为了贩毒集团而设计的。它的分析师仔细地按照腐败的接受程度、法官的腐败程度、警察的可靠程度，甚至是国家内有什么样的有组织犯罪这些指标来对国家进行排名。贩毒集团如果想知道他们在哪里最容易胜过当地警察、收买法官以及在市场中洗钱，只需要看这个指数就可以了。

我决定做一个小试验，用世界经济论坛的数据编一个简易的“贩毒集团竞争力报告”。我选了所有指标中犯罪集团最感兴趣的九项：公共资金挪用、政客公信力、贿赂、司法独立性、政府官员决策偏颇、犯

罪和暴力带来的商业损失、有组织犯罪、公共服务可靠性、公司道德行为。针对所有这些指标项目，世界经济论坛对每一个国家给出一个 1 到 7 之间的分数。通常来说，7 分是最高分，1 分是最低分。对于犯罪集团来说——它们认为贿赂官员、恐吓法官、胜过警察等这些指标是有用的——则是反过来。

把这一套分析方法应用到中美洲，不同国家之间存在十分明显的差异（参见图 5－1）。对于有组织犯罪来说，最不理想的国家是哥斯达黎加。因为在哥斯达黎加法官独立、警察可靠，这让犯罪分子没有办法施展拳脚。隔壁的巴拿马对犯罪分子来说也不是一个好去处：让他们懊恼的是，这里同样有非常精良的警察部队，而且这里的公司都很难被收买。同样地，对犯罪分子来说，尼加拉瓜的情况也不容乐观，这里的私营企业不需要花很多钱在安保上，可以依赖当地警察。犯罪集团应该会比较喜欢的国家是危地马拉和洪都拉斯，这两个国家的得分总体上都在 3 分以下。危地马拉的特点是拥有世界上最不值得信任的政客，而洪都拉斯则以犯罪和暴力带来巨大的商业损失著称。如果有一个墨西哥的贩毒集团想要建一个离岸基地，那么这两个国家将会是第一选择。

实际情况也是这样吗？要确切地计算一个国家有多少境外贩毒基地非常棘手。但是一个替代的计算方法是通过暴力情况来观察犯罪活动情况，因为当贩毒集团进入一个国家之后犯罪率会上升。以谋杀率为例，在那些黑帮最容易做生意的国家里面，犯罪确实很猖獗。哥斯达黎加、 120
巴拿马和尼加拉瓜的谋杀率和整个地区相比相对较低，这也意味着在这些国家，犯罪集团的活动相当受限。相反萨尔瓦多、危地马拉和洪都拉斯则有非常高的暴力犯罪率。[12]

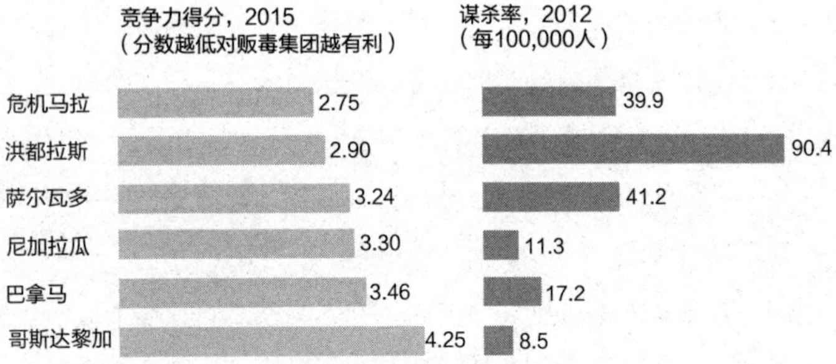

注：伯利兹由于人口数只有300,00，因此未被纳入报告范围，世界经济论坛亦未收集该国数据。

来源：来自世界经济论坛2015年数据；联合国毒品和犯罪问题办公室2012年数据。

图 5－1　贩毒集团竞争力报告

·　·　·

要阻止贩毒集团开展境外活动很难，想单纯改变世界经济论坛上的数据可能也有点过于简单，但是其中却也有重要的信息。比如世界银行的《营商环境报告》，它已经通过提供一个简单、低成本、可实现的路径图并且激励那些按照这一路径操作的国家，改变了很多国家的治理方式。为什么相同的做法不能应用到安全领域呢？

一些组织已经开始像这样编写研究报告：比如透明国际（Transparency International）发布了一个年度“腐败感知指数”（corruption perception index）。这一指数让一些国家感到耻辱，并因此在打击腐败上做出更多努力。但是这一指数是建立在对商人主观感受的调查上，而且这些
121 国家也并不清楚应该做些什么来让情况改善。相反《营商环境报告》考察的是一些硬指标（比如一个人要填写多少张表才能够用上电），也

会给出简单、可操作的建议。

要在安全领域制作类似“营商环境”这样的报告并不困难。可以收录一些类似人均警察数量、官员薪酬占国民平均收入比例、法律是否允许引渡和监听以及枪支管控有多严格这样的指标。中美洲对犯罪分子来说非常有吸引力的一些因素只能随着时间慢慢解决，比如说巨大、廉价的劳动力市场。但是另外一些因素是可以被轻松解决的。在禁止引渡很长一段时间之后，洪都拉斯最近开始允许引渡它的公民了，那么这些人就开始要面临可怕的美国司法系统和监狱系统了，而不再只考虑本地软弱的检察系统。危地马拉则开始在招聘警察时使用测谎仪，这也是在打击腐败上做出的一个小进步。还有很多简单易行的工作可以做：比如，大部分地区的枪支管制法律仍然非常宽松。记录、整理和发布这一信息会激励这些国家努力改善情况，同时也为这些国家列出了一系列有建设性的待办事项，供他们逐一解决。

与此同时，跨国贩毒集团对中美洲地区的偏爱，引起了这些国家民众对政府应用新的治理方法来应对毒品问题的呼声。在我和阿尔瓦罗·科洛姆会面的一年之后，我又采访了他的继任者——总统奥托·佩雷斯·莫利纳（Otto Pérez Molina）。佩雷斯·莫利纳完全是另一种风格，和科洛姆拖泥带水、含含糊糊的说话方式不同，这位前国家军事情报局局长走路时坚定地迈着大步，说话时声音清楚、洪亮。在竞选运动中，一张亮橘黄色、画有他用穿透力的眼神凝视着整个国家的海报遍布全国。他承诺他将会用“mano dura”（铁拳）来打击犯罪。和他握手的时候我发现“铁拳”这个词形容他确实很准确。我第一次见到他本人是在墨 122
西哥的世界经济论坛上，当时离他宣誓就职没过多久。他发表了一个震惊全场的演讲。

“铁拳”运动让很多人认为佩雷斯·莫利纳将会对毒品交易严惩不贷。结果出乎所有人的预料，在宣誓就职总统之后，他的态度彻底调转，宣布他实际上是支持所有毒品合法化的。作为一个多年来致力于用武力铲除毒品贩卖的军人，他这个停止对毒贩打击的呼吁非常有影响力。“20 年前，我是危地马拉军事情报局的局长……我们取得过巨大的胜利。我们缴获了大量的可卡因，摧毁了许多大麻种植园，同时抓获了很多毒枭。20 年后，我成为了这个国家的总统，我发现贩毒组织规模更加庞大了。”他这样告诉世界经济论坛。西方的政策制定者必须承认，现有用武力来打击毒品交易的做法所带来的人员伤亡人数要比抓获毒贩还多，他之后告诉我。“如今在中美洲，有更多的人死于贩毒和由贩毒所带来的暴力，这个死亡数量要比在美国因吸食毒品而死的人数还要多。”他说道。他的这个倡议在周边国家也引起了反响：哥斯达黎加已经使大麻非罪化，并同时呼吁国际社会反思对其他毒品的态度。佩雷斯·莫利纳的总统生涯因为丑闻终结在 2015 年，他在被指控贪腐之后辞职。虽然他的辞职和毒品没有什么关系，但是他持续影响了周边地区对毒品的看法，这也说明对毒品战争进行反思的呼吁可以同时得到左派和右派的支持。

从短期来看，离岸模式让贩毒集团找到了一个有效削减开支的方法，因为他们能在中美洲享受廉价的劳动力和宽松的监管环境。但是就像合法企业那样，离岸模式也有代价，这种模式产生了一些政治上的不良后果。在这些遭受毒品问题困扰的新兴国家里，暴力水平不断升级。这种现象激化了西方国家，他们要求对毒品问题采取新举措的呼声越来越大。一个新的国家团体正在推进一项改革，旨在对商业监管方法进行彻底的改变。这个团体中有非常敢说话的政府。同时，有组织犯罪能够 123
毫不费力地从墨西哥转移到中美洲。这甚至让一些鼓吹毒品战争的人意识到，镇压打击一个地区的交易可能只是简单地把问题推向了别的地方。从长期来看，毒品产业向境外转移的趋势，可能会给贩毒集团带来影响深远的、颠覆性的结果。

第六章

特许经营利与弊：贩毒集团从麦当劳那里学到了什么

“混蛋，你给我好好听着，我马上把道理给你讲清楚。”

这条正在里卡多（Ricardo）的脸书（Facebook）页面上闪烁的信息是从她女儿账户上发送过来的。但这些话显然不是他女儿写的。

“我们正在监控你家那位小公主。我们知道她住在哪里，什么时候去学校。”恐吓还在继续，对方列出了一连串的细节证明，这个人确实正在监视他女儿的一举一动。这条信息最后要求里卡多存2万比索（约1,350美元）到一家墨西哥银行的账户上。如果他不配合的话，这条信息警告他会遭到相应的报复，“我会告诉我那些停在马路边监视你女儿的手下们，让他们直接到房子里去把她抓出来，然后你就知道，你再也不会见到她了。”[1]

在以前，类似这样的敲诈勒索是以“匿名信”的方式发出，往往是在某一个午夜，有人悄悄从门缝下面把信塞进去。之后，就演化出了匿名电话的形式。现在，这种恐吓则通常是通过社交媒体来发送，这种方式在保证了同等匿名性的同时，还有一个特点是：敲诈勒索的人可以查看受害者详细的个人资料以及与家人、朋友的合影，这让事情变得更加棘手。

134 无论是通过信件、电话还是从网上发出恐吓，背后的技巧永远都是一样的。受害者知道这些勒索犯所说的话很可能只是在虚张声势，但是有时他们也确实会照做。在墨西哥每年有超过一千起记录在案的绑架案，但同时也有几千起绑架未被记录在案。[2] 包括里卡多在内的大多数人都是选择保持镇静，然后报警，之后就再也没有听到勒索犯的消息了。但是有些人就没那么勇敢了。

勒索产业之所以能够蓬勃发展，其中的原因就在于发出恐吓的成本是如此之低，以至于要想赚到钱的话并不需要很高的回复率。发送一条脸书上的信息是免费的，打勒索电话也很便宜，通常都是监狱里的犯人用偷运进监狱的手机完成。与此同时，被起诉的风险也很小（里卡多向墨西哥城警察局报告了勒索犯的银行信息，但警察直到现在都还没有抓到这些犯人）。即便没有多少人会真正上当，这些敲诈勒索犯们仍然能够赚到不少钱。

从这个角度来说，敲诈勒索和电子邮件诈骗的逻辑很像。当你收到一封邮件，说你将得到一笔遗失的尼日利亚遗产或者是哪里有便宜的万艾可卖，几乎每个人都会把这封邮件删除。但是仍有少数人会上钩。来自加州大学伯克利分校（University of California-Berkeley）和加州大学圣地亚哥分校（UC-San Diego）的计算机专家们破解了一个处于运作状态的诈骗邮件发送网络，他们试图看看这个产业是如何运作的。他们发现，这些发送垃圾邮件的人在邮件中出售一种假冒的“草本催情剂”。每发送 1,250 万邮件只有一封能成功卖出商品：这相当于只有 0.001% 的回复率。而每一笔交易的交易额平均不到 100 美元。这其中看起来并没有什么利润。但是，发送这些邮件是如此地便宜和简单，这些工作完全是由一个被黑客侵入的电脑组成的电脑网络完成，而这些诈骗犯们不用花一分钱，以至于从结果来看，他们还是能够赚很多钱。研究人员通过计算发现，这些人通过每天不停地发出数以亿计的垃圾邮件，每日收入大约是 7,000 美元，每年下来超过 250 万美元。[3]

勒索犯的成本要比这些发垃圾邮件的人更高一点，要承担的风险也更大。尽管墨西哥警察的能力常常让人十分失望，但是他们仍然查处了许多专发垃圾邮件进行诈骗的人。所以他们的邮件的回复率必须要更高 135
一点，这样才能让整个生意有钱可赚。想要获得高回复率，意味着他们发出的威胁要看起来足够令人相信，因为如果人们害怕勒索犯，那么就更有可能交出赎金。所以为了向勒索目标展示他们是认真的，这些从事勒索勾当的业余骗子们一直在寻找方法，让他们的说辞听起来更加可怕。

就在这个时候，有组织犯罪参与进来了。一方面，当地的歹徒需要一个人人都认识的名号，这样就能够令那些受害者们感到恐惧，从而让他们愿意付钱。另一方面，有野心的贩毒集团也在寻找便宜的能够快速开拓毒品帝国版图的方法。这两者的结合非常完美：当地黑帮想要利用贩毒集团的名字，贩毒集团则获得了更多成员的加入。有人发现，业余歹徒和专业犯罪组织会通过签订一份特许经营合同来实现两者的结合。

· · ·

世界上第一笔特许经营使用费确实是付给君主的，正如其字面

(royalty)[1]含义。特许经营权的名字（franchise）来自法文单词“franche”，意思是“免费的”或者是“免纳的”，这个权利由中世纪的国王授予，他们授予某一个人以开展某项特定业务的权利——比如修路、开设一个集市、收税——作为回报，国王向他们收取一定的费用。我们现在所说的特许经营最早在商业世界中出现是在19世纪，当时“胜家缝纫机公司”（Singer sewing machine company）开始给一些商人授予在美国特定地区销售机器的排他性权利，作为回报，公司要求从销售额中获得一部分的分成。这种做法真正开始大规模流行起来是在20世纪50年代，当时像“麦当劳”和“汉堡王”这样的大型美国连锁公司开始利用特许经营作为它们快速扩张的工具，同时也利用了“二战”后经济繁荣的优势。如今在美国大约有50万家特许经营企业。汽车专卖店、加油站、零售店和餐馆都是几类规模最大的特许经营产业。[4]

除了这些产业以外，我们现在可以再加上有组织犯罪了。通常来说，犯罪产业的经营原理和特许经营的思路是相互冲突的。历史上，贩
136 毒集团都是严格地采用自上而下的管理模式。在这种管理模式里，一个具有绝对权力的老大威严地坐在金字塔的顶端，下面一级级都是他忠诚的手下。但是，最近一些墨西哥的毒品集团开始了彻底的去中心化改革。像“二战”之后的汉堡连锁店一样，墨西哥的毒贩们在过去的20年里也经历了一次惊人的扩张期。在20世纪90年代，起初墨西哥的毒贩们只是一些哥伦比亚贩毒集团的手下，哥伦比亚的贩毒集团雇佣墨西哥人把毒品运送到美国去。但后来，哥伦比亚经历了一次对犯罪活动的

---

〔1〕英文中“royal”一词是指王室的、皇家的。

镇压运动。在这次运动中，包括巴勃罗·埃斯科瓦尔在内的很多黑帮大佬身亡。于是墨西哥人趁机在整个毒品供应链上扩大影响力。他们不再对哥伦比亚人言听计从，而是开始自己控制从生产到销售整个运作流程。

没有哪一个团伙像哲塔斯这样发展迅速。直到2010年，哲塔斯还很难称得上是一个集团，它实际上只是扮演着一个准军事组织的角色，效力于海湾集团（Gulf cartel）。但是自从在2010年和海湾集团关系破裂之后，哲塔斯开始以惊人的速度发展壮大，势力从整个东墨西哥延伸到中美洲的加勒比海岸。根据一些最近的报道，哲塔斯甚至还和意大利的黑帮“光荣会”（'Ndrangheta）建立了联系。哲塔斯在一些地区中的每个城市都设立了分舵，从真正意义上变成了有组织犯罪里的“麦当劳”。

为了给如此快速的扩张发展筹集资金，哲塔斯采用了特许经营的模式。根据联合国毒品和犯罪问题办公室最近的一项分析表明，[5] 哲塔斯并不是把自己的人派到新市场中从零开始做起，而是选择吸纳当地的匪徒，以特许经营的方式让他们加入到哲塔斯中。哲塔斯的侦查人员首先会到新的地区去，然后挑选出当地那些最有潜力的罪犯，“再以一种特许经营的方式允许他们使用哲塔斯的名号”，联合国的这份报告上这样写道。加入特许经营的一个附带好处是，哲塔斯总部会给被许可的经营方提供军事训练，有时甚至还会提供武器。作为回报，被许可的经营方要从他们的收入中抽取一定比例交给总部，并且还要签署一项“团结条约”，在条约中约定，如果哲塔斯与其他帮派发生战争，他们必须为 137
哲塔斯而战。

双方从中获得的好处和正常商业世界里授权方和被授权方之间的关系是很相似的。对于授权方来说，这意味着商业规模能够得到快速扩张，而且资金完全由加盟方自筹。麦当劳要求加盟方必须买下他们经营的餐馆，并要求他们在加入之前必须准备至少 75 万美元的存款。这样的模式能够让利润迅速增长，同时不需要把钱花在购置新的资产上（全世界总共 3.5 万家麦当劳餐馆中有 85% 的是属于加盟方的，而不属于麦当劳）。对于哲塔斯来说，这一原则显得更加重要。作为一种非法产业，获得银行贷款的可能性本来就极低，因此这种自筹资金的增长模式有着非同一般的吸引力。

另外，授权方还能够激发出被授权方的动力，因为在这种模式下，被授权方本身就是企业的主人。不再仅仅是一个像机器上的螺丝钉那样的员工，每一个哲塔斯的特许经营方都有责任在被分配的地盘上榨出尽可能多的钱。正如彼得·德鲁克（Peter Drucker）这位可能是迄今最有影响力的管理学大师所言，责任就是“一种把自己看作管理者的态度”。他认为，责任要比薪水或者技能还要重要，这种态度“让每个人在面对他的职业、他的工作和他的产品时，都会以一个管理者的眼光来看待，这就意味着他会把他所在的团队以及产品作为一个整体联系起来”。[6] 经营方同样还会带来适用于当地的知识。这一点在汉堡行业和犯罪行业一样，都很宝贵。在犯罪行业可能甚至还要更重要一点，因为如果要买通当地的执法部门的话，由当地人来做会更容易些。而能否买通他们恰恰又是生意成功的关键因素。相应地，被授权的经营方也可以利用总部的优势，比如说总部能够传授一些成功的“配方”给当地的经营者，无论是教他们如何炸薯条还是如何制作汽车炸弹。

最最重要的因素可能还是品牌。麦当劳并不是靠制作美味食物来征服世界的，而是靠制作口味稳定一贯的食物。一个在曼谷或者北京卖出 138
的巨无霸汉堡和在伊利诺伊州的橡木溪（Oak Brook）这个麦当劳总部所在地卖的是一样的。巨无霸汉堡肯定不是你在上面这些城市里能吃到的最好的食物，而且甚至可能都不是最有性价比的食物。但是顾客知道在任何一个有那座著名金色拱门的餐厅里，食物一定能够满足基本的质量标准。经营方实际上是购买了一个品牌，而这个品牌他们无须再去亲自打造。当麦当劳赞助奥运会或者请贾斯汀·汀布莱克（Justin Timberlake）来代言的时候，每一家分店都能够从这些广告中获益。

为了举一个实例来说明这个机制在黑社会中是如何运作的，我拜访了在墨西哥城高级郊区的一家叫“洛克希·奈维利亚”（Roxy *nevería*）的冰淇淋店。洛克希是一家墨西哥店：成立于 1946 年，现在的装修看起来和当时没有多大变化，包括那些可以转动的吧台凳和有条纹的凉篷。前不久，这家店被敲诈了。一个人从一辆出租车上下来后送来了一个信封，信封里面有一台录音机，里面是一段敲诈录音，要求店家交出 25 万比索（合 1.7 万美元）。如果没有交这笔钱的话，经理的家人将会受到伤害，或者会发生比这更可怕的事情。如果信封不是由一个叫作“Comandante Juan Ballesteros”的人签字署名的话，这个警告可能不会被认真对待，也不会登上当地的报纸。这个人声称是“米却肯家族”（La Familia Michoacana）在当地的代表。

一提到“米却肯家族”这个名字，整个恐吓信便一瞬间增加了不少分量。勒索犯可能并没有长着一副凶悍的面孔或者带着一支突击步枪，但是“我们的家族”的名气意味着洛克希的员工必须要认真对待此事了，毕竟这是一个曾经在米却肯的一家夜店里面动手砍下过五个人头的黑帮。勒索犯和“米却肯家族”结成同盟的目的就在于增加恐吓的回复率，从而提高利润。（不过洛克希的案情后续，事情的发展又有变化：冰淇淋店的老板勇敢又不同寻常地选择了向媒体爆料并向警方报警，而警方也终于能够成功一次，把犯罪嫌疑人给拘捕了。）

139 特许经营的模型同样解释了为什么哲塔斯尤其热衷于制造一些骇人听闻的暴力事件。他们比其他的墨西哥暴徒们更注意拍下或者录下他们的种种暴行，无论是斩首还是绞刑。毕竟哲塔斯只要在北墨西哥执行一次恐怖的谋杀案，全世界的哲塔斯分舵都能够因此增加威慑力。这就好像麦当劳在巴西世界杯中做一次广告赞助，全世界的分店都能够因此而提升吸引力一样。

当然，这里面也存在“搭便车”的风险。许多强盗和勒索犯都声称他们和哲塔斯、“米却肯家族”或者其他什么犯罪集团有联系，虽然实际上他们之间什么关系都没有。如果特许经营的模式想要运作下去，犯罪集团就必须要像合法的企业一样坚决地保护他们的商标。一份联合国的报告指出“新加入的团伙有责任通过暴力手段（甚至是谋杀）来保护哲塔斯的品牌名声，防止被那些未经授权的犯罪分子利用”。这里所说的“商标”和“品牌”并不仅仅是比喻义。犯罪集团通常有他们自己的标志，这些标志被印在制服和装备上面，然后派发给各个分舵。哲塔斯的标志是一个被一分为三的盾牌，三部分分别包括了墨西哥的地形轮廓、集团总部所在地塔毛利帕斯州的地形轮廓和一个字母“Z”。在墨西哥和中美洲一些隶属于哲塔斯的犯罪窝点里，人们发现了一些印有哲塔斯标志的棒球帽和背包。从防弹背心到武器、弹药、车辆等装备，应有尽有，因为采购量大，所以价格都更便宜，也更容易获得。这也是加入特许经营的另一个好处。就像麦当劳能够成千上万地采购炉子、煎锅、收银机、桌子和椅子一样，哲塔斯也可以购置或者盗走大量的装备，然后再分发给各分舵。如果不是这样的话，这些分舵只能花更多的钱去买质量更差的国产装备。

北墨西哥一个炎热的一天，在一家高档商场内的餐厅里，我和一个曾经是锡那罗亚集团分舵的头目见了一面。这个曾经的头目（我们称呼他米格尔）现在有五十多岁，身材矮小、精瘦，像一个山野村夫。他过去一直眯着眼看太阳，所以眉头一直紧锁。他沉默寡言，当我们边吃边聊的时候，他的眼睛一直在仔细地打量着餐馆里其他客人。米格尔 140
来自锡那罗亚，在年轻的时候就成了锡那罗亚集团的一个“合伙人”。他带着一种职业上的骄傲强调，他不是为锡那罗亚集团效力，他实际上是在总部授权下独立开展经营。锡那罗亚集团按照这种模式已经运作了相当长一段时间了，以至于常常被叫作锡那罗亚联邦，而不是叫锡那罗亚集团。米格尔曾经要大半夜起床，走到山里去从农民那里收购大麻，然后再把这些大麻带回到州府库利亚坎。在库利亚坎，他会用液压泵把这些大麻压缩进小包装里，然后用聚乙烯塑料包好，再用蜡给封上，以免大麻散发出刺鼻的气味，做好这些准备之后，他便把这些大麻走私过境。

特许经营协议给米格尔这样的毒贩很大的自由空间，由他们来决定自己怎么开展业务，他们可以和他们喜欢的农民做生意，自主设定数量和价格，以及其他任何他们喜欢的方式。在墨西哥南部的格雷罗州（Guerrero），也出现了一种类似的模式，海洛因生产流程中的罂粟花种植和处理过程都被交给了私人业主经营。这些私人业主按照类似特许经营的模式，各自为集团负责一小片地盘。不久之后，他们相互之间似乎就产生了纠纷和恩怨。按照米格尔的说法，他们当时不是这样的，各个毒贩之间几乎没有争执。“被警察或者军队抓住的风险是一直存在的，”他说（实际上，这也正是他最后的下场——一段监狱时光足以让他即便出狱也必须从整个生意中出局），“但是在锡那罗亚，我们相互之间没有纠纷。相比于杀掉对方来说，合作会更容易，”他把食物盛满整个盘子，“现在这些人是不会理解的。”

自从米格尔开始在马德雷做大麻生意之后，特许经营模式的风潮让
141 整个产业重新洗牌。以往贩毒组织的目的只是简单地控制毒品的供应，然后把毒品按照最优路线从 A 地运往 B 地。哲塔斯的模式则完全不同：他们没有选择控制运输线路，而是选择控制某块地盘。一旦他们在某一个区域授予了一家开展特许经营的权利——可能是在一个小镇上，也可能是整个州——他们就希望这个当地的代理商能够控制地盘上发生的所有犯罪活动，同时在利润中抽一部分交给哲塔斯总部。除了运输毒品之外，哲塔斯的这些分舵还利用他们在地盘上的控制权，参与许多其他类型的犯罪活动。敲诈勒索是其中一项获利颇丰的业务，绑架是另外一项。同时，本地的毒品销售业务在他们整个收入中也占到越来越大的比重。有趣的是，这带来了一个意想不到的结果，那就是出租车司机成了贩毒集团人员招募时的目标对象。出租车作为一个到处移动的私人交通工具，有理由停在任何地方和搭上任何一个人。这些优势让出租车成了运送毒品和绑架人质的理想交通工具。因此对一个城市出租车的控制成了不同帮派之间争夺的焦点，出租车司机也因此成了频繁被恐吓威胁的

目标。“你可以跑，但是你躲不了：我们会一直追杀你，追杀你的家人。”在普拉亚德尔卡曼（Playa del Carmen）的一个出租车工会的男厕所里最近贴着这样一张纸条，这显然是锡那罗亚集团的暴徒们写给那些加入了哲塔斯的出租车司机的。

在墨西哥的东北部，哲塔斯的分舵以出售“Z”牌的威士忌闻名。在那里，哲塔斯强迫当地所有的酒吧都卖这种酒。他们同样参与到家庭DVD的生意中，在所有产品上都贴上一个小的“Z”字标志。一位在耶鲁大学管理学院任教的墨西哥籍教授罗德里戈·卡纳莱斯（Rodrigo Canales）认为，哲塔斯这种多元化的业务格局的一个成因是，哲塔斯在国际毒品生意中缺少顶级关系网络。他指出，哲塔斯这个帮派是“建立在背叛之上”的，因为它背叛了他前任上司：海湾集团。正因如此，哲塔斯失去了和美国毒品市场的联系，这样一来，他们必须依靠其他途径来获得收入。[7]

之后，在格雷罗发生了墨西哥最惨烈的暴力事件。格雷罗州这个混
乱、贫穷的地方，从墨西哥黄沙漫天的中部一直延伸到植被茂盛的太平
洋海岸。长期以来政府都很难管理这里。格雷罗在当地的语言中的意思
是“战士”；格雷罗州的州旗上画着一个前哥伦布时期、披着美洲豹的 142
豹皮、手上挥舞着一根狼牙棒的战士。近几年来，这个州糟糕的名声再
次得到印证。在过去的10年里，谋杀率翻了三倍，[8] 因此游客纷纷逃离
阿卡普尔科。在阿卡普尔科的沙滩上，有时甚至有人头滚动。即便是有
明确记录的谋杀人数，可能都低估了暴力的真正程度，因为交战双方常
常会把尸体藏起来。在2015年，一个废弃的火葬场传出的一股恶臭味
引来了警方的调查，最终发现这里有61具腐烂的尸体。格雷罗最近被

常常谈起的一起暴力事件是在 2014 年，在伊瓜拉市有 43 名师范生失踪，这宗案件至今仍未破案，而且可能永远都无法破案。

有证据表明格雷罗最近陷入混乱状态，有可能是因为犯罪集团的特许经营协议破裂。在正常的商业世界里，特许经营模式中最容易引起纠纷的一点就是，不同的被许可方之间有时为了某一块地盘而进行争抢。一般来说，如果一家公司的竞争者在附近开了一家店，那么公司要么通过高质量取胜，要么通过低价格取胜。在特许经营模式中，这两种策略都无法适用：如果一家麦当劳餐厅在某个路段的生意很火爆，而且是这里唯一的一家分店，这个时候总公司突然宣布在这片区域还要再开两家分店，那么这家餐厅一定会流失一部分利润到这些新来的竞争者手上。他们之间根本就没有机会竞争，因为他们卖的东西是一样的，价格也是一样的。

被许可在哪一片地区进行经营，和同一品牌的其他特许店铺离得有多远，这两者都是特许经营成败的关键因素。但是对于授权方来说，这都不重要。授权方的盈利模式是从被授权方的销售额中抽成，而不是从利润中抽成。开设更多的特许分店一定会带来总销售额的增长，即便这些新店会瓜分一部分现有分店的顾客。由此看来，授权方和被授权方的
143 利益并不是很匹配，这也让许可区域的划分问题成了矛盾的集中点。本地的经营者常常会把他们的总部告上法庭，指控他们通过许可新店的方式“侵犯”自己的利益。像汉堡王、麦当劳、喜来登酒店和 AFC 公司（旗下有“派派思”炸鸡）这些公司，都常常因为许可了新的分店而被之前的店主起诉，这些店主抱怨这些新店离自己太近。[9] 法官们在不同的案件中采取的态度也不同，有时判令新店另选店址，有时则驳回老店主的诉讼请求。

当然，对于犯罪领域的特许经营企业来说，它们没有办法诉诸法院。所以当一个集团授权过多的时候，纠纷只能通过传统的方式来解决，双方都会使用狼牙棒之类的武器。在格雷罗似乎就有这种情况发生。43 名师范生失踪的案件至今仍然不很明朗，但是对此案件负责的犯罪嫌疑人似乎来自一个叫作“格雷罗联盟（战士联盟）”的黑帮。大部分分析人士认为，这个黑帮的前身是“贝尔特兰·莱瓦组织”（Beltrún Leyva Organization）在当地许可设立的分舵。“贝尔特兰·莱瓦组织”是一家规模庞大的贩毒集团，跨国走私的毒品种类繁多。贝尔特兰·莱瓦由亚瑟（Arturo，绰号“胡子”）领导、收编了地盘内的几个不同黑帮之后，形成了一个大家族。然而他们似乎吸纳了太多的分舵了。和“格雷罗联盟”控制了墨西哥“炎热之境”（tierra caliente）北部一样，贝尔特兰·莱瓦则是利用了“红色帮”（Rojos）来照料格雷罗中部的业务，以及一个叫“阿卡普尔科独立帮”的黑帮来管理港口。有的时候格雷罗联盟还会抽调比如像“松鼠帮”（Ardillos）和“格拉纳罗斯帮”（Granados）作为增援。[10]

贝尔特兰·莱瓦所有的这些分舵都集中在格雷罗州境内活跃。他们之间竞争似乎有点太过激烈了。在“贝尔特兰·莱瓦组织”被削弱，“胡子”死亡之后，麾下的各分舵互相之间便开始发生激烈冲突。“格雷罗联盟”“红色帮”和“阿卡普尔科独立帮”之间开始出现激烈打 144
斗，同时也不断在和隶属其他犯罪集团的分舵发生冲突。这就是格雷罗发生许多恶性暴力事件的原因。这可能也是 43 名学生失踪的原因：有一种说法是这些学生本来正乘坐一辆偷来的公交车，要去参加墨西哥城的一场示威活动，但是“格雷罗联盟”以为他们是其他某个帮派的成员，在用这辆公交车运输海洛因。过度地开设分舵极大地降低了墨西哥中部贩毒生意的效率，因为互相敌对的分舵把时间都花在互相残杀（以及残杀无辜的市民）上了，而不是处理贩毒生意。

这不是特许经营模式唯一的缺点。本地的、固定活动在某一地区的分舵要比那些自上而下组织的队伍更缺乏移动性。在哲塔斯帮和锡那罗亚集团之间发生的胶着的战争中，从实际表现来看，锡那罗亚集团更有能力深入哲塔斯帮的腹地予以打击。在双方的战争中出现了一次高潮，锡那罗亚集团派出了一个叫“哲塔斯杀手”的杀手小队到韦拉克鲁斯州。在那里，正如小队名字中所说的那样，他们杀掉了当地大量的哲塔斯帮成员。由于整个系统是建立在扎根本地的恶棍之间的相互合作上，哲塔斯帮对于这种情况基本没有什么办法。

尽管去中心化的组织有一定的好处，但这也意味着贩毒集团出让了一些控制权给地方的管理者，而这些管理者可能会犯错误。如果地方的分舵犯了一个大错，那么对整个集团的品牌都会造成损害。要明白这个道理，你只要想一想那些合法的特许经营企业的处境就好了。麦当劳有大约 30 万家分店是通过特许经营的模式开设的，这些分店要经过培训，必须遵守一本统一的规章手册来开展经营，同时在经营过程中也会获得一定的自由度。这个连锁品牌取得的惊人成就证明了这个体系是成功的。但是宽松的管理有时也会带来品质控制上的疏漏，从而有损整个品牌的形象。在 2014 年，日本一家麦当劳餐厅在卖给顾客的薯条中竟然
145 有一颗人的牙齿，这则新闻一下让全世界的顾客在决定咬下巨无霸汉堡之前都要仔细考量一番。

贩毒集团也会面临同样的风险。由于是去中心化的管理系统，相比

自上而下的管理系统来说，那些没有经验或者缺乏监督的本地经理犯错的概率更大。当地一个分舵的一个错误可能会给整个集团带来毁灭性的打击，就比如杰米·萨帕塔（Jaime Zapata）的遭遇。杰米·萨帕塔是美国移民及归化局（US Immigration and Customs Enforcement）的一位特工，在2011年被贩毒集团的手下杀害。当时萨帕塔和他的一名同事正开着一辆有装甲加固的“雪佛兰荒野”（Suburban），准备从蒙特雷去墨西哥城。就在路过圣路易斯波多西州的正南方的时候，他们遭遇了武装伏击，被迫偏离了马路。他们乘坐的这辆价值16万美元的装甲车成功挡下了接近90发子弹。但是在停车过程中，萨帕塔把汽车调成了“停车”模式，导致车门自动解锁。于是暴徒们得以打开车门向两名特工扫射，萨帕塔在这个过程中受到了致命伤。

后来人们发现这些持枪歹徒是哲塔斯在当地的成员，大概是之前在萨帕塔和他同事在路边买三明治的时候盯上了他们。这些暴徒似乎以为这两个强壮的拉美裔男子是敌对帮派的成员，而不是美国的特工。其中一名黑帮成员后来告诉美国当局，称他和他的同伙接到上级的一个长期命令，让他们为帮里偷一些值钱的车辆。杀掉萨帕塔打破了墨西哥黑帮一条严肃的不成文规矩：永远不杀美国人，特别是美国警察。尽管在墨西哥长期存在暴力事件，而且美国特工高度参与到墨西哥事务中，但是萨帕塔是自从1985年以来第一位因公殉职的美国执法人员。

这是一次非常严重的错判，也引来了美国政府的强烈反弹。在萨帕 146
塔被杀后的一周内，在全美国境内的一次联合清扫行动中，联邦特工抓捕了超过100名贩毒嫌疑人。杀害萨帕塔的黑帮老大在墨西哥被捕，并且引渡到华盛顿特区。这还只是开始：在2012年，哲塔斯的头目赫里伯托·拉斯卡诺被墨西哥海军陆战队员击毙。之后的一年里，新头目米格尔·特里维诺被捕。虽然哲塔斯还在运作，但是势力已经被削弱了。哲塔斯的高级领导们为一个小分支的人员所犯的错误付出了惨痛的代价。就像一间餐厅的厨房犯的一个大错就能够让整个公司的全球品牌受损一样，哲塔斯一个分舵犯的一个严重错误会引发对犯罪集团最高领导的毁灭性打击。许可别人使用你的品牌可能会带来十分严重的风险。

· · ·

特许经营模式对于贩毒集团来说确实是一个成功的策略，但也是一种对其他所有人都很危险的发展模式。这种模式让一些犯罪组织扩张得非常迅速，与此同时还能够把业务从简单的贩毒发展到一整套的犯罪活动体系。本地的犯罪团伙由于获得了大品牌的支持，在勒索恐吓的时候更有威慑力，他们的收入因此得以增长。由于需求量大，获得装备变得更容易也更便宜，这让当地的犯罪分子能够获得比之前更强大的武装能力。广告也变得更有效果了，因为一个地方发生的暴行能够给所有的分舵增加威慑力。与此同时，各分舵之间在地盘上的纠纷也意味着会带来相比以往更多的暴力事件。

那么这样的话，对付犯罪集团特许经营模式还有希望吗？一种比较乐观的发展趋势是，这些通过特许经营模式联合起来的组织，似乎通常要比专注于贩毒生意的集团模式更加不专业。比如像哲塔斯这样的黑帮，通过向各地的分舵抽成来赚钱，这种模式要比其他贩毒集团通过贿赂或是威胁政府高官要稍逊色一些。毕竟在鼎盛时期，华雷斯集团的成

员中还包括了墨西哥的“毒品沙皇”。麦德林集团在威胁哥伦比亚政府
的恐怖运动中，也曾经炸毁了一架客机，机上 107 人丧生。像这样的犯 147
罪组织，本身就代表着对国家一种长期存在的威胁。而对于像哲塔斯这
种帮派网络来说，他们的暴力事件所带来的威胁则没有那么大。

从长期来看，他们也更容易被平息。像锡那罗亚集团这种传统的贩毒集团，遍布各处但又不依赖任何一处地盘。他们的生意建立在走私货物上，而不是控制领地。如果把他们从墨西哥赶走，他们就会在中美洲开设窝点；如果在哥伦比亚对他们施压，他们就会迅速跑到秘鲁去。而像哲塔斯这种特许经营模式的黑帮，则完全依赖于被控制的地盘。如果把他们从一个特定的地区赶走，那么从那片区域获得的收入就没有了。虽然到目前为止，墨西哥当地的警察已经证明了他们并不能把这些人赶走。但是至少跟摧毁一个复杂的跨国生意比起来，赶走一个镇上的土匪要简单得多。

特许经营中被许可方互相之间容易内讧的特点，可能也是哲塔斯的扩张模式最终导致自身毁灭的原因。无论是贩毒还是卖汉堡，被许可方永远不可能像公司员工一样对品牌非常忠诚。实际上这些被许可方也不是公司的一部分。《创业者》（*Entrepreneur*）杂志曾指出，在特许经营模式下，员工之间的“核心凝聚力”要比自上而下的组织机构要弱。这个道理对黑帮来说也是适用的。没有人比哲塔斯这个从海湾集团的武装保镖起家的黑帮更了解这个道理。不到几年时间，哲塔斯的野心就开始膨胀，不满足他们的地位，最后他们背叛并彻底摧毁了海湾集团。当他们开始吸纳越来越多的分舵时，哲塔斯也开始变得越来越危险。特许经营模式可以加速一个集团的发展，也可以终结一个集团的生命。

第七章

规避法律：新型毒品产业背后的研制与开发

在伦敦北部，一条繁华的街道上，在一家美容店和一家炸鱼薯条店之间有一家门面不大的小店。这家店空间局促，透过满是水汽的窗户，可以看到里面有一盏淡绿色的灯。走进店内，背景音乐是迷幻风格的电子乐。其中一面墙是一排有灯光照明的展示柜，里面放着这家店正在出售的商品。柜子里摆着各种新奇形状的水烟壶：有的是枪的形状，有的像一个防毒面罩，还有的做成了一对瓷器制成的胸部。旁边一个衣架上则挂满了许多大麻主题图案的T恤。有一个橱柜里摆着各式各样看似是日常使用的瓶瓶罐罐，包括啤酒罐和品客薯片的罐子。但是打开这些罐子之后，你会发现里面有一些暗层，好像是用来偷偷地“藏一些东西”（当然，这家店并没有建议顾客这么做）。如果有人想要藏点什么东西，他甚至还可以买一个电脑鼠标，在这个鼠标里面有一个隐蔽的微型保险箱。

类似这样的大麻烟具店，几乎在大部分地区都能允许开设，因为理论上他们只是在贩售一些“生活方式摆件”，而这些摆件是不允许用来吸毒的。对于这些数量庞大、种类各异的水烟壶，“在购买时你必须了

解，它们不得用于吸食非法药物”，一家公司在网站上写着这样的说
150 明。在公司经理的眼里，顾客们买了这些东西之后，大概就只会穿着他们画有大麻叶图案的T恤坐下，用印有大麻图案的打火机点燃一个鲍勃·马利[1]主题的水烟，而水烟壶里面放的只是……烟草。

政府很少找这些大麻烟具店的麻烦，主要是因为这些店本身不卖毒品。但是如今，情况正在发生转变。新型的精神药物正在通过线上线下渠道进行销售，从伦敦到洛杉矶，你几乎可以在任何一个大城市找到。关于这类精神药物的称呼花样繁多，有的叫“合法兴奋剂”（legal highs），有的叫“化合致幻药”（designer drug）。这些药物不是种在安第斯山脉的山坡上，也不是种在阿富汗的罂粟花园里，而是在实验室里配制而成。这些合成药物模仿那些更加主流的毒品产生的效果。比如有的合成药物是亚甲二氧甲基苯丙胺（MDMA，也叫摇头丸）的类似物。还有的合成药物据称有类似于大麻的效果。与传统毒品最大的不同是，这些快速发展的化学药物在大多数国家的法律中并未明文禁止其出售、占有和消费。

我向柜台后面那位看起来很友好、脸上有胡茬的年轻人问道，这里有没有“合法兴奋剂”出售。“这样跟你说吧，那些东西不能让你‘嗨’的，因为它们不是给人用的。”他回答道，他那张年轻、长着雀斑的脸让人完全捉摸不透。“但是，”——他轻轻地扬了扬眉毛——“我这里确实有一些香薰疗法用的香薰，不知道你想不想看看？”我说我想挑挑看，然后他便从柜台下面拿出了他认为最受顾客欢迎的五种

[1] 鲍勃·马利（Bob Marley）是牙买加唱作歌手，雷鬼乐教父级人物。

（“显然，我没法给你推荐任何一款”）。这些亮闪闪的塑料盒子大概有一盒棒球卡那么大。每盒要 10 英镑（折合 15 美元），里面有一克的“熏香”，或者你愿意把里面这些东西叫别的什么名字。有一盒叫作“小丑詹姆”（Jammin’ Joker），上面画着一个一头脏辫、戴着墨镜的笑脸，头上有一顶拉斯塔夫里教风格的帽子；另一盒叫做“赛克隆”（Psy - clone），上面的图案是一些螺旋状的颜色线条，“赛克隆”这几个字母顺序是反过来写的。那盒“发条橙”（Clockwork Orange）上则画着一个橙色眼球，眼球瞳孔的形状是一个挂钟的表盘，非常恐怖地盯着你看。

关于这些混合物各自的特点，这名店员不愿意再透露什么，而是建议我自己到网上去搜索相关的信息。在网上，随意浏览就能看到一些爱恨交加的评价。一个“发条橙”的五星好评这么写道：“太棒了……让我足足过了 76 个小时的瘾!!!!!!”同一件商品下面，另一个用户说他“抽掉了最后一包这玩意儿后，我被困在一个气泡里，我蹲在马桶旁边 151
默默地一边哭，一边等我的脑袋不再一阵一阵地抽痛”。不管是两种情况的哪一种，看起来大多数人都不是拿这些小盒的东西来做香薰治疗。

避法毒品产业是有潜力彻底颠覆传统毒品行业的。这些新型毒品究竟是怎么躲避法律制裁的？这些毒品的出现对贩卖其他类型毒品的毒贩来说，又意味着什么呢？

· · ·

要理解避法毒品是如何迅速跻身国际毒品市场，进而获得统治地位的，我们必须先从新西兰开始。这个美丽的太平洋群岛，也是霍比特人快乐生活的地方，看起来可能是世界上最不可能成为毒品交易中心的地方了。假如你是一个可卡因或海洛因的国际出口商的话，你会费劲把毒品运到新西兰吗？这个国家的人口只有 450 万人，大约和肯塔基州的人口相当。地理上偏安一隅，四周空空荡荡，离澳大利亚的最南端相隔 1,000 英里。如果你想从秘鲁的海岸运可卡因过去的话，意味着要横渡 6,000 多英里。而秘鲁是离新西兰最近的主要的可卡因种植国家。奥克兰是新西兰最大的城市，但从世界上任何一个可卡因生产国都没有到奥克兰直航的航班。从所有这些情况的结果来看，想要走私毒品进入新西兰是极其困难一件事。在去年（2015 年）每 200 名成年人中大约只有一名报告声称自己服用过可卡因，这个比例对一个发达国家来说是相当低的（例如，在美国这个数字大约是 1/55）。海洛因则更是非常稀少：服用海洛因的比例是美国的 1/6，英国的 1/8。

但是新西兰人毕竟也是人，他们和世界上其他国家的人一样爱吸食毒品。实际上，一旦碰到他们能够接触到的毒品，他们的消费量也相当惊人，比如说大麻。和摩洛哥或者墨西哥的情况一样，在肥沃的新西兰
152 乡下的土地上也能够轻易地种植大麻。新西兰人种植和吸食大量的大麻——实际上根据联合国的统计，世界上没有任何国家的人均大麻吸食量能够超过新西兰，在这里，每七名成年人中就有一人表示在过去的一年里吸食了大麻。但是还不仅仅是大麻：新西兰同时还有世界上第二高的安非他命消费量。[1] 这些安非他命就在本国生产。在岛上各处零星分布的小型实验室里，你都能发现有安非他命在生产。尽管人口很少，新西兰每年关闭的冰毒作坊数量在世界上仅次于美国和乌克兰。[2] 把毒品运

进国家可能会很难，但是这却让新西兰人自己成了制毒售毒的专家。

新西兰对合成毒品的喜爱大约是从 21 世纪初开始的，当时甲基苯丙胺（冰毒）首先流行开来。甲基苯丙胺最初是为了用在感冒和流感药中。这种毒品后来瞬间席卷了整个亚洲，这里本来可卡因就相对稀少，但是要获得制作冰毒的化学前体却很容易（在泰国这个冰毒大行其道的国家，冰毒又被叫作“*yaa baa*”，即“疯狂药物”的意思）。随着上瘾率的迅速飙升，新西兰政府发起了一次针对冰毒的打击运动，缴获了很多毒品的前体原料，同时也发起了很多次对冰毒制作“厨房”的突击搜查行动。但没多久，新西兰人就开始寻找替代品了。

这个时候，一个叫作马特·鲍登（Matt Bowden）的年轻毒枭登场了。如果世界顶级毒枭也聚在一块举办一个会议的话——毒品行业的“达沃斯论坛”这种——那么鲍登肯定会在其中脱颖而出。首先，是他的头发：长发、金色、非常柔顺，这头秀发能让美国演员詹妮弗·安妮斯顿（Jennifer Aniston）都要嫉妒。除此之外，还有他的衣橱，里面有黑白相间的豹纹西服、别着银闪闪的超大肩章的绿色军大衣。除去这些穿着之外，他还常常用大量的化妆品，画着浓重的黑色眼线，有时还在眼线周围画上精致的白色或银色花纹，最后再戴上彩色的隐形眼镜。拉
丁美洲那些大男子主义的毒枭们看着他这个样子，可能会嘴唇扭作一团 153
直作呕。但是鲍登曾经经营过一个数百万美元规模的毒品帝国。

作为一个土生土长的新西兰人，他大部分的财富都来自于贩毒。他向全世界总共数以千计的人出售毒品，以供他们在聚会上吸食，也因此赚了数百万美元。这段时间他开始从毒品生意里收手，转而以“星光男孩”（Starboy）的艺名开始长期巡回世界办摇滚演唱会。他的表演融

合了哥特风格的迷人魅力、闪亮的灯光和一群穿着羽毛跳博普舞的伴舞等几大元素。以星光男孩的身份，他跻身新西兰最受欢迎的艺人前十名。现在衍生制作了一系列的服装，这些服装就是根据他所谓的“蒸汽朋克搞笑马戏团风”设计的。他的推特账户简介对自己的描述是“一个跨次元的旅行者，重新定义了迷幻摇滚乐和改良毒品政策的边界”。所有这些都意味着他绝不是你想象中那种典型的毒枭形象。然而对于鲍登来说最奇怪的事情是这个：尽管这位“星光男孩”的庞大帝国建立在贩毒所得的赃款——那些堆积如山的钱——之上，但是他所做的一切都没有触犯法律。

他最初是作为一个消费者而接触毒品生意的，当时他已经对好几种毒品上瘾了。在经历了一位家庭成员因为过量吸食摇头丸去世后，鲍登决心要研制出一种更加安全、合法的替代品，用来替代那些会对人体造成伤害的毒品。他最后选定的毒品是苄基哌嗪（benzylpiperazine），又名 BZP。这是一种外形普通的白色粉末，最早研制是在 20 世纪 40 年代，当时是作为一种给牛使用的打虫药。但是实验结果显示，这种药物同时具有一种给人体带来强烈欣快感的副作用，和安非他命带来的效果类似。于是鲍登开设了一家叫作“星门国际”（Stargate International）的公司，并把这种药物以“聚会药片”的名义来出售。这家公司把这件产品包装成是一种“社交场合使用的绝佳产品”。按照这样的策略，鲍登和他的“星门国际”公司成了新西兰合法娱乐用药物最著名的代言人，向那些爱去夜店的年轻人卖出了总共数以百万计的毒品。

这种毒品变得非常受欢迎。根据一些人的估算，新西兰每年有多达 500 万片含有 BZP 成分的“聚会药片”售出。相当于这个国家平均每人都能有超过一片。有调查显示接近1/4的新西兰人尝试过这种毒品。在别的国家这一毒品也迅速流行起来，从2004年左右开始在欧洲流行 154
（在美国情况没有那么顺利，于2002年被法律禁止）。正如鲍登所承诺的那样，一些人确实是把BZP当作冰毒的一种替代品——实际上，一项学术研究认为，与其说BZP是一种诱导人吸食更烈性毒品的“诱导性毒品”，不如说BZP给一些人提供了一种戒断毒品的出口。[3] 我在鲍登巡演时的间隙采访到他，他现在认为，新型避法毒品产业的存在意味着毒品和有组织犯罪开始剥离，这些毒品更难以被污染，也很少牵扯到成瘾性和不良反应这样的负面新闻。他说，对毒品进行监管要比简单地禁绝毒品要好，“传达的信息应该是‘离开礁石’，而不是‘禁止游泳’”。

尽管关于新型毒品所产生的医学方面问题的报道很少，但人们担心这些毒品会和其他毒品混合在一起。吸食BZP时，人们往往还大量饮酒。酒精制造了如此多的社会问题，以至于酗酒问题已经广为人知。而且由于缺乏适当的监管，这些“聚会药片”在很多地方都有销售，特别是在新西兰，你在街角的商店和加油站里面都能看到，而那里没有任何有关年龄的限制或者是充分的健康警示。来自一家非政府组织“新西兰毒品基金会”（New Zealand Drug Foundation）的罗斯·贝尔（Ross Bell）表示，“这不是一个被单独区分开的产业——这些毒品和糖果冰淇淋放在一起销售。”政府开始对这个产业感到疑虑，尽管仍没有一例因吸食BZP死亡的案例，新西兰还是在2008年禁止了这种毒品。大部分当时还在售卖BZP的国家都迅速跟进，禁止了BZP。

BZP的禁止看起来给避法毒品画上了句号。实际上，从现在往回看，这反而是整个产业的开端。BZP刚被划定为违法品，当地的毒品产业迅速开始开发新的避法毒品。不到几天时间，例如像三氟甲基苯基哌嗪（trifluoromethylphenylpiperazine，TFMPP）和二甲戊胺（methylhexanamine，DMAA）这样的替代品就开始上架销售。像 BZP 一样，从当时的法律来看这些都是百分之百合法的——因为他们还没有来得及被禁止——因此除了那些拗口的名字以外，没有任何理由阻止消费者购买这
155 些毒品。接下来更多的禁令接踵而来，然而这只会导致更多的新品种被合成出来。自从对 BZP 严厉打击之后，生产商和政府之间便玩起了猫鼠游戏。一种新的合成毒品被研发出来，然后流行起来，接下来被政府发现，随后被禁止——等到被禁止的时候，毒品行业的化学家们又研发出了一种稍微有一点变化的品种，这些毒品立马就又能上架销售了。修改毒品结构的速度之快，意味着这些在不断进化的合成毒品的新品种永远都能走在法律前面。

这些新品种的避法毒品不仅仅在新西兰流行，在美国和欧洲，它们有时被暧昧地称作“浴盐”，就像那些大麻烟具店里面出售“香薰疗法薰香”一样。生产厂家认为，如果他们对这种药品是否违禁毫不知情的话，通过这种暧昧的宣传就能够保护他们不被检方起诉。类似的产品还在网上进行销售，同时附上声明称这些毒品是“植物肥料”“化学用品”或者是“猎奇物品”。一家网址为 OfficialBenzoFury. com 的网站在网页上用小字标注这些产品“不供人食用”。实际上这家网站一直称这些产品都只是“研究用化学品”。在网站上留言评价的客户也顺着这种说法，有模有样地评价说这些毒品都是被用于科学研究。“在实验室的老鼠笼里面效果很不错。”一个购买了甲氧基苯哌啶（methoxphenidine）粉末并给出五星好评的用户如此评价道。而这件商品被卖家宣传称为“一种长期广受

好评的研究用化学药品”。有的商家则不刻意隐藏他们出售毒品的事实。一家叫作“草本快送”（Herbal Express）的专门服务英国市场的网站承诺，“今天，你不再需要因为吸毒而冒着数年的牢狱风险了。如果你想要购买合法的大麻、合法的安非他命或者是合法的摇头丸，为什么不到网上来购买呢？你只需要以研究用化学品、聚会药丸和草本薰香的名义就可以了，这是购买毒品的安全方式，同时也会给你的人生带来一个全新体验。”

这些新型毒品开始以惊人的速度被大量生产制造。联合国毒品与犯
罪问题办公室称，他们仅在 2013 年就收到了关于 97 种新型合成毒品的 156
警报。现在该办公室监测到全世界共有 350 种这类“新型的精神药物”。联合国毒品与犯罪问题办公室对毒品战争通常来说很乐观，但是在这方面却仍承认“鉴于改变（新型精神药物）的空间几乎是无穷无尽的，创造新品种的速度一直都要超过开展国际联合控制行动的速度”。[4] 在英国，政府所列的违禁药物名单已经扩大到超过 600 种。[5] 在像海洛因和可卡因这种家喻户晓的名字之外，其他大量的是那种变化很细微的合成化学物质，从以字母 A 开头的阿尔法甲基吩坦尼羟胺（alpha-methylphenethylhydroxylamine）到 Z 字母开头的扎来普隆（zaleplon）、齐培丙醇（ziperol）和佐匹克隆（zopiclone）。

警察则需要不厌其烦地分辨各种不同的白色粉末。他们很难跟进市场的最新进展。政策的制定者也是如此。作为制定政策的人，他们需要监测、检验以及最终禁止源源不断更新的各类新型毒品。英国下议院一位议员大卫·埃默斯（David Amess）就被一档讽刺电视节目给戏弄了，他在节目中呼吁下议院注意对一种叫“蛋糕”（他向观众表示，这是一

种“双向阻碍冠状动脉代谢的苯丙胺”，在贩毒黑话里面又叫“慢性巴西尔登甜甜圈”）的新型毒品保持警惕。实际上这种毒品并不存在。[6]

“避法毒品”听起来要比非法的毒品更安全。但实际上，它们有时更加危险。对于那些更传统的、由植物制成的毒品，比如大麻、可卡因甚至是海洛因来说，吸食者至少大概知道他们吸食的东西是什么。抽一卷大麻要比抽高纯度可卡因危害更小一点，抽高纯度的可卡因可能要比抽海洛因更安全一点。但是对于那些避法毒品来说，由于它们只在市场上流通过几天，各方面的信息都还不清楚。这些神秘的白色粉末可能会非常猛烈，也可能会非常温和，但是没有一种方法可以搞清楚，除非真正去抽。吸食了避法毒品后身体受到损害的例子在不断增多。一名叫理查德·菲利普斯（Richard Philips）的 26 岁英国男子在吸食了一种叫“N 型炸弹”（化学家通常写作 $C_{18}H_{22}INO_3$）的致幻药物之后，大脑受到了损伤。几个星期之后，一名来自曼彻斯特名叫杰克·哈里斯（Jake Harris）的 21 岁男子，在吸食同一种毒品的时候用刀刺自己的脖子。当时“N 型炸弹”在英国是完全合法的，政府在哈里斯死去后的几天才禁止这种毒品。

157 回到伦敦的大麻烟具店，我试着向站在柜台后面的员工咨询一些问题。我问他，他拿出来的这些畅销商品，在效果上都很相似吗？他很坚定地否认，并向我表示这些商品的效果实际上截然不同：“不是，它们之间不一样。”他又耸耸肩，说道：“由于众所周知的法律上的原因，我不能给你详细地讲。如果我能说的话，那大家都会更方便，但是我们现在的法律就是这样规定的。”如果在网络上搜索毒品的话，搜索出来的新闻不是十分乐观。有一则报道是，在博尔顿（Bolton），一个男子在吸食“赛克隆”几分钟之后便死亡。三名来自诺森伯兰郡（Northumberland）的 15 岁青少年在服用了“发条橙”之后出现了吐血症状，随后被送入医院治疗。一些出售这些毒品的人似乎也开始对这些东西感到担忧。“市场上有很多比这些好得多的东西，”店员一边指着他拿出来的那几盒东西，一边告诉我说，“这些东西合法的原因，只是因为他们没有理由被认定为违法，不知道你理不理解我的意思。”换句话说，因为这些东西还没有被证明能够致死——到目前为止——所以它们仍然在销售，尽管它们可能要比一些已经被禁止的毒品危害性还要强，比如说摇头丸。

有悖常理的是，监管避法毒品市场的法律规则很有可能会促使更加危险的毒品被研发出来。在正常的市场环境下，市场激励生产者生产那些既能够让人兴奋、又能保证安全的毒品。如果有更加健康且效果相同的替代品可以购买的话，没有人会去买那些对人体有害的毒品。正常情况下，竞争会鼓励创新，生产者们不断稳定地调整毒品的配方，直到得到一种能够让服用者既兴奋同时又不受伤害的化学毒品。在其他行业的市场中，这就是实际发生的情况：在饮料行业，那些会导致强烈的宿醉效果的红酒在销售上竞争不过那些更温和的品种；“低焦油”和“轻型”香烟在近年来也不断提升了在市场上的占有率，尽管他们所声称的这些效果不知道是真是假。

避法毒品产业则完全按照相反方向运作。生产者和执法者之间的猫鼠游戏，意味着毒品开发者首要考虑的问题是持续微调他们的产品，以 158
保证和那些已经被禁止的毒品有所区别。在毒贩子们的实验室里，研发团队不是在尝试制造出更好更安全的产品。相反，他们只是在简单地尝试设计出足够新的产品，以便于能够被允许进行销售。如果最后发现新款产品对使用者有损害，没关系——当有人意识到的时候，这款产品会被禁止，但同时也到发布新款的时候了。在这种不合常理的激励机制下，避法毒品越来越不重视安全性的问题。大部分的新型毒品现在都叫作“合成大麻素”（synthetic cannabinoids），号称要模仿大麻的效果。几年之前，这种说法可能还算准确。但是随着一代又一代的毒品被禁止，制造商进行了一次又一次的迭代，最后的实际效果也和当初所谓模仿大麻烟卷味道的目标离得越来越远。新西兰毒品基金会的罗斯·贝尔说，这样永无止境地修补化学构成的做法，最终只会创造出“科学怪人式毒品”（Frankenstein drugs）。他说现在这些避法药物要比之前的品种更容易引发焦虑，加快心率，引起幻觉和抑郁。

一些国家已经开始通过自动把所有进入市场的新型精神类药物划定为非法的方式，来尝试全面禁止避法毒品。在爱尔兰提出了一项有关的立法提案的几年之后，英国在2015年也宣布实行这种禁令的计划。但是这种禁令也存在和旧制度一样的弊端：在被划定为非法之前，新的药物必须被证明有“影响精神的效果”。在这段时间内，制造商仍可以趁机先赚一笔。爱尔兰的禁令的确成功减少了大麻烟具店的数量，但似乎只是简单地把这些店赶到了网上。根据欧盟的一项调查，在禁令之后，爱尔兰年轻人使用避法毒品的比例还经历了小幅度的增加。[7]

对于制造避法毒品的公司来说，这些毒品被证明是一种很轻松的赚
159 钱手段。在新西兰的实验室里，生产商把进口的化学原料洒在烘干后的草本原料里，这样能够得到一种看起来像是天然大麻或是烟草那样可以抽的产品，从而掩盖它们化学合成品的本源。这种经过混合之后的草本

混合物被分成，每份若干克，然后包装进明亮鲜艳的包装盒里，最后再上架销售。1,000 克的纯化学盐基足够装满 10,000 个这样的小包装。每一份以大约 7.5 美元的价格卖给零售商，这些零售商再以 15 美元的价格卖给消费者。根据新西兰财政部的一项分析，每一份毒品的平均总成本在 75 美分到 1.5 美元之间，这意味着生产商享受超过五倍的利润率——或者十倍，如果他们像许多人一样直接在网上销售的话。[8]

他们是如何做到保持这样的超高利润率的呢？在一个明显轻易就能赚钱的行业里，你必须意识到，一定会有新的竞争者进入到市场中来，最终使得价格下跌。避法毒品的生意显然有足够的空间允许更多的玩家加入。根据最近一项由新西兰财政部做出的估算显示，单新西兰的国内市场每年总份额就超过 1 亿美元，年销售量能够达到 700 万盒。然而，当时整个国家只有九家专业的生产商，其中市场的最大份额控制人只有两个：马特·鲍登的“星门国际”和另一个叫作“光年领先”（Light-year Ahead）的公司。

想要明白为什么市场能够保持如此地集中，我们不妨先看看姊妹行业：制药业。制药业同样是一个有着非常丰厚利润的大生意。根据世界卫生组织的数据，平均利润率大概是在 30%[9]——相比新西兰的那些合法兴奋剂俱乐部来说还是差一点，但是按照传统商业世界的标准来说已经很高了。你可能会认为还有很多的空间留给更多的创业公司。但是制药业仅仅由不到 12 个巨头公司统治着。

其中一方面的原因在于，要想成功研发新药，需要在研究和开发中投入惊人的巨量投资。制药公司要开发一种新药并使其通过必要的测试，这其中所需要花费的成本据估算通常要超过 10 亿美元（塔夫斯大 160

学在2014年得出的一项报告甚至称需要惊人的26亿美元）。[10]而且公司还要为可能出现的失败投入相同的预算。“托彻普”（Torcetrapib），一项用来治疗高胆固醇的药物，辉瑞最终在投入了8亿美元研发之后，不得不于2006年将其放弃。[11]此外，那些能够负担起多领域的新药并行研发的公司则更能抵抗因为一次项目失败所带来的风险。所有这些研究方面的投资都需要大量的预算；小公司很难找到足够的钱来参与其中。

另一方面的原因是制药业的公司需要符合非常复杂的法律监管要求。即便是制药业的巨头公司，有时因为没有遵守为保护病人而设置的一系列法律法规，也会遇到麻烦。在2012年，葛兰素史克（GlaxoSmithKline）在承认自己错误地宣传一种抗抑郁药适合18岁以下未成年人服用，以及没有披露有关一项糖尿病治疗的安全信息之后，同意支付33亿美元进行和解。这是美国历史上最大一笔医疗健康欺诈案的和解费。强生公司和辉瑞公司最近都被强制达成类似这种数十亿美元的和解协议。[12]紧跟法律的要求——违反法律之后支付相应的赔偿款——毫无疑问也是大公司擅长的事情，因为大公司要比创业公司拥有更多的财务资源来应对处罚问题。

上述两方面的特点在避法毒品行业里同样存在。虽然在合成毒品时投入的新型化学品并不那么昂贵，但是新制造出的毒品只能在市场中流通几个月，然后被禁止，这意味着要想盈利的话，生产商必须能够在短时间内迅速卖出大量的货品。同样地，一些毒品生产出来后会被发现是次品，那些能够承受这些失败的往往是那些一次投资多种不同产品的人，他们通过这样的方式来对冲风险。如果不小心造出了几百种违禁毒
161 品中的一种，那就要面临一笔数额不小的罚款，甚至引来法律的严厉

制裁。

所有这些都意味着，相比小公司，避法毒品的市场更偏爱大公司，这也让这一市场和我们在第三章看到的传统毒品市场截然不同。传统毒品市场倾向于在那些警察力量强大的国家保持尽量小的规模，目的是为了尽量减少被发现的可能。在彻底颠倒过来的避法毒品行业里，那些能够正常运作的公司却是那些有能力长期求新并规避法律的公司。

· · ·

即便其他条件成熟，要想打压毒品生意也是很棘手的一件事。每当政府颁布禁令之后，贩毒集团都能寻找出公然藐视禁令的专家。但是避法毒品这种现象则代表了一种新的问题。打击毒品的困难之处通常在于追踪和起诉那些违反法律的人。但是在整个毒品经济中，贩卖避法毒品的这一类毒贩根本就没有违反任何法律：相反，他们在规避法律。这些生意该怎么监管？

面对那些建立在创新之上的产业，监管者总是感到监管乏力。在科技行业，像谷歌和脸书这样的公司创造出的新型服务和发明，往往会带来法律和道德上的困境。这些困境通常是关于隐私和数据保护的问题，问题出现的频率超过法院判决的效率。在银行业，金融创新的节奏之快让政府很难注意到大堆类似“信用违约掉期”（credit - default swaps）、“担保债务凭证”（collateralized - debt obligations）这样的金融创新产品，最终导致 2007 年金融危机的出现。即便通过事前干预的手段，监管者都要远远落后于金融创新者。《多德 - 弗兰克法案》（*Dodd - Frank*

Act）这样一个旨在防止银行再次冒险，从而防止再出现类似 2007 年那样差点颠覆世界经济的危机的法案，在 2010 年通过之后，五年以来仍然没有被完全执行。与此同时，华尔街的那些天才们已经用一些复杂的新型金融产品再次遥遥领先，不知道这些金融产品又会隐藏什么样的风险。

162 如果新型产品是在投入市场之前而不是事后进行评估的话，监管者的工作将会轻松许多。但在实践中，这常常无法实现：如果谷歌的每一项创新都需要等到法院允许之后才能投入到市场中，那么整个科技行业的发展将慢如蜗牛。如果监管者禁止银行在没有取得预先许可的情况下发布新产品，那么金融业将会逐渐停滞下来。但是在某些其他行业，对于公众来说风险是如此之大，以至于这不得不成为监管者的工作方式。比如在新药投入市场进入销售之前，药品公司必须让这些药品接受全面的检测，直到他们获得相应的政府机构——比如美国食品和药品监督管理局（FDA）或者欧洲药品管理局（European Medicines Agency）的许可。当然，在这个过程中有时也会出现错误。但是从整体上看，在进入市场之前进行检验的做法，能让那些对人体有潜在伤害的药品在它们有机会真正伤害到任何人之前被销毁。

那么为什么不用这套方法来对付避法毒品呢？现行的系统是监管者持续在和毒品生产商玩猫鼠游戏。这边追一追关于新型饮剂的报道，那边查一查过量吸食的问题，这样的做法注定要晚一步查出那些有害的毒品。但如果有人在毒品行业建立一个类似于食品药品监督管理局的机构呢？

在 2013 年新西兰确实尝试过这样做。新西兰议会通过了精神药品法案（Psychoactive Substances Act），颠覆了整个避法毒品行业的逻辑。政府不再允许生产商把产品投入到市场中，直到出现毒副作用后再禁止这些毒品，而是建立了一套新体制，彻底扭转了局面。在这个体制之下，生产这些药片的厂商如果能够证明他们的产品是安全的话，那么才允许他们进行销售。生产商的销售申请会由一个新设的叫作“精神药物监管局”（Psychoactive Substance Regulatory Authority）的机构进行评估。这一机构拥有类似于监管药品的机构一样的权力。实际上，整个改革倒置了举证责任：不再让政府一直追着上市销售的新产品跑，新体制反过来强制生产商证明他们的新产品符合基本的标准，只有这样才能够被允许投放到消费市场中。

这一改革举措听起来十分合理，但实际上却饱受争议。这项改革实 163
际上意味着新西兰通过投票的方式建立了世界上第一个合法的、有监管的合成毒品市场。精神药物监管局不会因为人吸食了某项毒品感到兴奋而禁止它，只会因为某项毒品出现了对人体的危害而禁止它。令每一个人都感到意外的是，这项法律在基本无人反对的情况下通过了（唯一一个投反对票的议员的反对理由是这项改革计划允许在动物身上进行毒品测试）。

一时间，整个行业开始施行一些确有实效的规则。比如禁止向18岁以下的未成年人销售毒品，同时禁止在商店中给毒品打广告。公司需要获得执照才能销售相关产品，这样一来零售商店的数量从超过3,000家降到不到200家。生产商必须对他们的每一件产品进行注册登记，同时向消费者明示他们所购买产品的内容。比如，消费者在购买前就能知道，如果他们要吸食一剂“幻象鉴赏家”（illusion Connoisseur）的话，每当他们吸食 1 克产品，其中就会含有 45 毫克的活性成分 PB22 – 5F。如果他们不想要那么浓烈的话，就可以选择尝试“幻象山丘”(illusion Massif)，这其中含有同样的活性成分，但是浓度要更低。从总数上来看，市场上在售的毒品种类从 200 多种降到了 50 种以内。[13]生产商还不得不列明他们的名称和地址，这个规定也为想要了解整个行业是如何运作的人提供了一个有趣的视角——有的企业地址只是在一些普通的房子里，有的则设在气派的商业园区内。

新管理体制的启动过程非常坎坷。一方面，新成立的这家监管机构要疲于应付这项庞大的新工作，整体工作效率偏低，各项事务的开展都要比预计更加吃力。政府一开始设置了一个过渡期，在过渡期中现有的避法毒品允许在市场上再继续销售一段时间。同时，政府在反复讨论敲定新的许可体系的制度细节。这样的做法意味着允许那些有害的毒品在市场上流通的时间被延长了，而这些毒品本该更早就被禁止的。这引发了对新管理体制的担忧，担心政府是否是在默许危险毒品的销售。

一个更大的问题是，整个改革来得太迟了。那些危害最小的毒品品
164 种，大部分在几年前就已经被禁止。而那些仍然在市场中销售的都是那种“科学怪人式”毒品，这些毒品经过反复调整以规避之前的各种禁令，最终结果是这其中许多毒品对消费者来说都是弊大于利的。政府似乎遭遇了一场信任危机，在 2014 年大选将近的时候，政府仓促通过了一项修正案，一下撤回了之前授予的所有执照。在经过充分评估之前把毒品从市场上撤回本来不是一个坏主意。但是整个修正案中却还有一条很奇怪的条款，规定毒品不能在动物身上进行测试。而且直到写作本书的时候，整个改革计划实际上已经处于搁置状态：精神药物监督管理局

时刻准备给那些能够被证明安全的毒品授予执照，但是同时生产商又被法律禁止开展那些测试必须开展的实验。在2015年5月，马特·鲍登，这位早期的避法毒品企业家，决定将他名下的“星门国际”公司进入清算程序。“这是我一生最艰难的时刻，”他告诉新西兰的“三新闻”（3 News），“要舍弃这些东西比戒除冰毒还要难。”他甚至不得不卖掉他的那辆奥迪来偿还债务。[14]当我几个月之后见到他时，他正在搬家，他的三处房产刚刚被收回。“我可能不得不离开这个国家了。”他在一封仓促写就的电子邮件里告诉我。

尽管搞得前后一团糟，新西兰的改革仍提供了一个监管新型合成毒品的完全不同的方式。事实已经证明，用传统的方法很难打击合成毒品。每个星期都跟进那些不断研制出不同的新型“避法毒品”的化学家们又有什么最新举动，显然是不可能的。在销售之前检测这些毒品——然后许可那些对人体伤害最小的产品——的做法也会有非常大的争议，因为这实际上是官方许可了那些让消费者成瘾的毒品的存在。但是如果不这么做的话，正如有些政府已经开始逐渐意识到的那样，市场上将会源源不断地出现越来越危险的迭代产品。

这种监管手段还有一个附带好处是，它改变了生产者的激励机制。在现有的机制下，生产商的驱动力是不断研制出新型合成毒品，从而来
规避现有禁令，而并不关心这些新型产品是否安全。但在一个有监管的 165
市场里，激励机制完全不同。生产者有强烈的动机去完善毒品（包括申请专利），让这些毒品的损害越来越小，同时让顾客越来越满意。有的公司已经开始这么做了。鲍登说，如果他能够有机会东山再起的话，他会开发替代品来替代一种成瘾物质：酒精。他相信只要时间足够，他

手下的制药专家们一定会研制出某种能让人们进入喝酒后的微醺状态，但同时又不会导致上瘾、肝硬化或者是宿醉的东西。在我们现有监管体制里和毒品相关的法律框架下，这种产品会被直接禁止，这样的体制显然并不合理。

第八章

网上下单：网购如何改变了毒贩的客服质量

世界上第一次网购发生在1994年。但究竟哪个是第一笔交易却仍是网上一个重要的争议话题。有人坚持认为第一笔网上交易的物品是一张斯汀（Sting）的专辑《十个布道者的传说》（*Ten Summoner's Tales*）。而这张专辑是在一家叫做“NetMarket”的网站上购买的，价格是12.48美元外加运费。另一些人却不这么认为，他们认为第一笔网上交易是发生在必胜客网站上，这单交易要比前者稍早一点。当时卖出的商品是由用户在网上下单的一份添加意式香肠、香菇和芝士的大寸比萨饼。在必胜客现在网站上的一个角落里，还有为后人保留的当时那一版黑白配色的比萨饼订购网站页面。[1]

这两笔交易可能都属于网络上发生的第一批交易。但是回溯到互联网的早期时代，在万维网快速发展之前，据说当时在网上还有一种更加古老的交易模式。在1971或者是1972年——具体的日期似乎已不可考——斯坦福大学人工智能实验室的学生利用阿帕网（Arpanet）和美国另一侧的麻省理工学院的学生做了一笔交易。阿帕网是现代互联网的前身。或许你已经猜到了，当时交易的物品是一包大麻。

自从必胜客这些网站开始试水网上交易之后，网络零售开始进入井
168 喷期。随着宽带网络覆盖到人们的家里和他们的智能手机（可能很快还要覆盖到他们的眼镜和手表），从家居到度假旅行，任何东西都可以上网来搜索和购买，这已经成为发达国家生活的一部分。与此同时，网上购物也正飞速延伸到发展中国家去。人们普遍认为，发达国家中电子商务所占份额占全国总零售份额的比例已经超过 1/10，同时这个份额还在不断增加。在一些已经非常成熟的产业里，比如说图书销售行业，线上的销售量即将超过线下销售量。与此同时，线上经济正在不断向越来越多的市场推进，就像之前给其他新市场带来革命性的变革一样：20 世纪 50 年代之后，网络让食品、杂货的送货到家服务重新流行起来，而现在像优步（Uber）这样的移动端应用已经颠覆了整个出租车行业（至少在那些出租车工会还没有成功禁止优步的国家是这样）。

在这个长长的、已经被互联网颠覆的行业名单中，可能马上就要把毒品行业给加上了。在斯坦福学生的那次大麻交易之后，违禁毒品一直是电子商务革命浪潮中的一部分。由于传统网络浏览器会留下网页访问的电子记录，以及信用卡消费记录无法删除两方面的原因，要在网上购买非法商品相对要更加困难一些。但是人们正不断克服这些障碍。有的网站的庞大规模让很多人第一次见识到，在传统线上零售业繁荣的同时，非法商品的线上市场事实上也很繁荣。这些网站包括了整部药典中数以千计的各种药品项目，这些药品可以送到世界上任何一个地方的消费者手上。与普通的零售商一样，毒贩们通过在线上进行销售的方式，
169 能够降低他们的成本。与此同时，与其他消费者一样，购买毒品的人也能够享受到线上选购和送货到家的便利。是否有可能在网上已经存在一

个卖安非他命的亚马逊，或者卖摇头丸的易贝（eBay）了呢？这样的话，会如何改变整个毒品行业？

· · ·

即便是对那些最疯狂的购物达人来说，购买毒品永远都不是一种非常愉快的体验。交易过程往往很紧张和匆忙，要么是在夜店的某个黑暗角落里，要么是在某个僻静公园闭园之后，一个人仓促地数着钱，然后交出一个肮脏的塑料袋。无论是对买方还是卖方来说，毒品的违法性决定了被警察抓住的风险永远存在，也有可能到了交易地点被痛打一顿，或者被对方抢劫、敲诈，而且这个时候还没有办法报警。客户服务也是糟糕透顶。“他永远不会早到，他永远都迟到。你学到的第一件事就是你永远都要等待。”卢·里德（Lou Reed）在歌曲《我在等那个人》（I'm Waiting for the Man）中唱道，这首歌讲的就是1967年在纽约哈林区的褐色砖房边买26美元海洛因的故事。对于那些在街边购买毒品的人来说，情况一直都没有任何改善。

然而，如果到网上购买的话，用户体验则完全是另一个水准。在我家舒适的客厅里，旁边放着一杯茶和一包巧克力曲奇，我正在浏览十多家各有特点的海洛因产品下的评论。“难以置信的产品。尝试了一点，还没到我平常的量，就已经把我送上天堂了！”这是一个顾客在一批“阿富汗高品质海洛因”下的评价。这个商品的卖家是一个用户名叫“dragoncove”的人，价格是200美元一克。“总能在第二天送到，店主是一个非常好说话的人。谢谢了兄弟。”在商品“加强见效#3亚洲海洛因”下面，一个很满意的买家这样写道。这句话被店家 GentsChoice 用来做宣传，这家店的海洛因价格是 70 美元半克。产品旁边是店家写的一些简短的商品描述，许多店家都设计了一个看起来非常专业的标志。出售的产品也都配有高分辨率的照片：有的是白色粉末，有的则是一种
170 像泡在咖啡里的糖块一样的棕色晶体物质。在配送方式选择和用户协议旁边是消费者反馈打分的选项。除了卖的东西不一样以外，整个页面简直就和易贝一模一样。

这个网站就是“进化集市”（Evolution Marketplace），这是一个世界各地的人都可以在上面匿名交易非法商品和服务的网站，迄今为止，网站上最受欢迎的物品是毒品。曾经有一家网站中陈列了 1.3 万项毒品项目，使其成为当时世界上最大的线上毒品交易市场。整个生意背后都是由一个神秘的叫作“恐怖海盗罗伯特”（Dread Pirate Roberts）的人运作，我们后来得知这其实是一个瘦弱年轻人的假名。他的真实姓名叫罗斯·威廉·乌布利特（Ross William Ulbricht），是得克萨斯州的一个物理学研究生。在 2015 年，乌布利特，这位曾经的美国童军，因其在旧金山架设的一台电脑上运营该网站被判处终身监禁。但是他被逮捕和遭到指控的事实丝毫没有减缓网上毒品交易的速度。尽管这些售卖毒品的网站大部分都只有很短暂的运营时间——“进化市集”在我付款后过了几周就消失了——但是往往旧网站一下线，新网站就冒出来了。一个叫“数字公民联盟”（Digital Citizens Alliance）的非营利组织追踪到了十多个这样的网站。在本书写作时，其中规模最大的网站是 Agora，网站的标志是一个扛着一把冲锋枪、戴着面具的人。其他位列规模前十名的网站名字都是像“原子核”（Nucleus）、“TOM”、“中土世界”（Middle Earth）和“黑色银行”（Black Bank）这样的。在 2015 年年初，前 12 的网站展示了共计超过 4 万项毒品——是“恐怖海盗罗伯特”曾经所出售毒品数量的两倍多。

无论从哪个角度来看，从网上买毒品听起来都是一个极其危险的想法。在网上浏览产生的历史记录可能会被记录存档，交易支付行为可能会引起银行警惕。然而现在这些问题都通过技术的手段给解决了，这些技术手段能让买方和卖方掩盖他们留下的踪迹。首先，像“进化集市”这样的网站都是藏在所谓的“暗网”（Dark Web）之中。所谓“暗网”是指互联网中的一部分，但是无法被普通搜索引擎检索。这些内容只能用特殊的网络浏览器看到。这些浏览器中最流行的叫作“TOR 浏览 171
器”，这一浏览器使用的技术最先是由美国海军研究实验室（US Naval Research Laboratory）开发，执行一种叫“洋葱路由”（onion routing）的伪装技术。这项技术让用户的数据传输在服务器之间跳转，像洋葱一样一层一层进行加密，整个技术的名称便源于此（在暗网中隐藏的那些网站都有一个有些滑稽的后缀“. onion”，而不是那些更常见的域名后缀比如 . com 和 . net 等）。这样的结果是让用户的网络浏览历史记录难以被追踪，如果你是一个持不同政见者、间谍、调查记者或者是毒贩的话，这项技术很好用。

接下来的问题就是如何付款了。解决这个问题的办法是比特币。作为世界上最重要的电子货币系统，比特币不需要中央银行即可运作，它只需要大量电脑所连接成的网络通过运行一些复杂的数学运算（这一过程也叫作挖矿）来产生货币。开设一个比特币的账户会有一点麻烦，但是并不特别复杂，而且就像 TOR 浏览器一样，这个货币使用起来是完全合法的。比特币的价格非常不稳定：它的价格在 2013 年年初还不到 15 美元，到了当年的 11 月就狂涨到 1,000 美元，而到了 2014 年年末则又跌回到 300 美元。但是这些网上的商家还是能够忍受这些，因为就像 TOR 浏览器一样，比特币给他们提供了一件匿名的面纱。

无法追踪的网上浏览加上匿名的支付方式。让线上的犯罪市场逐渐繁荣。同毒品一样，在这些隐匿的网站中还有各种其他邪恶的东西出售。据“数字公民联盟”估计，非法毒品仅占所有商品项目中的 2/3。剩下的 1/3，如果有什么特点的话，那就是这些东西更加邪恶。大部分规模较大的网站都不愿涉及非法淫秽物品和买凶杀人，这些东西据说藏在暗网中更阴暗的角落里。但是这些网站大都有武器出售，从黄铜指虎到手枪，再到各种可进行 3D 打印的武器图纸。被盗的信用卡信息，假币和伪造的身份证同样也是热门商品。除此之外还有各种其他奇怪、不那么体面、零零碎碎的东西。在浏览“进化集市”中“毒品用具”分
172 类时，我发现了用来抽冰毒的玻璃烟斗（“美国制造”）和一个电子封袋机（生产商家展示了这一机器可用于把大麻藏在一个开口的“奇多”薯片包装袋里）。所有商品中最奇怪的可能是一个商家在兜售袋装的“人造干净尿液”，针对的人群是那些需要通过毒品检测的人。

那么这些网站交易现在总共占有毒品交易市场多大份额呢？根据全球毒品调查（Global Drug Survey）的数据，在某些国家，从网上购买毒品已经变得相当普遍。全球毒品调查每年对吸毒者进行统计和调查。这项调查是一项自愿参加的调查，最后来自全世界总计八万名左右的受访者参与了这项调查的最终轮，虽然这无论如何都无法代表整个吸毒群体。但是这一调查仍然意味着在那些习惯吸食毒品的人当中，线上交易

正成为一个重要的获取毒品的渠道。全世界超过 1/10 的毒品购买者称他们曾在网上购买过。在美国，这个比例是 14%；在英国比例最高，达到了 22%[2]（在这一方面，毒品行业和合法的零售业差不多：在购买日常商品时，英国的网购率也要相比其他国家更高）。

这些数据甚至可能还有点低估了互联网经济所发挥的重要性，因为有证据表明，在暗网上有许多的顾客本身也是卖家，他们利用这些网站来进行批发。许多商家为那些购买量很大的客户提供折扣，而这么大的量显然不是为了个人消费。在“进化集市”，一个用户名叫“DutchMasters”的卖家欢迎那些有兴趣购买 500 克以上的客户进行咨询。据一项关于最初始时期某一网站上出售商品情况的研究估计，网站上所有货品 173
中大约有 1/5 的目标客户是毒贩。而且这一类“企业对企业”（B2B）的交易大概占到整个网站销售额的 31% 到 45%。[3] 如果确实是这样的话，即便是从“线下”（从一个毒贩或朋友处）购买毒品的消费者，购买到的实际上也可能是之前在线上交易过的毒品。

要计算线上毒品产业总价值的大小并不容易，特别是因为比特币价格本身波动就很大。美国联邦调查局最初估算某一网站在上线的两年半中总共产生了 12 亿美元的交易额。但是它稍后便降低了这个粗略估算的数额：之前的估算使用的是比特币价位最高时候的价格，然而其中大部分的交易都是在比特币价格稍低时完成的。美国联邦调查局重新进行了一次估算，使用了不同交易时刻的实时比特币价格来计算，最后得到一个数字远低于之前的结果：2 亿美元。这只是全球毒品市场中的一小部分，因为据估计全球毒品市场大概有 3,000 亿美元的规模。但是对于一个只存在两年的交易平台来说，这个数字已经很惊人了。为了有个直观的比较，我们可以看看在1997年，也就是"易贝"发布两年之后在证券交易所上市前夕的情况，当时易贝每年的营业额也只有大约1亿美元。现在，"易贝"每年处理的商品价值大约是800亿美元。

这些网站的未来仍然没有定数，暗网里的网站也并不能够完全逃脱法律的制裁。其他的网站，包括"进化集市"在内，往往在背后的运营者决定加速发展的时候相继消失（在2015年"进化集市"神秘消失的时候，网站的管理者被指携款潜逃，当时网站账户上以第三方托管的方式存有总价值1,500万美元的待支付比特币）。另外，所有这些网站都需要依赖比特币和TOR浏览器，如果全世界的政府都决定禁止的话，这两样东西能够立马消失。

174 但到目前为止还没有禁止这两样的迹象。德国财政部已经承认比特币是一种货币，这意味着比特币的使用者需要纳税。在美国，文克莱沃斯兄弟（Winklevoss twins）为创建一个比特币交易所而投入了大量金钱。而文克莱沃斯兄弟就是差点成为互联网繁荣巨星，声称马克·扎克伯格从他们这里偷走了脸书创意的那对兄弟。很多国家至今为止都不愿意禁掉TOR浏览器，原因是这一浏览器本身除了用于邪恶的途径之外，还有合法的用途。英国议会科技办公室（Britain's Parliamentary Office of Science and Technology）主张不应禁止TOR浏览器，同时很多西方国家的揭秘者和秘密记者都使用这一浏览器。但是如果匿名的线上市场变成一个真正的威胁，或者当这一浏览器开始被更加广泛地应用在策划和资助恐怖主义时，政府的态度可能就会转变。但是那些尝试禁止TOR浏览器的政府发现，这是不可能的。而且新网站出现的速度之快表明，即便是出现一次联合的数字打击行动，很快又会有替代的浏览器和电子货币出现。无论是在毒品产业还是合法行业中，线上零售都已经是既定的事实了。警察们可能不喜欢。但是毫无疑问，警察们的这种不安和那些传统毒品行业的毒贩们的不安相比起来简直不值一提，因为对于传统毒品行业的毒贩们来说，这些线上革命是一个事关生死的威胁。

· · ·

隐蔽市场和公开市场在几个重要的方面上都有不同。我们试想有一个普通的、开放的市场，人们在里面买卖的都是合法商品——比如说苹果，这个经济学教材中可靠的举例物品。那些想卖苹果的人把苹果带到市场去，那些想买苹果的人也到市场里和他们相见。买方要看看苹果是怎么卖的。如果一个苹果的卖家把价格定得太高了，那么买家就会到别的地方去。如果买家提出的价格太低了，那么卖家就会把这些苹果卖给别人。当买卖双方都满意，认为这是他们能够订立的最理想的交易时，价格便达成一致了。全世界的市场经济都在神奇地进行供给和需求匹配，而开放市场正是这个价格机制的基础。175

现在我们再设想一个市场，专门用来交易非法物品，比如说某项违禁毒品。产品的违法性意味着交易必须在暗中进行。所以除非法律和秩序真的已经被颠覆，否则是没有公开的市场可供买方进行比价和卖方推销叫卖的。相反，买家只能从他们通过某种关系认识的毒贩那里购买。同样地，卖方通常只卖给那些他们相信会付钱而且不会给他们惹来麻烦的人。

这意味着毒品市场的效率很低。一名消费者可能从一个他信任的毒贩那里以 200 美元每克的价格买到质量很差的可卡因，而不知道这条街上另一个毒贩子在卖质量好得多的产品，而且还只收一半的钱。如果这个买家能够很好地跟进吸毒圈子里的最新信息的话，最终他很可能会发现其他的毒贩。但是消息传播需要时间，如果没有合适的消息源，消费者还会一直以虚高的价格购买质量差的产品。毒贩们面临的是同样的问题，只是过程倒转过来：可能确实存在潜在客户愿意以更高的价格买他们的产品，但是他们没有办法很容易地找到这些客户。他们越宣传他们的毒品价格好、质量高，被逮捕的风险就越高，当一个产品是违禁品的时候，卖家能做的广告宣传是很有限的。[4] 这样的结果被称为关系网经济（network economy）。买卖双方只和那些和他们处在同一关系网的人进行交易，这些人可能是家人、朋友、邻居或者是前室友，而他们不是处在一个开放市场之内。

在这样的情况下，对于已经成规模的毒贩来说，生活是很美好的。关系网市场的一个关键特征就是现有格局内的玩家能够获得最大的好处，因为这些人有时间建立起最大最强的关系网。我们想象一个稳定、长期的毒贩，已经给同一座城市供应毒品很多年了。他熟悉进口商的情
176 况。他有一长串的客户名单，甚至在警察队伍中有熟人，这些人被他买通，并愿意对他的毒品生意睁一只眼闭一只眼。现在我们再设想一个年轻的发迹者，某个发现当地市场竞争还不充分的人，发现掺假的毒品在这里还能够卖高价，进入这个市场抢占一些份额理应很容易。但是进入这个毒品市场——同时也是一个关系网市场——并不容易。要想购买批发量级的毒品需要高级别的熟人才行，而这种关系本身就是一种稀缺资源。一点一点地卖掉这些毒品，又需要一批数量庞大的潜在买家。没有

一个网络来购进和卖出毒品，这位新入行的毒贩走不远。（而且这还没有考虑到一种情况，即旧有的毒贩不可能会对在自己地盘上对新来的外人如此善良。）这样的结果是本来就在做生意的这些毒贩继续经营着生意，即便他们的服务很差、收费很高，需要面对的只是程度很有限的竞争。卢·里德要花这么多时间“等那个人”，原因就是也没有什么别的人可以买到货了。“那个人”也很了解这一点，所以他可以一直这么懒。

线上毒品交易彻底颠覆了所有这些情况。当你开始在网上购物的时候，你了解到的第一件事就是你永远不需要等待。注册了一个昵称之后，我在“进化集市”中四处浏览。我用网站内置的信息系统给卖家们发出了一些试探性的信息。不到 35 分钟，我就收到了第一份回复。一两天内，所有人都回复了我，每个人很礼貌、友善地回复了我在剂量、包装等方面的问题。即使是我故意发送了一个不友善的问题给一个用户名为“vicious86”的冰毒烟斗卖家，他还是友善地回复我，说很可惜他不能提供这个服务，但希望我能找到提供这一服务的卖家。在互联网绝大多数地方，匿名机制会让人们变得比现实生活中更加粗鲁，然而在毒品交易的世界里，卖家在网上似乎要比在街上更友善。

事实确实如此，当“那个人”到网上之后，他就要精通各种形式的客户服务了。与街头的毒贩不同，网上的卖家把他们的条款写得很清楚，其中会写明如果商品没能寄到的话，会提供某种形式的补偿。一些

卖家甚至承诺他们的可卡因是“公平贸易”（fair trade）〔1〕或者是“非
177 冲突资源”〔2〕——这些自夸的说辞显然都是假的，因为全世界的可卡因供给都是由一些嗜杀成性的贩毒集团控制着，但是这样的说法很有意思，因为它展示出毒贩子们正在开始模仿那些普通商家所使用的一些营销技巧。人们可能都会认为在一个匿名的充满了骗子的环境里，很难有信任。但是通过建立模仿“易贝”里的“评价”系统，互相之间的信任仍然能够建立起来。买家可以给商家打好评、差评或者中评，并同时配上一句评论。卖家可以看到每个买家已经成功完成了多少笔交易。就和在“易贝”上一样，用户对那些有一连串好评的商家感到更加放心，同时也不愿意和那些没有什么过往记录的商家做金额很高的生意。“我们正希望搭建一个稳定的客户群，因为这是我们能够长期经营下去，并且让买卖双方满意的唯一方法。”这是在“Snapback”的销售页面上的一句产品宣传语。Snapback 是一个在德国的摇头丸卖家。对那些已经买过 10 单的客户，如果中途快递寄丢了，Snapback 承诺提供 30% 的退款或者一次半价优惠。而那些已经买过 30 单的客户可以得到 50% 的退款。绝大多数的卖家都推出了类似的销售政策。

骗子们能被说服并最终互相信任对方，这看起来似乎难以置信。但

〔1〕 公平贸易是指追求国际贸易的公平性，提供更公平的交易条件，确保被边缘化的劳工及生产者（特别是发展中国家）利益，致力于可持续性发展的社会运动。

〔2〕 冲突资源是指销售资源所得的高额利润和资金会被投入到反政府或者违反联合国安理会精神的流血武装冲突中。比如在战争区域开采后销往市场的钻石叫作冲突钻石。而此处所说的非冲突资源用于标榜出售的可卡因所得利润不会用于流血武装冲突中。

是这套评价系统确实在一群小偷当中营造出了一种荣誉感。最怪异的例子是被盗银行卡信息的广告。尽管一些买卖毒品的人往往为他们的交易提出道德上的辩护（比如辩称一个人吃什么东西还是取决于他自己，禁止没有用云云），但实际上榨干别人的积蓄本身就是不道德的一件事。然而即便是这样，这些商家都极力宣传他们的“公平贸易”标准。一个出售“经过嗅探得到的”（实际上就是那些从网购网站盗取的）信用卡信息的商家，甚至给他的交易提供保证。一个被偷来的信用卡价格是八美元。但是如果花十美元，店主就会在这张卡不能用的时候更换一张，前提是只要客户在购买之后的八小时之内使用（一旦信用卡主人发现了，这些被偷来的信用卡很快就会被注销掉）。

这个商家下面的评价都非常精彩。一条评论写道，“第一张卡失效 178
之后，店主马上发过来了第二张卡，我绝对不是在扯淡，我直接用卡从苹果商店买了一台 iPhone 手机！我一定会再来买的！”。很有趣的是，当有人质疑他们的诚信时，买方和卖方一样感觉受到了极度的冒犯。一个气愤的买家写道：“我在要求更换之后被店主说是骗子。三张卡中只有一张能用。”这个买家显然对被叫作骗子感到很生气，但实际上他买的是偷来的信用卡，借此却标榜自己所谓的诚实。

为什么毒贩们对线上的客户服务如此在意，而在线下的时候态度又如此恶劣呢？原因就在于相比于网络经济来说，诸如“进化集市”这样的暗网市场更像是一个传统的市场。卖方公开地对自己的产品进行广告宣传，买方也能够随意地比较卖家提出的各种各样的价格。买卖双方都能够和市场中的任何人进行交易，而不是只和那些他们认识的人进行交易。这意味着，对“关系网”的需求消失了——这进一步说明市场中的在位优势（incumbent advantage）[1]已不复存在。卖方不得不在价格、质量和客户服务上进行更充分的竞争，而不再是仅仅因为建立了贩毒所需要的熟人网络，就能够轻松地保住市场地位了。除此之外，新的毒贩想要进入市场也变得相对简单，因为进入市场的门槛非常低。购买批发量级的毒品不再需要在国际走私行业中有私人关系，卖掉这些毒品也不再需要在街头巷尾或者是夜店里晃悠。就像 Etsy 网站[2]让业余的珠宝商更易于卖出他们的珠宝制品一样，在不需要处理因为开设摊点所带来的麻烦和成本之后，暗网让每一个有电脑和敢于冒险的人都能够建立一个自己的贩毒企业。

相对这些后起之秀，既有的毒贩仍然能够保持很小的优势。新店家一开始必须要把价格定低一点，直到他们积累一个足够长的记录来说服别人他们不会拿了比特币就跑（这种情况并不少见：网上的商家有时
179 会搞一些“跑路骗局”，他们攒着好几单的钱然后突然消失，不再发出这些货。一个不短的历史记录能够向消费者保证，卖家如果搞这种骗局的话成本太大）。[5] 同样地，新注册用户如果连一单消费记录都没有的话，通常需要预先付款，直到他们已经积累了一些成功完成的交易记录。尽管如此，线上交易系统的开放性决定了，那些在线下享受在位优势的商家在线上丧失了这些优势。对于庞大的走私网络来说，暗网构成了一个很大的威胁，让数以千计的新玩家能够加入进来抢占客户，这和优步让那些未获得营业执照的司机从出租车公司那里抢走生意如出

---

〔1〕 在位优势是指已经在行业内的企业对潜在的新进入者来说，存在规模经济和客户依赖的优势。

〔2〕 Etsy 是一家电商网站，主打手工艺成品买卖。

一辙。

上述是对商家方面的详细分析。那么线上的毒品零售对于消费者来说又意味着什么呢？传统购买毒品的方法是通过熟人的关系网络获得，这种方法为消费者提供了基本的保障，让他们不会服用那些对大脑有强烈损伤的东西。但是这种保证有时可能会很脆弱。从你朋友的兄弟的女朋友的室友那里买到的东西，可能会是一种强力的致幻药物，而她可能是从当地酒吧里遇到的某个人手里买过来的，这样其实并不能保证什么安全。在线上，评价系统反而可能提供一个更可靠的信用背书机制。如果某件商品有一两千个评论，其中 99% 的评论都是好评，这可能要比那些在酒吧里面买到的东西质量要更好。而且在线上购买的毒品质量事实上确实很高。一份发表在《分析毒理学杂志》（*Journal of Analytical Toxicology*）的有关合成大麻产品的研究显示，“从线上卖家处获得的化学品和传统研究用化学品供应商处获得的化学品纯度相当。”[6] 可能正是因为这一原因，那些相对危险的毒品在网上似乎特别受欢迎。调查显示，网站上卖得最多的毒品是“摇头丸”。这背后有一定的原因：尽管“摇头丸”一般来说相对安全，但是如果出现了污染或者浓度特别高的 180
话，一片“摇头丸”就足以致命。保证质量因此变得极其重要——和大麻的情况不同，大麻虽然强度差别很大，但是从没有听说过过量吸食大麻致死的案例。

线上交易在另一种意义的安全性上也具有优势。一时间，在网络上开店的潮流消解了黑帮对地盘控制的重要性。血腥的地盘争斗战是毒品零售市场的标志性特点。在 20 世纪 80 年代，在格拉斯哥（Glasgow），苏格兰的黑帮们用冰激凌车卖毒品，直接导致了一个名字听起来很奇怪的“冰激凌战争”的爆发，在这场战争中，冰激凌车是放火和飞车枪杀的目标。从《疤面煞星》[1]到《毒品网络》[2]，争夺街边巷角是这类数不胜数的毒品战争题材电视剧的永恒主题。但是随着毒品能够在网上买到，这些街边巷角就显得没那么重要了，这就像在正常的零售行业中实体店逐渐式微一样。“那些枪战追击的情景已经过去了……我们的影响范围可以远远超过那些街角。”电视剧《火线重案组》[3]中一位有着商业头脑、在组织谋杀的间隙还跑去夜校修经济学课程的毒贩斯丁格·贝尔（Stringer Bell）这样说道。20 世纪 90 年代，移动电话和寻呼机的流行减少了毒贩们对控制地盘的需求，这个时候毒品生意不再被安排在街上而是转移到室内，到某个公寓或者其他别的会面地点见面，只要能够通过电话就能安排（有些犯罪学家相信，20 世纪 90 年代纽约市暴力水平的下降，部分原因在于毒贩们习惯了用移动电话进行交流）。在互联网时代，毒品能够在线上订购，然后通过邮递发货，让整个过程又前进了一步：毒贩们甚至不再需要离开他们自己的家了。

然而这不全是好消息。这种互联网化带来的一个结果是价格有可能要降低。毒贩们和那些网络上的企业一样，能够享受一些成本上的降低：就像亚马逊不需要花钱租下昂贵的店面一样，网上的毒贩们也不再需要花钱雇人站在街角或者安排人冒险去送货了。但与此同时，由于市

---

[1]《疤面煞星》（Scarface）是一部美国犯罪片，讲述身无分文的古巴难民东尼·莫塔纳来到了 20 世纪 80 年代的迈阿密，并成为一个贩毒头目的故事。

[2]《毒品网络》（Traffic）是一部美国电影，从吸毒者、执法者、毒贩、政客四个角度探讨了毒品贸易的问题。

[3]《火线重案组》（The Wire）是一部美国电视剧，讲述了马里兰州巴尔的摩市警察与犯罪团伙交锋的故事。

场准入门槛降低所带来更激烈的竞争，使得降价的压力变得更大。对想要控制毒品使用的政府来说，毒品价格的下降是一个他们不希望看到的 181
新局面。

除此之外，网上购买毒品如此简便易行，为一批新客户打开了大门。在此之前，想要吸毒是一件困难同时常常很不愉快的事，因为这意味着要么面对一群多疑的线人，或者走过一段令人神经紧绷的路程，直到一个幽暗的小巷里。从网上购买毒品让整个流程变得简单，而且给一个本来十分肮脏的生意包装出了一个近乎体面的形象。在读一批海洛因下面几百条评论的时候，看着那些已经享受过而且能够活着讲述整个故事的评论，确实让人不再想象和毒品有关的那些恐怖画面（然而，潜在买家必须要记住的一点是，那些因为过量吸食而死亡的顾客是没有办法留下差评的）。而且在网上购买极其简单：安装一个 TOR 浏览器只需要几分钟，而且这个浏览器的使用和任何其他浏览器一样简单。创建一个比特币的账号则稍微有点麻烦，但也要不了多少技术上的专业知识。如果你能够在亚马逊上买一本书的话，你很可能就可以在暗网上买到冰毒。很容易想见，一批原本没有熟人关系网，同时又害怕和那些凶神恶煞陌生人打交道的新兴买家会更愿意在网上买毒品。

这些网站由于存在的时间太短，以至于没有办法判断网站对吸毒者的消费习惯会带来什么样的长期影响，要得出可靠结论，必须至少要一年的时间。但是我们可以观察一个存续了更长时间的类似情况：（在合法网站上）销售的处方止痛药。2007 年，根据纽约市哥伦比亚大学的“成瘾和药物依赖国家研究中心”（National Center on Addiction and Substance Abuse）的估算，有 581 家网站专门销售处方药。在这之中，只有两家是经过美国国家药房委员会协会许可的；其中 85 家网站在没有处方的情况下仍然可以购买到药物，剩下的大部分则只需要传真过去一个处方。简而言之，即便是没有类似 TOR 这样的浏览器和比特币，要在网上购买药物也很容易。想把毒品在网上易获得的程度和毒品使用的增长之间的因果关系联系起来是很困难的。但是在一项研究中，几位科
182 研人员比较了因处方药滥用产生的住院治疗率和不同州高速互联网的普及率之间的关系。[7] 通过把因服用药物寻求治疗的人数和接入宽带网络的人数增长放在一起比较，他们发现两者之间存在一种细微的相关性。宽带接入率每增加 10 个百分点，因处方药滥用而住院治疗的人数就有 1 个百分点的增长。只看这组数据，可能并没有那么令人信服，因为也有可能是互联网的接入和药物滥用在高度发达的州更加常见。然而研究人员发现，在因滥用可卡因或海洛因而住院治疗的人数上则没有这种相关性，在当时可卡因和海洛因都没有办法从网上轻易获得。

· · ·

要控制网上的毒品销售极其棘手，这让警察很恼火。设想一个传统的线下毒品市场，建立在一个人际网络之上。从警察的角度来看，关系网经济很方便的一点是它们相对来说更容易被破坏。整个链接中只要破坏一环，那么就能够摧毁整个网络——就像一只老鼠只要咬断一条电线，整个街区就会停电。然而，要具体定位到打击哪一个地方是很困难的。一个毒贩网络可能有十多个不同的成员——用经济学的术语来说就是“节点”（nodes）——警察不可能一次打击全部。所以他们应当把

精力集中在专注打击整个帮派里的哪一个成员上？答案听起来可能很简单直接：逻辑上讲，最急需攻破的人是那个拥有最多连接的人，因为把这个人除掉，所破坏的网络连接数最多。但是经济学证明这未必是一个最优方案。

我们先设想一个跟现代毒品行业几乎无关的例子：15 世纪佛罗伦萨的婚姻市场。在那时，为子女选择伴侣是一个具有战略意义的决定，这决定了他/她未来的商业同盟。这时需要考虑所有的门阀贵族之间的关系。与一个有权势的家族联姻是使你家族变得富有、有权势的最佳 183
方法。

但是一个父亲怎么才能判断出哪一个家族是最值得结亲的呢？利用芝加哥大学的约翰·帕吉特（John Padgett）和克里斯托弗·安塞尔（Christopher Ansell）两人整理的数据，来自斯坦福大学的马修·杰克逊（Matthew Jackson）制作了一张网络地图，展示了 15 世纪一些关键的佛罗伦萨家族是如何联系在一起的（参见图8－1）。[8] 在当时佛罗伦萨城中最有权势的 16 个家族中，不幸的普奇（Pucci）家族开始有点走向边缘。普奇先生（Signor Pucci）或许可以通过为他的孩子和城市里其他领先的家族安排婚事来补救这一危局。但是他应该最先选择哪一个家族呢？

要判断一个家族影响力的大小，最显而易见的方法是观察这个家族和其他多少个家族联系在一起。按照这一分析，美第奇（Medici）家族显然是第一：他们在整个城市社交网络的正中心，和其他 6 个家族有直接联系。但如果美第奇家族里所有的年轻人都已经不是单身，那么普奇 184
先生可能会想要试试“斯特罗奇家族”（Strozzi）或者“瓜达尼家族”

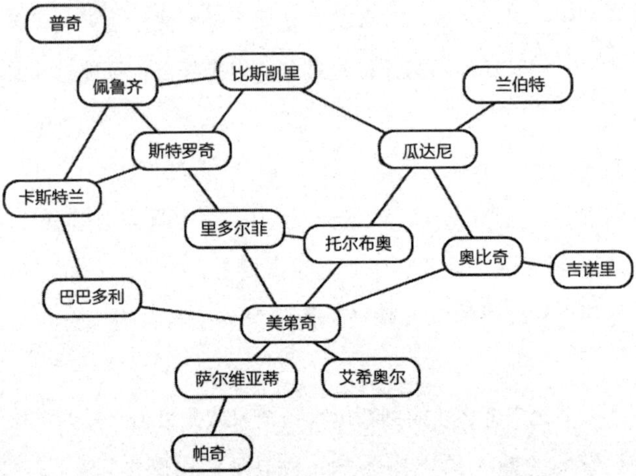

图 8-1 15 世纪 30 年代佛洛伦萨地区的家庭网络关系

来源： Matthew O. Jackson, *Social and Economic Networks* (Princeton, NJ: Princeton University Press, 2008).

(Guadagni)，这两个家族都和其他 4 个家族有联系，联系的数量超过了其他家族。那么这两个家族中是否有一个要比另一个更有吸引力呢？经济学家由另一套方法比较出了网络中不同节点的“中心度”，他们不再简单计算每一个节点有多少联系，而是计算每一个联系中又有多少联系。如果我和 100 个朋友有联系，而你只和 10 个朋友有联系，我的联系人可能看起来要比你更多。但是如果你的这 10 个朋友里面包括那些人脉很广的人——巴拉克 · 奥巴马（Barack Obama)、安格拉 · 默克尔（Angela Merkel)、贾斯汀 · 比伯（Justin Bieber）——你可能会比我更有影响力（这和谷歌的网页排名系统的工作原理类似：这套系统不仅检测多少有网站链接到一个页面，还会检测有多少其他网站链接到那些链接到该页面的网站，以此类推。被《纽约时报》链接一次要比被链接到十几个不知名的博客上要有用得多）。把这个原理应用到佛罗伦萨的家族中，似乎普奇先生可能会把斯特罗奇家族放在比瓜达尼家族更优先考虑的位置，因为斯特罗奇家族的这些联系能够继续延伸到更多的家族。

但是在把他的女儿打发到最近那家餐馆，安排和斯特罗奇家年轻的最适合结婚的儿子见面之前，普奇先生可能会想要再多考虑一个因素。斯特罗奇家族在人脉广度上的确得分很高，斯特罗奇家族的朋友们也确实是人脉通达的人。但是有时候，这可能会是另一种情况：那就是他们可能只是权力掮客。当一个家族想要向另一个家族寻求帮助，何时是必须依赖斯特罗奇家族的？如果我们更仔细地观察这个网络，我们就会发现斯特罗奇家族并不是佛罗伦萨社会的核心。例如“佩鲁齐家族”（Peruzzi）想要和美第奇家族之间联系的话，他们可以越过斯特罗奇家族，而通过“卡斯特兰家族”（Castellan）。同样地，“比斯凯里家族”（Bischeri）可以利用他们和“瓜达尼家族”的联系。如果斯特罗奇家族消失了，没有人会注意到。这让斯特罗奇家族很脆弱。与此同时，瓜达尼家族的地位则更强大一点：他们是和“兰伯特家族”（Lambertes）联系的唯一渠道，而且是那些在右下角的家族和左上角的家族之间联系的唯一渠道。这一家族的人值得建立联系。经济学家拗口地把像瓜达尼 185
家族这样的人称为具有高度的“中介中心性”（betweenness centrality）。“中介中心性”的计算方法是通过统计某个节点落在其他两个节点之间最短路径上的次数。普奇先生可能会发现，和瓜达尼家族之间联姻最终会比和斯特罗奇家族联姻带来更多的回报，因为斯特罗奇的地位是可有可无的。

回到现代毒品产业中。对于一个贩毒网络来说谁处在中心位置呢？警察需要经历和普奇先生一样的过程。使用最简单的方法——找出那个拥有最多联系的人——可能会得出结论，认定街头的小贩是最重要的角色，因为他在整个网络中和最多的人有联系。他们把毒品分发给十几甚至二十个顾客。如果把他逮捕了，那么上百个联系都被破坏了。这看起来是一个很好的突破口。但是实际上有比他更重要的目标：如果警察适用谷歌页面评级的那套方法的话，他们会发现最有影响力的人是那些处在网络顶端的人。他们认识的人更少——他们可能只要和几个手下打交道就可以了——但是通过这些手下的联系，他们实际上能够联通到整个网络。把这些人给抓住，底下所有人都会受到影响。

这个结论可能非常浅显。但是如果市场不是这样的呢？我们通常把贩毒网络想象成一张家谱，有一小撮强大的毒品进口商在顶端，逐渐扩散到底层一大群低级的小兵。然而真实的毒品网络和这个完全不同。一项为英国内政部（Britain's Home Office）所做的研究采访了51位被定罪的毒贩。[9] 利用得到的信息，研究者们拼出了一张粗略的英国贩毒网络地图。他们发现整个英国贩毒网络并不像一座金字塔，而更像一个沙漏。在顶端是大型的专业化的走私进口商，这些人走私进大批的毒品：要么是100公斤以上的海洛因或者可卡因，或者是10万片摇头丸，或者是成吨成吨的大麻。他们把这些毒品以更小一点的数量卖给批发商，这些批发商同样只专门做一种特定的毒品。下一阶段是非常有趣的一点：研究人员发现，从这里开始，批发商卖给一个被称为“多品类毒品中介商”的中间人。与那些在上游倾向于专注单一种类的毒品的人 186
不同，多品类中间人经手从硬毒品到软毒品的各式毒品，而且数量相当大。研究人员发现一个典型的中间商可能每过几周就会下订单订几千克的海洛因、几千克的可卡因、30 千克的大麻、10 千克的安非他命，以及 2 万片左右的摇头丸。这个人之后会把毒品分成更小份卖给街头这一级的毒贩。中间这一级的中间商才是整个贩毒网络的核心，他们就像市场中的清算所一样。研究中写道，他们是毒品销售市场中“至关重要的连接点”。

如果普奇先生能活到今天，而且也运作毒品生意的话，那个“多品类毒品中介商”一定是他最希望把女儿许配过去的那个人。由于占据整个网络的最中心，这些中间商是整个生意中人脉最广的人。除此之外，作为批发商和零售商之间的连接点，他们有很高的“中介中心性”。这份英国内政部报告中的发现，似乎和那些针对毒品行业定价问题的研究吻合。兰德咨询公司发现，可卡因价格在美国最大的变化发生在从中间商到零售商这个环节上，价格从一公斤 1.95 万美元上涨到 7.8 万美元。[10]如果警察要把精力专注到一个地方，同时想要对毒品网络带来最大程度的破坏的话，那么他们不应该是针对那些在街上的小鱼，甚至也不是那些负责走私的大鱼，而应该是直接打击中间，这里是毒贩的联系网络最密集，同时也是最赚钱的地方。

互联网又让上述所有这些情况更加复杂，而这对许多致力于剿灭犯罪网络的警察来说至关重要。有的网站上庞大的商品目录往往意味着，这些网站在很大程度上扮演着类似“多品类毒品中介商”的角色。在这些网站上，零售买家和经销商一样，可以找到几乎任何一种为大众熟知的毒品，而且可以以相当大的数量购买。这对警察来说造成了很多困
187 难，因为线上交易的本质是不存在一个单独的中间“节点”：数以千计的买家和卖家能够在一个公开市场中交流，即便是关闭了一个甚至是十几个商家，也并不会对其他人的供应链造成任何影响。即使是整个市场被关闭，就像“进化集市”那样，新的市场也会出现，然后取代他们的位置。

那么还有什么办法吗？可能还有一种办法。我们可以参考一个发表在《美国社会学期刊》（*American Journal of Sociology*）的研究结果。这一项研究在表面上同样和毒品世界相距甚远。一组美国的研究人员做了一件不同寻常的研究，他们绘制出了高中生恋爱的关系图。[11] 这些研究人员利用了一项之前在美国中西部某高中开展的研究结果。这所高中所在的城镇是一个乡村小镇，离最近的大城市有一小时车程，根据受访的这些青少年反映，“在这里什么事情都干不了。”研究囊括了全校 1,000 名学生中 832 名学生的家中访谈结果，这些学生回答录音机中提出的问题，然后把答案输入电脑中。他们每人得到一张表，上面有他们同学的名字，然后被要求选出过去 18 个月和哪些同学存在“恋爱关系”或者“非恋爱性伴侣关系”。最后得到的结果中，有 573 名学生表示，他们和学校中的其他同学存在其中一种关系。

利用这些数据，研究人员绘制了一幅整个学校的性关系图，学生之间通过一系列的菊链〔1〕进行连接（参见图表 8－2）。在 63 对情侣关系

〔1〕 电子工程学、拓扑学术语，此处用来描述图表中的连接关系。

中，双方均是近期刚刚和对方建立伴侣关系。一些学生是处在一个只有三人的小型网络里。令人意想不到的发现是，全校过半学生能够互相连接形成网络。换句话说，一半的学生可以通过他们的伴侣、伴侣的伴侣，以此类推的方式和任一个同学联系上。

这是一个意外而又可能非常重要的发现。这项研究的初衷是为了帮助流行病学家更好地理解如何防止性病（sexually transmitted diseases，STDs）的传播。

这类传染疾病能够在性伴侣之间传播，这意味着如果某个人在网络 188
中感染了这类疾病，其他每一个人都有感染的风险。学校和父母给出的建议是，避免感染的一个简单方法就是限制性伴侣的数量。理论上，只和一个人睡觉肯定要比和很多人睡觉更安全。但这个结论并不一定是对的。我们看一下这个庞大的网络，其中包含了 288 位学生。这张网络尽管很庞大，但里面许多人只有一个伴侣（那些在整个树上许多小"树梢"的部分）。尽管他们保证了只有一个伴侣，但是感染性病的风险可能要比那些在小型局部网络里但有过多位伴侣的人还要高。"结果是，"研究人员写道，"感染性病风险不仅仅是伴侣人数的多少那么简单"。

这项研究对焦虑的青少年来说用处很有限，因为他们不可能在没有 189
大面积盘问那些潜在的伴侣节点的情况下画出这样一个网络图，就算真去盘问，很有可能就没法加入这个网络了。但是这对政策制定者来说能提供很实用的参考。传统的经验认为，如果政府想要阻止性病的传播，那么向那些性伴侣最多的人进行性安全宣传是一种有效的手段。因为他们和最多的人发生过性关系，所以如果他们被感染了的话，会带来最多的问题。如果能够说服他们做好正确的安全措施，那么收益会是最大的。

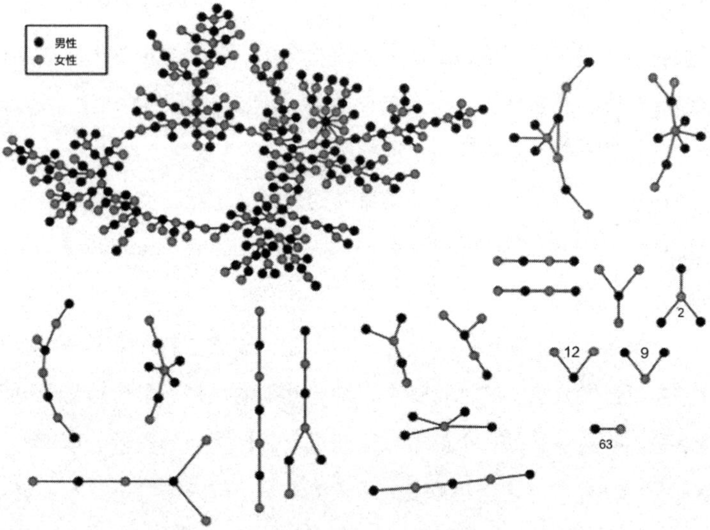

图 8-2 “杰弗逊高中”的恋爱关系图

来源：Peter S. Bearman, James Moody, and Katherine Stovel, “Chains of Affection: The Structure of Adolescent Romantic and Sexual Networks”, *American Journal of Sociology* 110, 1 (2004): 44 - 91.

注：数字表示这种类型的网络关系总共出现的次数。

这个逻辑就和普奇先生选择美第奇家族一样，这个家族连接到的其他家族数最多，性安全广告应当重点针对那些最可能和很多人发生性关系的人群：性工作者、年轻人、毒品滥用人群，等等。但是，这个逻辑对吗？

根据我们的模型，这个逻辑可能并不正确。大部分学生所在的关系网络是庞大但脆弱的。大部分的学生只有一两个伴侣，意味着在很多情况下，单个的人连接起一条很长的链条。这中间如果任何一个人能够被说服采用安全的性行为措施，那么整个感染链条就能被破坏了。正如作者所写的：“相对低层级的行为改变——即便是那些低风险成员的改变，这些人可能也是最容易被影响的——能够轻易地破坏整个……网络，而把整个网络分散成相互分离的部分，从而降低传染病的流行程度，进而极大程度地限制影响范围。”令人意想不到的是，如果把资金集中在改变那些低风险人群而不是高风险人群的观念上，性健康教育将会发挥更大的作用。

如果把这个结论转换到毒品世界中又意味着什么呢？如我们所见，传统的毒品销售模式和高中生的性关系图表面上并不一样：似乎在很多情况下，毒品市场中只在中间有一个联系密集的节点，表现为一个中间商的形式。但是如果毒品市场实际上与高中生性关系图更像呢？关于毒品行业的大部分分析都认为，一旦经销商直接面向消费者销售，那么就到了整个过程的最终环节。但是调查显示的结论恰好与此相反。有充分的证据表明，许多吸毒的人——可能甚至是绝大多数的吸毒者——从来 190
都不和一个专门的经销商打交道。相反，他们从认识的人那里购买（或者取得）毒品：朋友、伴侣、同事，等等。根据英国政府的一项调查显示，英国去年（2015 年）在那些吸食了非法毒品的成年人中，54% 的人都是在他们自己家中或者他们认识的某个人家中获得的毒品。[12] 还有 21% 的人是在聚会或者在酒吧、夜店中获得。（调查中并没有明确说明，这些人可能是从朋友也可能是从经销商那里获得。）总共只有 11% 的人“在街上、在公园里或者在其他户外区域”购买到毒品，这些区域是典型的毒贩们的地盘，这些场景在电视剧《火线重案组》中有所呈现。一项针对美国处方药滥用的调查发现，有 71% 的处方药滥用者是从朋友或者亲戚那里得到的这些药品；只有4%的人是从一个药贩那里购得。[13]毒品通常都是在整个供应链中的某一个环节中由专业的毒品经销商卖出，但是在这之后，它们似乎就在朋友网络之间广泛传播开了。

这可能对政府来说是好消息，因为他们所面对的是网上毒品销售泛滥，并在此背景下打击毒品销售。这股线上销售的潮流某种程度上让事情变得困难，因为它用一个庞大、开放的市场替代了传统的、脆弱的销售网络，线上的市场更能抵抗对个人的单点打击。但是如果实际上存在一种“零售二级市场”，在这个市场中，毒品在朋友和熟人间买卖呢？那么就有必要采取另一种干预措施。我们看看那张高中生的恋爱图，我们会发现一些启示。研究人员的结论是，把精力集中在那些连接关系最多的人并不会得到最好的效果。在学校里，是那些有最多性伴侣的人；在毒品世界里，是那些经销商。他们得出的结论是，把目标集中在那些和他人没有那么多连接的人效果可能会更好，因为尽管这些人连接的人更少，但是他们往往处在更长的链接中，相对更容易被打破。把这个结论应用到毒品世界中，那就是把精力集中在对付那些私底下把毒品交给
191 他们朋友的那些非专业毒贩，会是一种更有效的干预手段。这些人对应着高中里面那些有更少伴侣的学生：他们可能也更容易被影响，而且只要打破在“朋友链”中的这种连接——即阻止这个人把毒品传给别人——便意味着一大群人都无法再接入毒品的销售网络了。

具体的方法包括：在公共媒体上宣传把毒品给自己的爱人会带来什么危害，或者教育公众应当把药品放在药柜里面锁好。加大关于那些毒品生产国发生的暴力事件的宣传力度，同时告诉发达国家的消费者：是

他们的消费资助了这些暴力行为。这些措施都可能有助于减少非法毒品的销售，尤其是可卡因的销售，这样一来，毒品就更难以在家人和朋友之间传播。另一种更强硬的手段也许是加大对那些购买毒品然后分享给亲友的人的处罚力度，即便这些人并不能被认定为一名“毒贩”。当毒品买卖进入互联网，普通人购买大量的毒品变得相对更容易了，这些朋友之间私底下的流通变得更加普遍。既然传统毒品网络中的顶层已经被线上的市场有效吞并了，那么对公众进行教育和威慑，防止他们购买大量毒品再分发给自己的朋友，也许可以通过瓦解不同终端来达到破坏整个网络的效果。

第九章

业务多元化：从走私毒品到偷渡人口

在美墨边境，墨西哥这一边生活贫穷，而另一边的加利福尼亚则生活美好、富裕。不过，从墨西哥这边跑到另一边，看起来也并不是一件很困难的事情。从蒂华纳破败不堪的郊区走过，一路走到边境线上的山岭，你就会来到一面年岁久远、已经生锈的螺纹钢围栏面前，围栏上面是一些时间很久远的尖利铁丝，有很多地方都已经脱落了。这座金属屏障有的地方只有 8 英尺高，这意味着即便是小孩站在倒翻过来的旧木箱上都能翻过去。想把东西递过围栏那边去就更简单了：科洛尼亚·利物浦（Colonia Libertad）是墨西哥一个贫穷的西班牙移民区，它的区域范围一直延伸到边境线上，这片地区的居民习惯把垃圾从围栏这边扔到美国那一边去。

从科洛尼亚·利物浦那些没有经过铺砌的街道上穿越过境，看起来可能很容易。但是从加利福尼亚这一边你就会发现，现在要进入美国要比过去困难很多。在生锈的那面旧围栏之外的几百英尺处有一面新得多的围栏。这面新围栏有 14 英尺高，顶部布满了剃刀一样的铁丝，并且有泛光灯照明，同时有 24 小时瞭望塔予以看守。来自“米格拉”（La

Migra，墨西哥人用西班牙语对美国移民局的称呼）的特工们驾着全地
194 形车在山上上下巡逻，天黑之后他们还装备着夜视眼镜。整面围栏从两边看过去都是一望无际，沿着绵延山丘的灌木竖立着。装备着摄像机的无人机在整面围栏上方盘旋。

20 世纪 90 年代，随着安保投入的增加，政府对非法越境开展了一系列打击行动，这让非法移民想溜进美国变得更加困难。但是那些怀着美国梦的墨西哥年轻人仍然在每天想方设法偷渡过去，而且现在他们又增加了一个强有力的盟友。近年来，在墨西哥贩毒集团许可或提供的向导和偷渡组织人员的帮助下，越来越多的非法移民成功完成了这一段充满艰难险阻的旅程。在这一过程中，墨西哥的贩毒集团也借此把业务范围拓展到了偷渡行业。由于偷渡者在和“米格拉”的较量中越来越狡猾，墨西哥和美国的官员发现了贩毒集团在其中发挥的作用。除此之外，贩毒集团还参与了一些更加邪恶的生意，比如说偷渡移民过去做奴隶。来自加利福尼亚的国会议员洛丽泰·桑切斯（Loretta Sanchez）在 2014 年的一次国会听证会中说道：“我们了解到，跨国犯罪网络不单只从事毒品贩卖——什么能赚钱他们就做什么。如果枪支买卖利润丰厚，他们就会走私枪支。如果偷渡人口有利可图，他们就会偷渡人口。”

偷渡人口也不是贩毒集团唯一拓展的业务领域。除了常规的犯罪勾当——勒索、卖淫、汽车盗窃，等等——这些暴徒还开拓了很多非常规的领域。如果你吃过足够多的牛油果酱的话，很有可能有时吃进的是一颗经由“圣殿骑士集团”（Knights Templar）种植或者收税的牛油果。据说“圣殿骑士集团”控制了米却肯州农业中的绝大部分。同样地，如果你喝过足够多的莫吉托酒的话，你喝下去的某一口酸橙汁可能是用

贩毒集团种植的酸橙压榨而成的，这是另一个在墨西哥部分地区被有组织犯罪集团控制的产业。萨尔瓦多曾一度是可怕的“奶酪集团”（Cártel de los Quesos，the Cheese Cartel）的老巢，他们从洪都拉斯走私便宜的奶酪（如果你尝过萨尔瓦多人自己制作的奶酪的话，你很快就会明白为什么走私奶酪很有必要）。在某些地方，贩毒集团参与了一些 195
更大的生意：墨西哥政府官员曾说过，“圣殿骑士集团”在征收铁矿税上赚到的钱要比在毒品上赚到的钱更多。墨西哥国家石油公司（Pemex）这个墨西哥国家的汽油垄断企业，每年都要因为有人在管道中的盗钻活动而损失300万桶原油，这些人有时甚至会不小心把自己炸死。

贩毒集团参与的业务范围如此之宽，以至于有分析师认为称呼这些集团为毒贩已经不合适了。有的机构，包括美国联邦调查局在内，现在称呼他们为“跨国犯罪组织”（TCOs），但是在网上似乎这个词还没有流行开来：如果你用谷歌搜索“Mexican TCOs”（墨西哥的跨国犯罪组织），谷歌会问你：“Did you mean：Mexican *TACOs* ?”（你是指：墨西哥卷饼吗?）但无论你怎么称呼他们，有一件事是明确的：贩毒集团正在把他们的触手伸向一些新产业。

· · ·

他们拓展业务的行为模仿了那些合法的企业。每个企业都追求扩张，尤其是那些有盈余现金用来投资的企业（这也永远是犯罪组织要操心的问题，对他们来说把钱存进银行太困难了），所以企业会开辟那些以他们现有的能力能够带给他们优势的新市场。墨西哥贩毒集团业务的多元化潮流发生在“公司美国”（corporate America）[1]上一波业务多元化潮流之后。1950 年，财富 500 强中只有不到 1/3 的公司经营业务种类超过了一个产业。到了 1974 年，接近 2/3 的公司不只经营一个产业。多元化狂潮在 1977 年达到顶峰，当时可口可乐兼并了泰勒红酒（Taylor Wines），尝试进入红酒行业。结果并不出乎意料，没有人喜欢“酒庄可乐”，整个计划以失败告终。自从这之后，整个潮流开始向反方向发展，公司又回归到专注于一些他们真正能够做好的事情上。但是多元化经营的潮流仍具有启发意义，因为潮流背后的思想帮助解释了现在犯罪世界中涌现的新趋势。

196 以可口可乐红酒为例（这可能和萨尔瓦多人做的奶酪是绝配），这可能的确是一个失败的产品，但是这正是管理学大师们称为“同心多元化”（concentric diversification）的绝佳示例。所谓同心多元化，是指一个公司利用它在某一领域的专长，针对新客户发布一条新产品线。虽然可口可乐对红酒一无所知，但却是市场营销和品牌建设的天才，而且还运作着一条世界上最精密复杂的销售网络。可口可乐之所以敢于下注一搏，原因就在于它能够把自己的营销智慧和销售能力应用到红酒产业中。贩毒集团插手人口偷渡的做法也是在下相同的赌注。他们在移民行业中没有直接的技能；而且这个行业的“客户”们——那些想移民美国的墨西哥农民们——代表了一个新的市场，这个市场与那些购买毒品的有钱美国人完全不同。但是说到偷偷把东西运过境，或者贿赂、恐吓沿路的政府官员的话，这些技能是可以跨行业应用的。如果你能走私毒

〔1〕“公司美国”指美国现代经济体系中崛起的、在国家经济中发挥关键作用的大型企业群体。

品，为什么不能偷渡人口呢?

有一个叫作维克多·克拉克·阿拉法罗（Víctor Clark Alfaro）的人，对合法和非法越境的方法都很了解。他是一位在蒂华纳的研究人员，同时也在圣地亚哥州立大学（San Diego State University）教一门人类学课程。像很多在边境区域生活的人一样，他的生活方式是国际化的，每周要去美国讲两次课。我到他在蒂华纳的家中拜访了他，他家同时也用来作为“两国人权中心”（Binational Center for Human Rights）的办公场所。这是他运营的一个小型非政府组织。他住的楼层很高，在爬完许多级的室外楼梯之后，我来到了一个看起来很重的大门前。不久后，克拉克小心地把门打开，并向我道歉没有早点开门。五个月前，州政府把先前安排给他的保镖撤走，这些保镖原本是因他的调查会揭露一些黑幕，人身安全需要保护而设置的。在此之前，他告发了州政府官员出售警察的身份信息给贩毒集团的行为，这种事会给他招来很多敌人。

进门之后，在一个摆满书籍和文件的办公室里，克拉克向我讲解了人口偷渡行业的市场情况，他的研究兴趣正是集中在蒂华纳地区庞大的 197
社会底层。他常常会和当地的“蛇头”聊天，而这些人就是组织偷渡者从墨西哥偷渡到美国的人。有的“蛇头”还会参与到他在圣地亚哥的讲座中，以 Skype 远程通话的形式向美国学生介绍这个偷渡游戏的机制。他说，笼统地讲，有两种类型的服务可以选择。基础选项是在一名向导的带领下徒步穿越边境，并期待能够躲过美国边境巡逻队的巡逻兵。而对于那些有钱或者没有足够体力跋山涉水、穿越沙漠的人来说，还有一个豪华选项：“排队”过境，也就是用假的证件通关。“蛇头”用大约 100 美元买一份二手的签证，然后把客户乔装成签证中照片的模样。一名向导会偷偷地把偷渡者带到移动最快的那一条队伍上——这说明负责检查的边境官只会匆匆瞥一眼证件。“蛇头”不会忽视任何一个细节：他们甚至会在偷渡者的包中放一些纪念品，使他们像是一日游的旅客。

不过后来整个产业都被彻底颠覆了，克拉克说道，“9·11 恐怖袭击导致美国把边境看作是国家安全的一个重要问题。边境线现在已经有人密切地巡逻——几乎相当于关闭状态。”整个打击运动让“蛇头”更难以提供他们惯常的服务。结果就是，他们抬高了价格：在蒂华纳，步行穿越曾经只要 2,000 美元，现在需要 5,000 美元。排队过境曾经只要 5,000 美元，现在要花 13,000 美元。他说，当地的“蛇头”正面临危机。

见完面的第二天，我便从圣思多罗（San Ysidro）检查站准备入境美国。尽管我的英国护照没有问题，但是和克拉克的谈话让我对入境美国这件事感到非常紧张。我不知道队伍里的人有多少正使用着假的证件，或者提着一包装满匆忙买好的纪念品，正准备以游客身份过关。一过海关之后，我见到了麦克·希门尼斯（Mike Jimenez）。麦克·希门尼斯是圣地亚哥地区边境巡逻队的一名高级特工。为了让我了解非法移民面临什么样的“欢迎待遇”，他带我参观了一圈蒂华纳边境线在美国一侧的情况。这完全是一个令人恐惧的天罗地网。用地震传感器来监测脚
198 步（尽管有时会被野鹿触发）。用透地雷达来扫描出是否有地道；遥控机器人在下水管道系统中巡逻，有的时候偷渡者会在这些地方挖地道过去。陆地边境线上越来越多的警力布局使得更多人选择从海上过去，而这样要花 5,000 到 9,000 美元。在有雾的时候，蛇头最多一次用摇晃的

快艇把 25 个人摆渡到岸上，有的时候甚至最北能到圣塔芭芭拉（Santa Barbara）登陆，这离墨西哥边境几乎已经有两百英里的距离。

与此同时，对于偷渡者的处罚也在加强。在过去，如果是美国公民被发现从边境地区运送非法移民的话，有时不会有什么后果。现在，被抓到一次就会招来检方的起诉。通过接入美国联邦调查局使用的生物信息数据库，边境巡逻队也能知道某个人之前是否曾犯过罪。而且，现在仅仅是运送一小批人都会被逮捕，在之前如果人数少于七人的话，向导则很有可能会被释放。希门尼斯说："如果处罚力度加大，那么偷渡客要找到那些帮助偷渡的蛇头就会更困难。"

当然，非法越境仍然是有可能的，但是边境增加的安全保障措施让这些偷渡者的成本陡增。向导们被关进监狱的风险加大，因此他们要求更高的报酬。为了防止向导被抓，有的组织增加了偷渡车队的规模。他们安排一辆装有偷渡者的车跟在一辆由向导驾驶的车后面。这样如果偷渡者被拦截，向导仍然可以逃脱。在边境的围栏处，有的向导用便携式电池供电的电锯锯开结实的铁丝网。希门尼斯说，很多"蛇头"花钱购置了他们自己的夜视眼镜。甚至有人使用无人机。满载毒品的无人驾驶飞行器时常在边境线附近坠毁；同样的技术应该也可以被用来监控边境巡逻人员的位置，帮助偷渡者在不被发现的情况下越境。

除了增加偷渡组织者的成本之外，技术也给他们的客户提供了更大
的议价能力，客户现在能够通过社交网络上的评价来判断哪一个"蛇 199
头"最值得信任。就像网站在毒品行业中引发竞争一样，社交网络让有意向的偷渡者能够互相交流偷渡过境价格和服务信息。"有人认识能够帮助我偷渡到美国的'蛇头'吗？"在西班牙语的雅虎网站中有一个

人这样问道。名为“Juan Carlos”的用户回复说他能够提供帮助，同时承诺他有 GPS、穿越沙漠的经验以及“能说 90% 的英语”。相比之前必须在夜幕降临时分到跨国大桥附近晃悠才能雇上向导，这些变化意味着偷渡者能够得到更多实惠。

执法力度加大又会对整个生意带来多么严重的影响呢？一项由美国国土安全部的一组统计学家完成的研究文章尝试回答这一问题。[1] 根据那些与被抓获的偷渡者进行访谈所获得的信息，这篇论文的作者成功收集了上千份“蛇头”的价格数据。作者发现，老人、小孩和妇女（尤其是怀孕妇女）要支付更多的钱，大概是因为这些客户在偷渡过境时需要花更多的时间。他们也发现来自墨西哥中部地区的人通常要花更少的钱，这些地区历来是偷渡人数最多的地区，可能当地人对市场已经足够了解，所以他们更善于和“蛇头”讨价还价。他们发现，“蛇头”还提供团购折扣——但是如果人数过多，反而会收极高的价钱，因为这时要带这样一大群人过去而不被发现，难度增加了。另外在美国农忙收割季节之前和大兴土木的时候，对“蛇头”的需求会变得旺盛得多，因为这两个时候都需要廉价的墨西哥劳动力。

研究者们利用从边境巡逻队获得的讯问记录，以及在美国、墨西哥两地的机构调查所得数据，绘制出了偷渡价格随着时间的变化趋势图。这一趋势显示偷渡过境的价格持续升高，在 1993 年从 700 美元陡增到 1,400 美元，在 2007 年从 1,500 美元陡增至 2,400 美元（所有这些价格都是换算成 2007 年的美元价格）。因此按照实际价值计算，平均价格接
200 近翻了一番。在这条线旁边，研究人员画出了一条表示边境巡逻人员工作小时数的折线。这两条线的趋势几乎完全一样。（参见图 9－1）这份

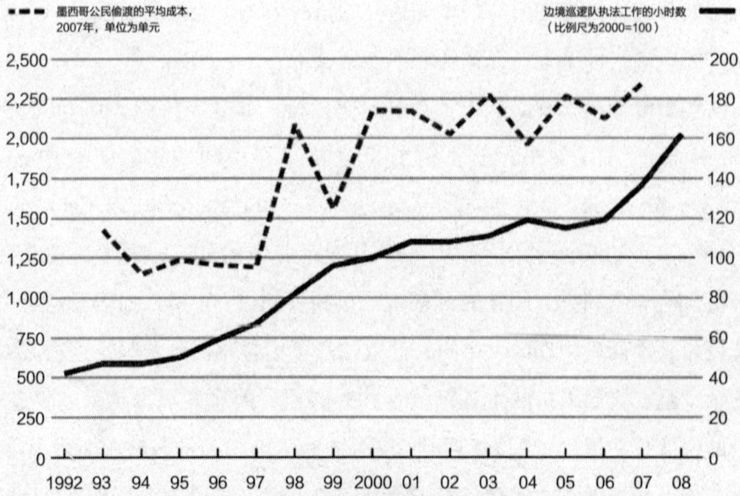

图 9－1　非法移民 vs. “米格拉”

来源： Bryan Roberts et al.，“An Analysis of Migrant Smuggling Costs Along the Southwest Border”，US Department of Homeland Security，Office of Immigration Statistics working paper，November 2010.

报告似乎和维克多·克拉克所认识的那些“蛇头”们的判断相吻合：在美国境内增加的执法力度使非法过境的成本升高。

在读完这些研究成果，以及亲眼看过令人恐惧、充满障碍的边境之路后，我开始思考贩毒集团是怎么看待这个充满挑战的市场的。由于在监控边境线上耗费时间的增加，想要越过边境已经变得困难很多。边境巡逻队现在的人数已经达到大约 2.1 万人，这个数量和加拿大的现役军队人数差不多。很多当地的“蛇头”正在退出这门生意，而那些留下

来的人开出的价格也要高很多。这样的情况大概也会抑制需求。那么在
201 偷渡人口的这件事上，究竟还能不能赚钱呢？

在圣地亚哥，我去拜访了大卫·斯考特·菲兹杰拉德（David Scott Fitzgerald）。他是加州大学圣地亚哥分校“移民问题比较研究中心”（Center for Comparative Immigration Studies at the University of California-San Diego）的联合主席。自从 2005 年之后，他的部门开展了一项非常吸引人的年度调查。调查的对象是哈里斯科州（Jalisco）的居民。哈里斯科州是墨西哥中部的一个州，这里输送了大量移民到美国。这项调查的结论是，走私人口的生意仍然存在并兴盛，而且发展得越来越复杂。有的团队现在提供“门到门”服务，从墨西哥内陆的村庄按照组团的形式接上所有的人，然后负责中途所有的事情，直到送达美国的某个城市。从墨西哥中部到洛杉矶的打包价格是在 2,500 到 3,000 美元之间——如果和维克多·克拉克提供的价格进行比较的话，这比蒂华纳当地的向导开出的基础套餐价格要低。如果要享受更舒适的旅程，偷渡者可以再多花 1,000 美元租一个假证件，这样如果被边境官拦下来了，仍然可以有机会通过。顾客对这样的服务非常满意：菲兹杰拉德说，95% 的人都能成功越境，尽管不一定是第一次就成功。根据他的调查，每次尝试非法入境会有大约 1/3 到一半的人被遣返。这就是为什么大部分“蛇头”给这些偷渡者提供无限次的机会，直到他们成功为止，所有这些都包括在费用中。

在边境线增加安保力度使那些更专业的“蛇头”在竞争中占据优势，菲兹杰拉德说：“美国方面执法行动带来的一个结果是‘蛇头’网络变得更加庞大，而且这些网络变得更加犯罪化。”“蛇头”和贩毒集

团之间的关系是复杂的：贩毒集团通常把这些工作交给“蛇头”，“蛇头”则需要付钱给贩毒集团以换取“*derecho de piso*”（字面意思是“地面使用权”，实际上是指使用贩毒集团在边境附近所控制的地盘和关系网的许可权利）。在一些情况下，贩毒集团允许在偷渡人口时使用他们非常宝贵的贩毒设施。在2014年，一个用来偷渡的地道在蒂华纳 202
的科洛尼亚·利物浦被发现。墨西哥警方突击搜查了两栋建筑：一栋是用来保护偷渡者的安全屋（使用这个安全屋的人往往来自中美洲，因此需要在墨西哥保持低调，因为他们不被允许待在这里），另一栋建筑离边境线只有几码远，里面有一个地道入口，一直连通到加利福尼亚。

随着偷渡人口的生意变得更加困难，贩毒集团或者至少是那些由贩毒集团支持的“蛇头”们似乎会从那些更简陋的一人团队中抢来一些市场份额。这可能并不是我们希望看见的结果。即便这样，如果市场的整体规模同时也在减小的话，那或许还能接受。比如有人就可能会想，加大穿越边境的难度，一定会让一些人更不愿意去偷渡。

这个判断对，也不对。更难穿越边境可能会阻止一些人，但是这也让另一部分人明白，要想穿越边境的话，向导的帮助是非常必要的。无论是通过圣地亚哥的地面传感器和夜视摄像头，还是独自穿越亚利桑那州的沙漠，都超出绝大多数有意向偷渡者的能力范围（“自杀”是维克多·克拉克对这种想法的精炼评价）。所以专业的帮助变得越来越有吸引力。调查所收集到的证据似乎也支持这一观点。在20世纪70年代早期，只有40%到50%的非法移民雇用了向导。在20世纪90年代这个数字达到了80%。到了1999年上涨到了90%。一项2006年的调查（这一调查只调查了那些第一次非法越境的偷渡者）发现95%的人雇用了向导。[2] 执法力度加大使得原本被大多数偷渡者忽视的廉价服务变成了几乎所有人都会购买的高利润服务。

但会不会因为偷渡的人少了，所以贩毒集团仅凭这一点便收割了整个萎缩的市场中的大部分份额呢？如果看近年来数据的话，这看起来是一个合理的解释。没有人知道具体有多少人非法越过美国边境，但是皮尤西班牙中心（Pew Hispanic Center）的估算是最准确的。它计算出自2000 年以来，每年从墨西哥涌入的移民从大约每年 77 万人下降到了每
203 年不到 15 万人，下降的趋势几乎与边境巡逻力度增大完全吻合。[3] 但是在 2000 年之前情况完全不同。在 1991 到 2000 年之间，边境巡逻的时间增长了大约 150%，而移民人数没有任何减少，实际上，完全相反：每年移民的人数在这段时间翻了一倍。这很难让人相信边境的安保措施是影响非法移民人数多少的主要因素。换句话来说，即便那些一线的打击行动对穿越边境的代价确实有影响，但仍不见得能真正阻止人们尝试偷渡到美国的脚步。

也许这并不奇怪。墨西哥劳工到美国去工作，很可能拿到手的工资就能翻四倍，即便把在美国更高的生活成本算进去。而且偷渡到美国所花的钱通常都是由那些已经在美国工作的亲属支出。为了弄清楚是什么原因驱使人们为了穿越边境而犯险，我去了蒂华纳几家“移民之家”中的一家，这里为那些准备北上的人中途停留提供庇护场所。“圣母升天救助中心”（The Instituto Madre Assunta）是由一群天主教传教士运营的救助机构，允许女性移民居住最多两周，在这段时间内为她们提供一天三餐，干净的衣物以及医疗和法律上的援助。紧挨着阳光充沛的庭院的是一间小电脑室，在这里妇女用 Skype 软件和她们的孩子进行通话。

玛丽·加尔万（Mary Galván）是这家中心的负责人，她对美国对待移民的做法表示沮丧。“我们对奥巴马抱有很大的希望。我们希望他在帮助移民上能够有大规模的改革。”她说。但事实上结果是“*todo lo contrario*”——完全相反的。在奥巴马第一任总统任期内，也就是从 2009 年到 2013 年，平均每年有接近 40 万的非法外国公民被驱逐出境——是 21 世纪初时的两倍，是 20 世纪 90 年代早期的近十倍。这几天，大部分在移民庇护所里的妇女都是刚刚被驱逐出境的人。其中大部分都正在计划着立即回去。

我和她们聊天时发现，她们来到美国的理由各自不同。有的是经济上的原因。安吉拉（Ángela）是一位 30 多岁黑色皮肤的来自瓦哈卡州 204
（Oaxaca）南部的女性。她在加利福尼亚州的圣贝纳迪诺（San Bernardino）生活了近四年之后被驱逐出境。她在那里的一家垃圾回收工厂工作。她的薪酬是当时的最低工资，也就是 8 美元一小时；而墨西哥的最低平均工资是不到 5 美元一天。我采访的所有妇女都提及了她们在美国的工作：有一位是在一家旅馆和一家加油站上班，另一位是一家泳装工厂的女裁缝，同时也是一位保姆。另外还有人提到了家庭原因。罗莎（Rosa）现在 45 岁，她在 21 岁的时候为了躲避暴力的丈夫离开了在瓜达拉哈拉（Guadalajara）的家。和安吉拉一样，她之前也住在圣贝纳迪诺，在那里有一位新丈夫和三个女儿。被驱逐出境意味着她“失去了所有东西”。但是她抱有希望，希望她能够用一位朋友的身份证和出生证明糊弄边境特工。她只要改一下发型就和她这位朋友很像了。另一位妇女特立尼达（Trinidad）则看起来有一点不安，她正努力想回到美国去找她九岁的儿子，她儿子是美国籍，她说政府把她儿子给带走了。她正在谋划着在一名“蛇头”的帮助下回到美国，就和她之前做过的完全一样。“路上有野兽和蛇。大概需要一到两天时间。你会很痛苦。有的人死在了路上。路上有时很冷，有时很热，而且一路上都没有水。”但是她说，和儿子分开所带来的“极大的痛苦”让她别无选择。

边境更难穿越让类似情况的妇女更愿意花钱雇一个“蛇头”做向导，而之前她们很有可能不会花这个钱。这最后使得她们（或者她们的美国亲属）付给“蛇头”的钱变多了。同时这也让这些“蛇头”和专业的有组织犯罪建立了联系。所有这些看起来对阻止这些人偷渡好像没有什么效果。这些妇女讲述了她们的故事。有的是关于在一个小时内赚到在墨西哥一天才能够赚到的钱，有的是关于和失去的孩子重逢。听了这些故事后就知道，如果认为让她们多掏1,000美元左右就会迫使她
205 们回国，这有点异想天开。在边境安防上增加投入不经意之间把偷渡人口的生意从一个可有可无的、廉价且业余的事情变成了一个近乎必备、非常昂贵而且是由贩毒集团主导的事情。这对有组织犯罪来说是天赐良机。

· · ·

贩毒集团进入人口贩卖行业这样的“同心多元化”策略，看起来要比可口可乐试图进入红酒行业成功得多。但是他们并没有仅仅满足于此。相反，他们在不断试验其他的新行业，管理学大师们一般把这种类型的多元化战略称为“水平多元化”。

在合法商业世界中，一个比较好的例子就是迪士尼，虽然这家公司

和贩毒集团的差别相当大。沃尔特·迪士尼公司最早是以制作动画片起家。这些动画片在孩子和他们的家人中建立了一个强大的粉丝群体，因此迪士尼建立了一个涉及所有其他生意的多元化战略，从主题公园到度假游艇以及电视广播，这些产品和服务销售给同一批消费者。沃尔特·迪士尼曾经这样说过："我想我的公式准则可能是这样的，梦想、多元化以及永远不错过任何一个机会。"他遵循了他自己的建议：米老鼠的轮廓外形得以在玩具、服装、书籍、文具以及大量其他产品上被看到。迪士尼的多元化策略并不是利用它的核心技能展开的，毕竟经营一家主题公园或者一次游艇旅行与制作一部动画相比，没有任何相同之处，而是利用它那批粉丝群。那些去迪士尼主题公园或者购买印有迪士尼品牌服装的人，与那些喜爱看迪士尼动画和电影的人完全是一类人。这种策略——发布完全不同的产品，目标针对已有的顾客群体——就是水平多元化战略的真实实践。

那些贩毒集团如何运作这种战略呢？首先，我们看看他们的市场：
大部分在发达国家的吸毒者。他们消费的产品是什么呢？关于墨西哥的
贩毒集团从不同的毒品中具体赚了多少钱，不同估算彼此相差很大，但
是可卡因和大麻在毒品收入中是占最大份额的两项。根据你所相信的估
算，仅可卡因和大麻这两项占总毒品收入的份额大概在74%（根据兰 206
德公司的估算数据的平均值）到90%（根据由美国国家毒品控制政策
办公室提供的一个稍有可疑的数据）之间。[4]

把如此多的收入集中在单单两条产品线上是一个非常危险的策略，特别是在毒品市场这样一个以变化迅速著称的市场里。每一代人流行的毒品都不一样；现在青少年已经不再服用致幻药麦角酰二乙胺（以下

简称 LSD）了，就像他们不再穿喇叭裤一样。只卖可卡因和大麻在近几年貌似风险特别高。根据大多数的估算，可卡因都是墨西哥贩毒集团最大的摇钱树。但是可卡因近年来在美国不再流行了。没有人具体知道这是为什么，尤其是在同一时间可卡因在欧洲却变得更流行了，但是美国的可卡因消费在 2006 到 2010 年之间下降了一半。大麻市场看起来更加健康，大麻的消费在同一时间上涨了大约 1/3。但是对贩毒集团来说仍然存在另外一个威胁，即那些大麻已经合法化的州出现的来自美国的新竞争者，而且这种合法化的大麻消费可能要统治整个大麻消费市场（参见第十章）。

面对这样一个风起云涌的环境，墨西哥的贩毒集团准备把业务拓展到其他毒品上，其中一种就是冰毒。虽然冰毒可以在任何地方进行制作，但是在像墨西哥这样相对没有法治的国家里，运作一个秘密的实验室要比在美国容易得多，也要便宜得多。在近年来，墨西哥政府发现一些组织把《绝命毒师》[1]中沃尔特·怀特的实验室搬进了厨房。在 2012 年的一次突击行动中，警方炸开了瓜达拉哈拉正南部的一家仓库，发现了一个看起来非常专业的实验室，里面有 15 吨的毒品，以及 7 吨制作毒品的前体。像这样的发现在之前是不同寻常的。但是最近这些行动变
207 得常见很多：2008 年墨西哥警方发现了 21 个冰毒实验室，2009 年他们发现了 191 个。美国边境城市政府拦截的来自墨西哥的冰毒数量也呈增长趋势。在 2001 年，他们发现了 1.3 吨毒品；到了 2010 年，这个数字上涨到 4.5 吨。

---

〔1〕《绝命毒师》（Breaking Bad）是一部美国电视剧。讲述一个被诊断为肺癌晚期的化学老师，为了给家人留下财产，利用自己的化学知识成为制毒师的故事。

墨西哥贩毒集团进军冰毒的举动很大程度上得到了美国执法机构的“帮助”。直到最近，在美国制作冰毒都是相对简单的。主要的原料——伪麻黄碱能够在普通的感冒药中找到，所以炮制一批毒品意味着只要去一趟药店，然后按照网上搜到的配方制作即可。尽管整个过程有爆炸的危险——据了解，一些瘾君子因此炸掉了他们的双手——但并不是特别困难。但是，在 2005 年颁布了《遏制甲基安非他命泛滥法案》（*Combat Methamphetamine Epidemic Act*）之后，自制冰毒变得困难很多。这一法案限制了含有伪麻黄碱及其他类似化学成分药品的销售。现在，任何购买了超过一个很低数量药品的人都面临被逮捕的风险——无论他的动机是什么。公开报道此类逮捕的第一案是一个男子为他儿子储备了很多过敏药，当时他的儿子马上要去参加一次教会旅行。

这个法律确实奏效了，但是也产生了两个意想不到的后果。一个就是美国的冰毒生产者们号召大批的亲朋好友，包括一些失了业急需现金救急的人，去不同的药店少量购买感冒药，然后再卖给这些冰毒生产者赚一点钱。数以千计这样的“蓝精灵们”（这些稻草人买家[1]往往被叫作“蓝精灵”）因此加入到毒品行业中。有时他们的报酬除了按现金支付以外，还按照毒品来支付，其中大量的人因此染上了冰毒毒瘾。

然而，这种“蓝精灵”的模式动作起来成本很高，因此没过多久，很多美国的冰毒生产商便倒闭了。然而这之后带来了第二个意想不到的后果。这个行业转移到边境线以南的墨西哥，并且墨西哥人证明了他们能做得更好。墨西哥贩毒集团在过去贿赂当地的警察默许他们在整片园

---

〔1〕稻草人买家是指替背后真实买家进行交易的人。真实买家往往因某种原因不能亲自参与交易。

子种满大麻，现在也同样毫不费力就建起了规模庞大的冰毒制作实验
室，其规模在美国简直就是闻所未闻。而且就像沃尔特·怀特发现的那
208 样，当你更大规模地制作毒品、使用更加精密的设备时，你就会得到质
量好得多的产品。自从墨西哥的实验室开始运作之后，美国冰毒的平均
纯度翻了一倍。还不仅如此：实验室制毒的高效率意味着墨西哥冰毒要
比那些在美国的厨房中业余制作的便宜很多。自从墨西哥冰毒的供应量
剧增之后，美国毒品的平均价格下降了超过 2/3。而且生产商们似乎从
《绝命毒师》中获得了灵感：据说电视剧中主角沃尔特·怀特的招牌产
品蓝色冰毒晶体在现实中也要比那些普通的白色品种价格更高（不过
和怀特不同，这些生产商显然是用食品级色素伪造出的蓝色效果）。

受到冰毒成功的激励，贩毒集团开始拓展另一种更有获利潜力的毒品：海洛因。从墨西哥人的角度来说，海洛因是一个非常有吸引力的待开拓的市场。海洛因和可卡因不同，可卡因必须从南美走私到美国，和冰毒也不同，冰毒通常是利用从远东购买的化学品制成，海洛因可以完全在本国制作。农民在马德雷山脉的山岭中种植罂粟花，他们被称为“gomeros”，或者“gummers”（制胶人），这个名字出自他们在收获时收集罂粟花的胶状液体。整个过程很简单：用一把剃刀割过罂粟花膨胀的种子荚，让白色的液体慢慢流出。把这些液体放在阳光下，就会慢慢凝固成胶状物，然后“制胶人”再把这些胶状物刮下来。这就是未经加工的鸦片。鸦片胶用水和酸橙汁一起煮沸之后，萃取出吗啡。然后在一些非常容易获得的化学品（如碳酸钠、盐酸和一点木炭）的作用下变成了海洛因。到这一步的成品大约只有最初始重量的 5%，可以准备运输了。通过把整个生意从生产到销售一条龙整合起来，贩毒集团能够

攫取更大的回报。“海洛因的利润率要高得多——因为不需要再交钱给哥伦比亚了。”负责美国缉毒局科罗拉多州丹佛（Denver，Colorado）分部的助理特派员凯文·梅里尔（Kevin Merrill）这样说道。

之前墨西哥贩毒集团不愿进入海洛因市场主要有两个原因。第一个 209
原因是考虑到需求侧的问题。美国人在20世纪60年代和70年代时对海洛因非常迷恋，当时地下丝绒乐队（the Velvet Underground）发布了一首专门描写毒品的歌曲，滚石乐队（the Rolling Stones）欢快地唱着“用一个针头和一把勺子”好好放松。但是这种亲密关系很快就破裂了。公共信息宣传运动教育青少年海洛因的成瘾性问题以及过量吸食的风险，再之后一些曾经对海洛因情有独钟的名人纷纷因吸毒而死。海洛因的名声迅速从非常刺激变成十分恐怖。到20世纪80年代，海洛因的形象进一步强化成为那些内城穷人的恶习。再到20世纪90年代，海洛因甚至失去了作为毒品之王的地位，被强效可卡因所取代。曾经如此有潜力的海洛因市场最终凋零了。

第二个原因是墨西哥一直都面临着难以接触到需求端的问题。罂粟花确实很容易种植，但是马德雷山脉一直有墨西哥军方的士兵在地上和空中巡逻，他们一旦发现任何有“制胶人”在种植罂粟花的迹象，就会立即予以摧毁。哥伦比亚的种植者们则享受着地形上难以到达和监管上更宽松的优势，长期以来都能够比他们的墨西哥对手们以更便宜的成本种植罂粟花。在需求减退和供给组织困难的情况下，墨西哥人没有任何理由进入海洛因市场中。

但是之后发生了两件事改变了所有这一切。为了理解是什么原因导致美国的海洛因市场发生了如此大的变化，我拜访了辛西娅·苏铎

(Cynthia Scudo)。作为一个身材苗条，有着一头整齐的深色头发，看起来很年轻的祖母辈女性，她从一辆斯巴鲁运动轿车上下来，穿着黑色衣服，非常干练，手上提着一个路易威登的手提包。苏铎的家在丹佛一个富裕的郊区，她深受海洛因上瘾的困扰。这可能看起来很令人吃惊：海洛因在人们的印象中是内城穷人的毒品，而和环境舒适的郊区的中产阶级没有什么关系。但是更奇怪的是，家里面上瘾的人不是苏铎的儿子或者是孙子，而是苏铎自己。我们约在一家毒品依赖、成瘾和戒除中心(Center for Dependency, Addiction, and Rehabilitation, CeDAR) 见面。在
210 这家丹佛的诊所里，她刚刚戒除了九年的海洛因瘾。坐在诊所里温馨的地面上的一张桌子旁边，她在战栗中地回忆了在第一次参加戒除毒瘾项目之后，她是如何在前六天里每15分钟就要呕吐一次的情景。在此之前，她已经因为毒品变得瘦骨嶙峋，自己只能穿童装尺码的裤子了。在戒毒的过程中，她的体重更是掉到了只有89磅。

苏铎的案例展现了贩毒集团如何成功克服第一大障碍——海洛因的形象问题。海洛因有一个可怕的名声，事实上也确实如此：海洛因在有效剂量和过量之间的距离要比其他任何主流毒品都要小。一篇刊载于学术杂志《成瘾》(*Addiction*) 上的论文估算和对比了不同种类毒品导致每个人兴奋的剂量和杀死一个人的剂量。[5] 酒精的比例是10:1——换句话来说，如果两杯伏特加足够让你微醺的话，那么20杯伏特加就会杀死你，只要你确实能够喝下去的话。这篇文章发现，可卡因相对稍微安全一点，比例大概是15:1。致幻药LSD的比例是1,000:1，而大麻是所有里面最安全的：几乎每个人都知道，大麻最不可能因为过量吸食而致人死亡。即便是大麻食品，也没有证据表明会因过量食用而死——你

只是会感到效果更加强烈，而且持续时间更长。对于海洛因，有效剂量和致命剂量大概是 6 : 1。因为不同批次的海洛因在纯度上差别很大，每一剂吸食都是一次俄罗斯轮盘赌。如果毒贩们针对的人群是那些感到生无可恋的人的话，那就没有必要担心那么多。但是如果产品要卖得好，那么产品针对的人群必须要拓宽，这就意味着要软化这种毒品的形象。

对于贩毒集团来说，很幸运的一件事是，他们有一个毫不知情的帮手：美国医生。美国的医生们在近年来做了很多努力来提高鸦片的名声，这些努力远远超过了毒贩们的期望。苏铎痛苦的经历最初源于一次大腿受伤。当时她的医生非常乐意帮助她——实际上这位医生简直有点乐意过头了。苏铎拿到的处方里包括了每天六片剂量的羟考酮（OxyContin），这是一种强力的含鸦片成分的止痛药。“我想医生是希望病人能够满意，这样他们就会再来。”她说。最后她确实是又去看医生了，211
而且是一次又一次。“我上瘾了。我十天就吃完了三十天的量。”医生仍然不断给苏铎开药。但是之后有一天他突然走了，替代他的人得知后非常震惊，马上减少了苏铎的剂量。这个时候苏铎陷入了绝望，她开始把药片碾碎，用鼻吸、用烟抽来增强效果。然而这还不够。黑市上有羟考酮卖，但是每一片要 80 美元，这对苏铎来说还是太贵了，因为要能够摆脱因戒断引起的呕吐，需要很大剂量。之后，通过她女儿的一个不靠谱的朋友，苏铎接触了一种能够产生相同效果的毒品，花的钱很少。这种毒品就是海洛因。按黑市价，羟考酮一天的剂量要花 480 美元，而海洛因一周的剂量只需要花 350 美元，她还可以通过出售她那一点羟考酮来支付其中的一些钱。突然之间，苏铎出人意料地变成了一个海洛因上瘾者。

她的故事可能听起来有点荒诞，但是几十万的美国人由于在 20 世纪 90 年代到 2000 年之后这段时间医生开出的含鸦片止痛药的原因，最终落到这样一个脆弱的境地。医生们开出的强力含鸦片成分的止痛药数量惊人：在某些南部州，每年开出的处方数量现在已经超过了人口数。虽然这些药片帮助病人摆脱了难以承受的痛苦，但是失控的过量用药意味着它们被大范围地滥用：大约 1, 100 万的美国人每年不合法地服用这种药物，人数超过那些服用可卡因、摇头丸、冰毒和 LSD 加起来人数的总和。

通过印有那些可信任的知名制药公司的标志包装，再由面目和善的医生开出，这些药物把硬毒品包装成了一副体面的形象。丹佛另一家戒毒所阿拉帕霍中心的负责人阿尔特·司楚特（Art Schut）告诉我，很多海洛因成瘾者都是一些家庭条件很好的年轻人，他们在上大学，但因为服用羟考酮或者类似的药片，最终染上了海洛因。“他们大部分来自中产或者上层中产家庭。导致他们变成现在这样的原因是处方药。处方药
212 通常来说都是纯粹的，它们是药，所以我们认为它们对我们有好处。这是非常容易的一步。”他表示。全国范围来看，2/3 的美国海洛因上瘾人士都始于滥用处方止痛药。

美国政府最近开展了一定程度上算是整顿的打击行动。羟考酮的生产商普渡（Purdue）制药研制出了一种需要咀嚼服用的药片，这种药片没法轻易地被磨碎用来鼻吸或者注射。医生现在必须查看病人的病历来确定该病人是否同时在别的地方开了止痛药。但是从短期来看，这把数百万止痛药成瘾者置入了和辛西娅·苏铎一样的境地，无法达到他们之

前的剂量，然后只能绝望地寻找一个替代品。

对于贩毒集团来说，这却代表了一次打入新市场的绝佳机会。一方面来说，海洛因的品牌已经被处方药洗白了。更好的是，那些服用诱导性毒品的人原本是一群毒贩们很难接触到的人群：年纪大的有钱女性。贩毒集团现在已经成功把这些人变成自己的客户了。一项由华盛顿大学圣路易斯分校的西奥多·西塞罗（Theodore Cicero）领导的研究很有趣，研究人员把现在的海洛因服用者和上一代的海洛因服用者进行比较，发现相比一代之前吸毒的人，如今典型的毒品上瘾者来自一个完全不同的人口学群体。[6] 在 20 世纪 60 年代，超过 80% 的海洛因成瘾者是男性，到现在这个男女比例已经变成了 1∶1，其中女性稍微占多数。服用者的种族背景也发生了改变。在 1970 年，不到一半的海洛因服用者是白人。现在 90% 的人是白人。而且平均年龄也提高了，在 20 世纪 60 年代，第一次服用的平均年龄低得令人可怕，只有 16 岁。现在第一次服用的平均年龄是 24 岁，按照毒品行业的标准来看已经算非常老了，因为毒品主要就是年轻人的主场。

海洛因的需求端已经被转变。那么在供给端又发生了什么变化呢？答案就藏在 2006 年墨西哥新任总统费利佩·卡尔德龙的一个决定里。
当年他凭借不到 1% 的支持率优势打败了他最接近的对手，挤上总统宝 213
座。反对党不讲道理但是仍大声地控诉他欺诈；在总统就职仪式上出现的一起抗议，让这位新总统不得不从后门逃离国会办公室。这对他的总统任期来说是一个非常丢人的开始，之后为了展示他的实力，卡尔德龙做了一个大胆的承诺：他要一劳永逸地粉碎国内那些杀人无数的贩毒集团。在之后的几年，墨西哥港口和边境城市爆发了大规模的暴力事件，卡尔德龙征召了军队作为火力支援，派出成千上万的士兵到那些贩毒集团恐吓当地人的街道上巡逻。像华雷斯这样的城市布满了驻扎的军队，最后带来的后果也很复杂（参见第二章）。但是这一策略带来的结果是这些武装的军人脱离他们原本的职责——包括在马德雷山脉进行巡逻。一时间，罂粟花的种植完全不受任何监管。

那些“制胶人”们没有浪费一点时间。“和其他任何生意一样，只要有需求，他们就会试着提供这个产品。”美国缉毒局的凯文·梅里尔说道。从2006年开始，罂粟花的种植生产急剧上涨，达到了接近2万公顷（接近5万英亩）的高点（根据联合国的数据，在2000年，总共的种植面积只有2,000公顷，还不到5,000英亩）。墨西哥现在是世界上第三大罂粟种植国家，仅次于阿富汗和缅甸。而且其中大部分似乎正在向北蔓延。在美墨边境搜查出的海洛因数量翻了八倍，从2005年大约250千克到2013年超过2,000千克。而在美国，美国缉毒局发现墨西哥的贩毒集团现在供应了西部几乎所有的海洛因，以及东岸一半的海洛因（剩下的大部分来自哥伦比亚和阿富汗）。

贩毒集团通过大量的墨西哥和洪都拉斯贩毒团伙出售海洛因，使得海洛因行业的垂直整合状态一直得以保持。团伙成员每四到六个月就被召回墨西哥，防止美国缉毒局派人潜伏进组织。梅里尔说，毒贩在街头贩卖毒品时间是早上6点到下午5点，在这之后清点当天收益，并向墨
214 西哥的总部汇报情况，组织的“指挥控制室”仍设在墨西哥。当他们要在新的街区做生意的时候，他们常常会散发一些免费的样品。尽管墨西哥海洛因比其他品种的纯度更低，但是却很好地满足了新兴的中产阶级市场需求。有的顾客说那些“棕色”的墨西哥海洛因要比那些在亚

洲更加流行的“焦黑色”品种更容易抽或者用鼻吸。能通过抽烟的方式来吸食，使那些刚刚接触毒品又带有顾虑的顾客更能接受。这些人对针头以及常常使用针头的那些“瘾君子”感到反感。“我有时甚至想。只要我没有注射的话，我就不是一个海洛因上瘾者。”苏铎说这句话的时候自己都感觉有点不好意思。她经常在丹佛市的第六大道和谢林顿大街的交叉路口买毒品，这些毒品被装在一些小气球里面，毒贩们将其含在嘴里，随时准备将其吞下。她说，现在路过那个路口，她仍会感到带来一阵诱惑。“在戒断治疗之后，我开车回家时，握着方向盘的手就开始颤抖。”

她抵制住了停车的诱惑，但是很多人没有。在 2013 年，大约有 68 万名美国人服用了海洛因，几乎是 6 年前数量的一倍多。对于贩毒集团来说，这代表了他们成功开拓了一块新市场。这种很多人以为要逐渐消失的毒品又开始流行起来，而且现在正卖给那些毫无戒心又有钱的新顾客群体。当可卡因不再流行，大麻市场被合法市场接管，我们可以预见的是贩毒集团将会加大力度推进致命的 Plan B（备用方案）。

第十章

回到原点：如何让毒枭感到威胁

我驱车来到了科罗拉多州丹佛市市郊的一家大型灰色仓库，这家仓库的门上没有任何门牌标志。但是我查看了手机地图，这里确实就是目的地：在整座城市里一个平淡无奇的街区，一个毫无特点的商业园区中一片没有任何标志的地块。周围的人寥寥无几，而当我走上入口匝道准备敲门的时候，我注意到可能有人正通过仓库大门口上装的摄像头监视着我。我按响了一个很不显眼的门铃，在短暂等待之后，大门打开了。开门的是一个有朝气的年轻人，脸上露出快乐的露齿笑，顶着一头棕色头发，穿着百慕大风格的短裤和人字拖。在里面的接待区，他详细地记录了我的车牌号，这里当然也安装了更多的摄像头。打开另一扇门，迎面而来的就是一阵暖气，以及高瓦数灯泡和空调带来的微弱隆隆声。而其中最为突兀的就是浓郁的大麻气味。

这里就是“丹佛立服”（Denver Relief）的大麻种植中心。丹佛立服旗下经营有丹佛市资历最老的合法大麻药店。这家公司在2009年由伊安·西博（Ean Seeb）创立，伊安·西博是一个年轻的科罗拉多人，他在一次滑雪意外之后留下的伤痛只有用大麻才能缓解，他也因此成了

一个医用大麻的爱好者。似乎命运想给他一个暗示，他之后又在另一次
痛苦的意外中被削掉一根手指。这进一步使他相信了大麻的力量。从仅
216 有的4,000美元存款和一批半磅的大麻起步，丹佛立服从大麻配送服务
做起，把大麻运送给城里注册许可使用医用大麻的患者。2000年之后，
人们可以在医生的许可下使用大麻。2014年1月1日，科罗拉多成了世
界上第一个合法化非医用大麻的地方，丹佛立服便又把业务拓展到面向
娱乐用大麻的消费人群中。

公司的首席园艺学家尼克·海斯（Nick Hice）带我逛了逛整个育苗园。他穿着一件白色的实验服，推开了第一间培育室的双开门。里面生长着大约100株成熟植株——他把这些植株称为“雌株”。这些植株靠着墙成排种植。在中间的桌子上有350株左右更小的植株。更幼小的插条枝种在一些盛有岩棉的花盆里，在花盆里培养两周之后再被移植到桌上。这些植株被种在泥土里，充分地吸收从欧洲进口的肥料，同时沐浴在大量高强紫外卤素灯的照射下。这里有专门检测土壤酸碱度的探测仪，以及测量灯光发射出的光子数量的光度计。室内精细地控制着温度和湿度。所有的数据都上传到一个电脑系统中，如果某一批次收获的大麻有问题，公司可以追溯到几个月前的某一个小时内的情况，查一查发生了什么。

海斯的父母在俄亥俄州经营着一家更加传统的植物培育中心。海斯谦虚地说，种植培育大麻“就像种土豆一样”。但是他显然对这个精细的培育中心感到非常自豪。“市面上很多书是帮助业余的种植者种植大麻的。但是现在我们正在搞明白什么是真正起到作用的因素：光照数量，温度和湿度，氮元素和硫元素的水平。”他激动地说道。在几周之

后，这些“小女孩”会被小心地送到第二间培育室，再之后送到第三个。这些植株达到收割的要求总共需要花 140 天时间，最终长出饱满的花蕾，这些花蕾能够流出一种黏液，最终盖住植株的顶端。然后这些花蕾被摘下，放在一边被晾干、销售。下面的叶片被捣碎，然后过滤得到 217
浓缩的液体，这些液体可以添加到食品中，或者直接用烟壶来抽。

对于那些之前对大麻市场拥有绝对控制的贩毒集团来说，丹佛立服以及在科罗拉多州冒出来的十几家类似的公司开办的毒品农场意味着大量的竞争出现了。很多年来，美国人最喜欢的那些毒品由于其非法性导致犯罪组织对市场享有垄断地位。而且这是个非常大的市场：即便这个市场并不合法，但每 10 个美国人里面有 4 个承认他们尝试过大麻。全国范围内，大麻市场据估每年价值 400 亿美元——大约和音乐唱片产业差不多大。而在此之前，整个产业的每一分钱都是流向犯罪组织的。然而在 2014 年，科罗拉多州和之后的华盛顿州相继成了美国以及全世界第一批允许像西博和海斯一样遵守法律、缴纳税款的商家进入市场的地方。2014 年晚些时候，阿拉斯加和俄勒冈州通过投票表决跟进。还有其他不少州宣布表示同样会这么做。在这些地方，经过许可的商家现在可以种植、处理以及出售大麻给任何年满 21 岁的人，包括那些从其他州或者其他国家来的人。在出售大麻之后的第一年，仅科罗拉多的药店就达到了 7 亿美元的大麻销售额——而贩毒集团认为这些钱本应当属于他们。

·　·　·

相比那些被禁止的黑市生意，科罗拉多这些合法的商家享有一些重要的优势。首先，以整个产业的种植端为例。大麻的种植和其他任何的农业种植一样，能够从规模经济中获得巨大的效益。一个大仓库要比许多小仓库更有效地产出作物。在非法的黑市里，由于被执法者发现的风险始终存在，种植的规模存在一个天然的“天花板”限制。虽然在墨西哥，的确会有一些毒品的种植者能够大规模地种植毒品而不被发现，但这通常只在偏远的户外地区，那些地方显然不如丹佛立服的培育中心那么精细。一些设在科罗拉多州的培育室面积能超过 10 万平方英
218 尺——大约和一个大型超市一样大。每一棵植株能够生产大约 75 克的有效大麻，对应的零售价是 1,000 多美元。这意味着即便是一个不算大的培育室，里面种着的 1,000 株植物在任何时候都是价值几十万美金的大麻。这大概就是为什么丹佛立服不把自己的品牌印在库房外墙上的原因。但是对于非法的企业来说，经营一个大规模工厂的风险要大得多，因为他们没有办法买保险，而且显然也不能在遇到窃贼时报警。

非法大麻种植还受限于另一项因素，必须把规模控制得很小。这项因素就是电力。要想种出健壮的、值钱的大麻的话，最好的方法就是在室内种植，而这种方法需要把植株放在明亮、大功率的灯泡下，每天经历数小时的照射。随之而来的庞大电费开支非常容易引起怀疑。大麻发烧友的网上论坛中有很多这样的讨论，大家都在琢磨用多少电才不会让供电公司向警察报告。“给种植者的指南上过去常常写道，粗略估算的话一台大电视的耗电功率大约是 1,000 瓦。所以如果某人在一个五居室的房子里种大麻的话，他可能需要大概 5,000 瓦功率的灯，才不会引起太多的怀疑。”海斯说道。这是一个微不足道的数字：丹佛立服的工厂

用大约15万瓦的照明，加上另外10万瓦的功率用在空调和其他设备上。这样算下来，每天的电费是800美元。

对于非法种植者，所有这些灯带来了另一个问题：发热。警方逐渐注意到这一点，而且现在很多公寓都用红外线摄像头来扫描热得特别可疑的房子。透过警方直升机上的热敏摄像头，一个种植大麻的房子会发出一种强烈的白光，和街上其他黑暗的地方对此，相当于暴露无遗。不只有警察使用这种方法来搜查大麻种植场所：在英国伯明翰，有犯罪分子在使用装备有红外摄像头的无人机去寻找那些隐藏的大麻种植场所时被抓获，他们想打劫或者敲诈这些大麻种植者。“他们就是瓮中之鳖，”一个使用无人机的勒索犯这样告诉当地媒体《黑尔斯欧文新闻》（*Halesowen News*），“这和我用我的无人机去看有没有人家里用很好的电视机还不一样。我只是去寻找毒品，然后盗出来再卖掉。如果你违反了法 219
律，那么你就撞到我和我的无人机世界里了。”[2]

对于非法大麻种植来说，如果想要大规模地种植，那么上述这些问题都让他们处于劣势，这些未获得许可的种植者从数量上竞争不过那些科罗拉多的仓库，那么质量上呢？由于我并不是这方面的品鉴大师，我找到一个专家来帮我。我在“大麻实验室”（Cannlabs）的前台见到了珍妮佛·穆雷（Genifer Murray）。“大麻实验室”是一家由她建立的公司，引用公司为投资人准备的精美光亮的宣传册上的话来说，公司“一直在引领大麻的创新”。穆雷正戴着一条坠着镶钻的大麻叶形状的吊坠，她获得过微生物学位，同时对大麻的科学研究有极大兴趣。她在2010年成立了这家公司，当时还只是一个局促的150平方英尺的实验室。在2014年，顺应科罗拉多州娱乐用大麻的流行浪潮，“大麻实验室”搬进了一个

2,000平方英尺的高科技实验室，同时员工数量增长到30多人。就在这里，很多品种的科罗拉多大麻通过了测试。

穆雷见证了整个大麻种植产业的变迁。“四年前，种植大麻还是非常简单的：人们只是把土、水和光凑在一起。再之前则是某个人在他的地下室里违法种植。现在你不得不雇一个园艺师了。你必须把大麻种植场所像制药厂一样来对待。”她说。花80美元就能在“大麻实验室”检测一批大麻，计算九种不同的大麻素含量。从改变食用者的精神状态到口味的差异，都是这些大麻素在起作用。一个被穆雷骄傲地叫作“设备中的宾利”的银闪闪的设备可以用来检测样品中的杀虫剂残留。其他有可能被检测出来的还包括重金属含量，以及微量的丁烷和丙烷气体含量，有的厂商会在浓缩的过程中混入这些气体，而没有在出售之前把它们清除。

经过这样精密的检测之后，相应的结果是合法大麻的消费者能明确知道他们究竟在抽什么东西，对他们的身体可能会产生什么效果。丹佛的大麻销售有专门的“菜单”列出所售的各式大麻品种。这些各式各
220 样的可选项以及附上用华丽辞藻写就的简短说明，都让我想起了那些在酒标上读到的各种介绍。“刺激、胡椒风味的柠檬味加上氨气带来的后劲……一种强烈的、逐渐增强而又令人欣快若狂的‘升天’快感”，这是一款叫作“火车脱轨”（Trainwreck）的大麻上的介绍。这款大麻在“门诊部”（The Clinic）中有售，“门诊部”是丹佛最大的连锁店之一。“甘草混合柑橘和薄荷构成的味道……非常清爽醒脑”则是用来描述“德班毒药”（Durban Poison）的，这是另一个在售的大麻品种。在介绍旁边是关于不同类型大麻素含量的信息，其中显示“德班毒药”要比

"火车脱轨"强劲很多。一些生产商甚至提供了一个时间表，显示毒品多久会发挥效力，以及这些效力会持续多久——方便那些第二天需要开车的顾客。

毒贩们并非完全不擅长这些东西：像有的违法网上市场，通常也会用那些合法商家使用的花哨名字和介绍来宣传他们的产品。但是有实验室支持的话，那些关于效力和杂质的信息会让合法的商家比那些街边小贩更有优势，特别是那些对抽一种完全未知的大麻品种不太放心的新顾客来说。

对于这些新顾客，合法市场开发了各种新办法来培养这些人对抽大麻的兴趣。在丹佛的市中心，我见到了彼得·约翰逊（Peter Johnson）。他是"科罗拉多绿色旅行"（Colorado Green Tours）的负责人，这个组织开拓了一种全新有趣的"大麻旅游业"。约翰逊戴着墨镜、穿着皮夹克梳着光亮的黑色头发，在华威酒店（Warwick Hotel）的大厅和我见面。尽管这里禁止在酒店内进行大麻消费，但依然成了大麻旅客热衷的一个目的地，原因就在于每个房间都有一个隔开的阳台，非常适合偷偷抽大麻。尽管大麻在科罗拉多已经差不多是一个公开的话题，但是约翰逊仍然建议我们选餐厅角落的一张桌子，以便谈论更加私密的话题。

约翰逊形容他自己是一个"连续创业者"，在互联网繁荣期的时候 221
涉足了科技行业。既然现在大麻、香烟热潮席卷科罗拉多，他便决定开始从事大麻生意。他说他有 30 多个不同的项目正在进行，包括 Cannabeds. com 网站，这个网站的目标是成为线上短租服务公司 Airbnb 的对手，它既是以大麻为主题的网站，同时还有个没取名字的出租车服务，他把这项服务定位为一种对大麻很友好的优步，而优步是智能手机上的一个出租车叫车应用。他还有包括大麻主题酒店在内的众多计划。市场上对所有这些东西真的有需求吗？“当然有！”约翰逊立刻答道。“这让我想起了 20 世纪 90 年代的互联网时代。那个时候发展得很快。但是现在呢？”——他环顾四周，好像正在密谋一件大事，不愿意有别人偷走他的点子——“现在发展得比那个时候还要快。”与互联网泡沫时期作比较并没有让我感到完全放心。而且科罗拉多的大麻市场确实也有泡沫经济的感觉：到 2014 年年末，科罗拉多州许可了 833 家娱乐用大麻药店，每月大约服务 50 万名的顾客。[3]即便是每位顾客每个月都进行大采购，也不过意味着每家店每天大约只会有 20 名顾客，这个客流量看起来并不足以维持这个零售生意。大规模的合并在所难免。

科罗拉多州外的顾客在帮助消费掉过剩的供给。根据提供网上预订宾馆服务的网站 Priceline. com 的数据，在美国学生中丹佛市在 2014 年是春假目的地搜索量排名的第三名。在娱乐用大麻开放销售的前九个月，丹佛市城区 44% 的大麻销量都是由科罗拉多州外的消费者贡献。在像萨米特县（Summit County）、圣米格尔县（San Miguel）和克利尔克里克县（Clear Creek）这样游人如织的山区，州外消费者的大麻消费量占总销量的 90%。约翰逊说这条旅游线路的游客大部分都是美国人，但是他接待的客人来自世界各地：大部分是欧洲人，但也有来自澳大利亚、日本和加拿大的游客，同时也有很多人来自巴西。和春假出行的学生游客不同的是，他的大部分顾客都在 35 岁到 65 岁之间。他说，很多
222 人都有一段时间没有抽过大麻了，因此正“想找一些精神上的放松”。有的则是伴侣在丹佛出差，他们白天无所事事需要打发时间。另一群人是那些在丹佛机场需要打发几个小时的人。丹佛机场是美国最繁忙的几

个机场之一。那些想打发多余时间的人可以拨打电话 1－855－WEED－TOUR，然后约翰逊就会派出一辆机场大巴把他们接上，带着他们转一转，这个时候他们就能够在车里抽大麻了。所有这些服务都是针对那些休闲或者是首次尝试的用户，他们不太自信，同时在科罗拉多也没有什么熟人，这些人是非法毒品市场很难轻易接触到的。

当我在丹佛市闲逛的时候，看到一些生意人出入各式酒店和会展中心，我尝试想象他们的丈夫或者妻子此时在一辆“科罗拉多绿色旅行”大巴上紧张地点燃一根大麻烟卷的画面。这一开始有些不太真实。但是随后合法的公司在尝试各种包装大麻的形式来吸引不同的顾客。走进一家大麻药店，除了货架上摆放的玻璃罐装的大麻花蕾以及货柜里为新手准备的那些预先卷好的大麻烟卷以外，你通常还会看到一个冰柜，里面放着颜色鲜艳的瓶装饮料，货架上还堆着很多塑料包装的巧克力。大麻爱好者长期以来试验各种不同方法来服用这种毒品，从大麻布朗尼到印度的“bhang lassi”（蹦拉西，一种加入大麻的酸奶）应有尽有。如今，大麻合法化已经让那些拥有真正专业知识的人进入市场。到目前为止，科罗拉多已经许可了超过 250 家“添加产品生产商”，这是指那些使用大麻并且把大麻转化成诱人产品的公司，这些产品在非法毒品市场是不可能找得到的。

科罗拉多最大的这一类型的公司是一家叫作“迪西妙药”（Dixie Elixirs）的公司，这家公司制造一系列的大麻饮料、巧克力和药片。迪西工厂看起来非常像《绝命毒师》里制作冰毒的实验室。但是这家工厂不仅像沃尔特·怀特（Walter Whiter）[1]的冰毒制作工厂，也像威利·旺卡（Willy Wonka）[2]的巧克力工厂。当一些穿着白色实验服的技术人员在研制浓缩毒品的时候，另一些人在搅拌一桶一桶融化的巧克力，或者是从装配流水线上取下铝制的瓶子来。查克·史密斯（Chuck
223 Smith）是公司的首席财务官，他带我参观了工厂，参观途中他在一个叫作“阿佩克斯超临界二氧化碳抽离器”（Apeks Supercritical CO2 Extraction Machine）的仪器前停下，并且对其大加赞赏。这个仪器价值10万美元，有大量仪表盘、塑胶线缆以及金属气缸，它从大麻植株中抽出活性成分。工厂中还有装配添加大麻饮料的，口味包括“西瓜奶油”（Watermelon Cream）和“石榴汁起泡水”（Sparkling Pomegranate），除了饮料之外，甚至还有按摩精油。

和其他行业一样，自从娱乐用大麻合法化之后，食用大麻产业就变得更加精细了。史密斯说：“每年在技术上都有巨大的飞跃。五年前我们还在小厨房里，完全用手工制作。”在2014年，公司搬到了一个三万平方英尺的工厂里，访客可以透过玻璃墙看到混合室内部的情况。消费级大麻新品种的快速发展带来了很多新产品，从饮料到巧克力再到迪西的“露珠”（一种高度浓缩的毒品，能够在舌下被吸收）。与分法商业世界中商家们一样，在用新办法开拓新客户这件事上，这些公司显得尤为“头脑灵活”，反应迅速。正如拉格啤酒当初开发出来就是为了吸引更多的女性来喝，“淡烟”开发出来是为了那些对健康比较在意的吸烟

---

〔1〕 沃尔特·怀特是美国电视剧《绝命毒师》中的主角，是一名制毒师。

〔2〕 威利·旺卡是电影《查理与巧克力工厂》中的角色，拥有一家巧克力工厂。

者一样，可食用或者可饮用的大麻产品同样也是为了打开一个新的市场，拓展到那些不愿意抽大麻烟卷的人。

迪西充分利用了这个蓬勃发展的市场，在娱乐用大麻合法化之后的六个月里，他的收入上涨了五倍。但是当公司的名气越来越大，它也不得不面临指责，这些指责认为，它们的产品要比消费者预想中危害更大。尽管大麻是一个极其安全的毒品——看起来不太可能会出现过量吸食的情况，没有相关死亡的案例记载——但是抽过多的大麻仍然是一种很难受的体验，会遭受持续数小时的妄想症侵扰。生产食用大麻产品的公司更是被单独拿出来批评，因为食用大麻产品要比抽大麻更容易出现吸食过量的情况。尽管一支大麻烟卷见效很快，但是一块巧克力或者一瓶饮料能够持续 45 分钟让食用者保持极度兴奋的状态。

吸毒者常见的一个错误就是先咬了一口，感觉没什么效果，再然后 224
就狼吞虎咽吃掉剩下的——这样就会导致他们被锁定在一个持续时间很长的、让人恐惧的感受里，而且没有办法逃出来。

《纽约时报》专栏作家玛伦·多德（Maureen Dowd）就犯了这个错误。当时她正在丹佛做新闻报道，她大口吃掉了一块巧克力，后来才发现这块巧克力本应当是 16 人份的。之后她在《纽约时报》的报道中写道："整整一个小时里，我完全失去了知觉。我感到身体和大脑正在疯狂颤抖。我好不容易从桌子爬到床上，然后就这样蜷曲躺着，整个人完全处于幻境中，持续了整整 8 个小时……我呼吸急促，同时又出现妄想症的症状，之后酒店客房的送餐服务生敲门的时候，我显然没有应答，然后产生了他打电话报警的幻觉，警察因为我没有控制好我的这块巧克力而把我逮捕了……随着我的妄想症加重，我相信我已经死了，而且没有人发现我。”[4]

很多人情况要比她糟糕得多。莱维·桑巴·彭伊（Levi Thamba Pongi），一位来自刚果在怀俄明州学习的19岁交换生，在吃掉一块本应该由6个人食用的大麻饼干之后，从丹佛假日酒店的阳台坠楼身亡。根据他朋友的说法，在吃完这块饼干1个小时后，他开始用法语说话，在客房周围乱扔东西，尝试和一盏台灯说话。之后他从房间冲出从阳台跳下，没有人来得及拦下他。另一个叫理查德·科克（Richard Kirk）的人被指控在吃掉一块大麻饼干后开枪杀死了他的妻子。科克以精神失常作为理由为自己辩护试图脱罪。

在这些悲剧发生之后，科罗拉多加强了对大麻食用产品的管理，要求厂家使用更清楚明确的包装标识以及防止小孩打开的饮料瓶盖。大麻食品行业的从业者则认为其他产品（尤其是酒精）要危险得多，但是管理却更松散。但是大麻制品公司同样也意识到，谨慎经营对它们自己也是有好处的。查克·史密斯说：“事实上，如果公司处理得不好，那么会摧毁整个行业，然后给行业留下一个坏名声。”迪西最原始的饮料
225 产品线是把饮料装在一些小巧玲珑的饮料瓶里，比一听可乐还小，并且在边上用很小的字写着：内含最多7.5份大麻。这让我很震惊，因为对于一个几乎喝不到七口的饮料来说，这个剂量非常大。很多顾客似乎也同意我的观点；因此迪西对这一需求做出回应，生产叫作“迪西一号”的新产品，剂量要小很多。里面只含有5毫克的四氢大麻酚（tetrahydrocannabinol，THC），这是大麻素中让人极度兴奋的化学成分，而之前最大剂量的饮料中则含有75毫克的四氢大麻酚。

我离开了迪西那家奇怪的巧克力-毒品工厂，离开时，我对大家普

遍认同的“大麻无害论”感到更加怀疑。如果只是一块巧克力或者几口石榴饮料就能让你短暂地陷入癫狂，那么大麻似乎已经变成比通常认为的更加强烈的产品。不过，市场的力量似乎正在把迪西这样的公司拉回到生产更加温和的产品上，而不是把他们推向更强烈的产品上。然而有一件事是清楚的：无论大麻饼干对玛伦·多德或者是其他潜在的消费者来说是多么可怕，这种可怕程度都赶不上对那些正在美国贩卖大麻的贩毒集团产生的恐惧。据我所知到目前为止，没有犯罪集团在从事走私巧克力大麻布朗尼的生意。相反，合法的大麻公司正在推广一种消费毒品的新方式，这样一来可以及时地吸引那些不喜欢用烟壶吞云吐雾的人，这些人或许能够被说服尝试那些添加 THC 成分的饮料。这些人在数量、质量和创新能力上都全面超越了贩毒集团。贩毒集团会怎样应对这些新兴的、合法的竞争者？

· · ·

美国庞大的大麻市场让贩毒集团逐渐失去占有率。美国人一年要抽掉超过 3,000 吨的大麻（有人预计实际数字还要高出两三倍）。一部分大麻是自种的，还有一些是从像加拿大和牙买加这样的国家进口的。但是很多年来，大部分大麻都来自墨西哥。2011 年，据现已解散的一个司法部下辖机构“美国国家毒品情报中心”（US National Drug Intelligence Center）估算，“我们可以很有信心”地认为墨西哥的贩毒集团控 226
制了全美国超过 1,000 个城市中大部分的大麻销售。2010 年，一项由兰德公司做的更详细的研究估算认为，墨西哥向美国提供的大麻数量大约占总大麻消费量的40%到67%之间。[5]

在丹佛市整个兴奋激动的气氛中，很容易忘记在2015年的时候，美国50个州中只有4个州——科罗拉多州、俄勒冈州和阿拉斯加州——完全将大麻合法化。这些州也都是相当小的州：加起来的人口数量只有大约1700万人，相当于全美国人口的5%。贩毒集团在这四个州里可能很难和合法的大麻企业竞争，但是对于剩下的95%的美国人来说，他们不得不从黑市中买大麻（除非他们能够说服一名医生许可他们抽医用大麻，医用大麻在21个州被允许，其中包括哥伦比亚特区）。[6]然而，合法化出售的大麻总是会流入相邻的几个州里去，这让贩毒集团和美国警方都感到很恼火。在那些大麻仍然不合法的地方，消费者现在面临的选择是购买那些从墨西哥进口的大麻，还是那些从已经合法化的州走私过来的。州与州之间有多少的非法交易正在发生？

为了找出答案，我去拜访了一位以试图限制科罗拉多大麻为己任的人：汤姆·戈曼（Tom Gorman）。他是“落基山脉重度贩毒地区”（Rocky Mountain High - Intensity Drug Trafficking Area）项目的负责人，这个项目是一个联邦级的打击毒品倡议项目。在大麻已经被合法化的州里，联邦政府的这一派出机构扮演着一个很模糊的角色，名义上是继续打击大麻，尽管实际上当地对大麻的斗争已经宣告停火。“落基山脉重度贩毒地区”的办公室位于城镇的边缘，里面装饰着总统的肖像、星条旗以及雄鹰的雕塑。这里给人的感觉是一个叛乱地区遗留的最后一座
227 碉堡。穿着黑色的皮牛仔靴，留着浓密的沙褐色胡须，汤姆看起来有点

像查克·诺里斯（Chuck Norris）[1]的弟弟（虽然比这个哥哥矮一点，但为人更强硬）。在他办公室的一面墙上，有一把装在木板上的匕首。这把匕首是他20世纪70年代在加利福尼亚州时突袭搜查一栋房子时被人刺在大腿上的（他说自己后来把裤子上的血洗掉，让他妻子缝上裤子上的洞，继续穿着同一条裤子巡逻去了）。我甚至会想，要解决拉丁美洲的贩毒集团之间的战争，是不是只要把戈曼派过去几天，让他给那些毛贼们一点教训就可以了。然而事实是，即便是像他这样的人，也在费力维持着科罗拉多州新兴的大麻产业的安定。

"合法的大麻市场已经成为了美国其他州的大麻黑市。"他说。你只需要证明你已满21岁，就能够进入科罗拉多一家大麻药店，然后最多可以买到1/4盎司的大麻。之后几乎没有什么可以阻止你开车离开科罗拉多州，然后进入到那些大麻不合法的州内。公路上的警察会尽他们最大的努力来阻止大麻运输。但是州与州之间只是以州界线相分离，又不是国与国之间的国境线。如果警察想要拦下一辆车的话，必须是出现了交通违规的情况，而且在开始搜查之前必须有合理的理由。"我猜我们只没收了不到1/10的大麻。"戈曼说道。科罗拉多的大麻不仅仅是通过高速公路流通。还有一些是通过邮件运送。在2010年，即科罗拉多医用大麻药店迅猛发展的一年后，美国邮政署（US Postal Service）所拦截的从科罗拉多州寄出的大麻共计57磅。到了2013年，这个数字增加到497磅，这些大麻本将送往33个不同的州。而且这还只是发现了的包裹；没有人知道有多少包裹没有被发现。

---

〔1〕 查克·诺里斯（Chuck Norris，1940－）是一位空手道世界冠军、美国电影演员，曾在李小龙执导的武打电影《猛龙过江》中饰演一名空手道高手。

合法的大麻正在向外面流出，这一点都不意外。“科罗拉多的大麻质优价高。又没有使用杀虫剂。你在这里买一磅带到密苏里州或者爱荷华州价格就能够翻一倍。”戈曼说。当然，非法物品在州之间交易既不少见也不限于毒品。同一位丹佛市的大麻零售商聊天时，他告诉我，除
228 了科罗拉多出售的大麻以外，怀俄明州边境附近的大麻销售也增长迅猛，而在怀俄明州大麻是被禁止的。由于在科罗拉多州境内不允许购买烟花爆竹，怀俄明州的商人同时也靠向科罗拉多州的居民出售烟花爆竹赚了不少钱。我在网上简单浏览了一下，又进一步验证了这一情况：正如科罗拉多州边境附近有很多大麻药店一样，怀俄明州边境则是一个烟花爆竹的奇妙世界，包括烟花品牌“派烙城”（Pyro City）。这家店“就在科罗拉多州和怀俄明州分界线以北两英里处”。

非法经销商正在尽他们最大的努力顽强地控制那些合法市场触及不到的地方。例如，在科罗拉多，大麻药店在晚上 7 点钟关门。所以夜间这一档仍然属于黑市控制。而且娱乐用的大麻商店不允许提供配送到家的服务，而这恰好是非法的商家们长期以来非常擅长的服务，因为相比于在街头晃悠等待交货，送货到家所带来的风险要小得多。不管怎样，很多吸毒者仍然选择去他们现有的那个供货商那里购买。戈曼认为这是出于习惯。“毒贩对人们来说很有一种神秘莫测的印象，这是完全错误的。他们都是非常普通的人。我可能会因为你是我的一个哥们，于是打电话找你买大麻。如果之后得知你是一个毒贩，而我又已经从你这里买过毒品了，这前后有什么变化吗？”

但有一件事确实可能发生变化，那就是市场中批发这一侧的情况。可能戈曼说的是对的，而且一些长期抽大麻的吸毒者会一直从他们现有

的供货商那里买大麻，无非是出于习惯、客户忠诚或者是喜欢深夜送货上门服务这些理由。但是贩毒集团面临的大问题是，像这样的毒贩，他们从哪里拿到他们的货呢。换句话说，美国的大麻黑市里是否允许墨西哥大麻同时存在并且进行竞争。或者这个黑市会变成一个“灰色市场”，在这个市场里，合法的毒品商家从合法渠道购买毒品，然后通过不合法的销售来赚取利润——无论是在那些不允许销售大麻的州，还是在虽然允许销售大麻但不允许销售大麻的时间段，或者是卖给那些未满21岁的人。比如，烟酒黑市最后的发展就成了后者这种模型。在周六的晚上随意到任何一个大学里看看，那里毫无疑问有很多非法出售的酒。但是这些未满法定饮酒年龄的人不会去买那些从墨西哥走私进来的非法酿造的啤酒。相反，他们购买的是合法酿造并且在普通商店中出售 229
的酒，只是通过一个“贩子”非法地获取了。这个贩子可能是他的一个哥哥或者朋友。与此类似，大部分的非法香烟是在某个地方合法生产，然后非法地转手到另一个地方，在这里香烟要收取更高的税（根据估算，纽约市抽过的超过一半的香烟都是因为这个原因而从其他州偷运过来）。[7]

贩毒集团在这样一个灰色市场保持竞争力的唯一方法，就是他们能够在价格上胜过那些合法的大麻种植商。他们该如何做才能实现这个目的呢？回到丹佛立服的办公室里，丹佛立服的老板伊安·西博说，公司的培育室能够花2美元生产一克可以抽的大麻。这个水平让丹佛立服和科罗拉多的其他声誉较高的公司齐平：丹佛大部分大型大麻生产商生产一克大麻的成本是1,000美元，算下来大约是2.20美元一克。算上税之后，在药店的零售价格是大约11到15美元一克，如果在娱乐场所的话，由于税更高，价格在 16 到 20 美元之间。

在这样的基础上，墨西哥的非法大麻看起来非常有竞争力。根据白宫年度毒品报告，美国非法大麻的平均价格是 15 美元一克，如果购买的量比较大，价格会稍微便宜一点。丹佛的大麻药店表示，自从合法的大麻市场诞生之后，非法大麻销售商开始为了留住客户而降低价格。一位零售商估算，非法大麻要比商店里买到的大麻便宜 20% 到 30%。但这还没有把大麻的强度考虑进去。根据白宫的数据，非法大麻中的 THC 成分含量平均只有 7%。这个强度和科罗拉多的合法大麻商店中出售的大麻相比非常微弱。在合法大麻商店中所出售的大麻的 THC 成分含量超过了 20%。换句话来说，如果抽墨西哥大麻而又要达到和科罗拉多大麻相同效果的话，你必须要抽三倍的量。如果贩毒集团想要保持竞争力的话，那么他们必须把价格降到合法大麻的 1/3 以下。

230 要在不同的州都把价格降到合法大麻的 1/3 以下，各个州实现起来的难度不同。毒品走私有一条基本的规律，随着毒品运输的距离越长，成本会变得越贵。在这个充满危险的旅程中，每一步都需要冒险，而面对这其中的风险，走私犯都希望得到补偿。所以当海洛因从阿富汗到欧洲的时候，价格逐渐增加。一个叫做“毒品新闻”（Narcotic News）的线上网站收集了所有和毒品有关的信息，并且利用执法部门官员提供的数据搭建了一个关于全美国各地毒品价格的数据库。最便宜的非法大麻在边境地区：在得克萨斯州的埃尔帕索，一千克的批发价低至 200 美元。等到了纽约市，这一批大麻最高则能卖到 1,000 美元。那些想要在夏威夷抽大麻的人则比较可怜了，因为在那里，一千克大麻的批发价是 6,000 美元。

为了计算走私大麻的花费，一个位于墨西哥城的智库“墨西哥竞争力研究所”（Mexican Institute for Competitiveness，IMCO）的研究人员绘制了一张图表，描绘出了48个城市中的毒品价格，并且分别对应到该城市到美墨边境之间的距离。他们发现从平均水平来看，在美国境内，大麻的批发价格每1,000公里要增加500美元。如果科罗拉多州或者华盛顿州的美国毒贩们想要把毒品偷偷运输到别的州的话，他们需要考虑的成本是相同的。这样的情况看起来很合理。所以“墨西哥竞争力研究所”的这个研究团队做了一些计算，假定合法市场的大麻批发价格是每千克2,000美元（这个价格和大部分科罗拉多的大麻种植者种植所需要花费的成本相同）。他们之后绘制了一幅美国地图，并且在上面画出了从科罗拉多和华盛顿偷运大麻到其他州需要花多少钱，所有的结果都是按照假定每1,000公里要500美元的开销计算得出。折算成相同的纯度，美国大陆48个州里面有47个州是这种情况：从科罗拉多或者华盛顿偷运过去的大麻都要比墨西哥大麻便宜。只有在得克萨斯州，这个正好就在墨西哥家门口的州，墨西哥的贩毒集团的大麻更值。[8]

对于墨西哥的黑帮来说，如果失去美国大麻市场的大部分份额的 231
话，将会是一次严重的打击。墨西哥竞争力研究所认为，贩毒集团每年从在美国的大麻销售中能够赚取20亿美元。而贩毒集团从贩卖可卡因中每年赚取的收入是24亿美元，这样看来，大麻对他们来说和可卡因一样，是很有价值的一块市场。根据墨西哥竞争力研究所的计算，从科罗拉多州和华盛顿州流入到其他州的合法大麻直接让墨西哥贩毒集团失去了他们现有份额的3/4，让收入下降到了6,000万美元。而且这个计算是在其他州开始合法化大麻之前。美国每增加一个地区开始大规模地种植合法大麻，非法大麻的市场就萎缩一部分，而且那些核实中流通的大麻越来越多地会来自美国境内的其他州，而不是来自墨西哥。

现在已有证据证明贩毒集团要面对的这个问题。我在丹佛市打了个电话给我在墨西哥城的一个旧识，安东尼奥·玛兹特力（Antonio Mazzitelli）。他是一个足智多谋的意大利人，是联合国毒品和犯罪问题办公室在当地的负责人。我问他在美国开始逐渐松动对大麻禁令的大背景下，墨西哥大麻产业现在的情况如何。“影响很大。”他说。几周之前，墨西哥警方突击搜查了一间在蒂华纳的仓库，里面有 30 吨的大麻，这样的库存量从任何角度来看都是一个很大的数字。他随后解释道：“为什么库存量这么大？因为他们在另一边找不到买家了。这段时间在美国和加拿大出现了质量好很多的大麻。”前一章我们介绍过的那些为了贩毒挖的地道，现在已经被用来偷渡非法移民，这可能也是暗示贩毒集团日子并不好过的另一个标志。移民比毒品赚的钱要少，而且他们总是会在不该发出声音的时候，不小心打个喷嚏，这样就把地道的位置给暴露了。“偷渡人口并不是这些地道正确的使用方式。你建了一个这样的基础设施用来贩毒，就应该让这些地道保持隐蔽。”玛兹特力说道，听起来好像对贩毒集团这种愚蠢的做法感到恼怒，因为他们没有正确地用好这样一个宝贵的资源。“当你用这些设施来偷运几百个非法移民的时
232 候，你一定是因为失去了一个能出售你最值钱的商品的市场。否则，你不会冒这个风险。”这种绝望的做法意味着，对于那些出口大量大麻的贩毒集团来说，现在是非常绝望的时刻。

· · ·

合法大麻产业的下一步发展是什么样的呢？每增加一个宣布大麻合法化的州，市场就又多吸引了一批新的投资者。大麻产业已经“出柜”了[1]（这里的用法实际上从字面上也是符合实际的，很多美国人曾经就是在柜子里种大麻），然后变得和其他庞大的产业一样，大部分的特点都是相同的：游说集团、公关公司、贸易展销会——包括在拉斯维加斯一年一度的一场吸引了超过2,000名企业家的盛会——以及一个活跃的行业媒体，包括像《大麻商业日报》（*Marijuana Business Daily*）这样的新闻媒体。《丹佛邮报》（*Denver Post*）甚至有一名大麻编辑里卡多·贝卡（Ricardo Baca）。这名编辑任命了一位大麻评论人和一位大麻评测作家，而且最近还登出一则广告，招聘一位专注于大麻方面的两性专栏作家。

商业上的蓬勃发展使帮助推动合法化的资金数量也在增长。在过去，大麻的合法化运动主要是由学生和嬉皮士主导的（也有一些自由主义者，包括《经济学人》杂志的编辑们）。这些人都是业余来发起大麻合法化的运动，因此很轻易就会被反对大麻合法化的运动所碾压，因为后者有更雄厚的资金支持。如今，背后支持的资金正在转变阵营。以2014年的投票倡议为例。在阿拉斯加，“支持大麻合法化”的阵营说服了持怀疑态度的民众，一部分的原因是运动背后有85万美元的资金支持。这些资金来自“大麻政策计划”（Marijuana Policy Project）和“毒品政策联盟”（Drug Policy Alliance），而“毒品政策联盟”中有一部分由乔治·索罗斯（George Soros）资助。作为一个富有的金融家，索罗

〔1〕 此处用语是“out of the closet”，有“公开”“现身”的含义，同性恋公开性取向也用这个说法。

斯长期以来都从政治道德[1]的角度支持大麻合法化。而相比之下，“反对大麻合法化”的阵营只募集了 10.8 万美元的资金。在俄勒冈州，两派之间的比赛甚至更加一边倒：“反对大麻合法化”的阵营募集了 16.8 万美元，大部分来自俄勒冈州治安官协会（Sheriff's Association），而“支持大麻合法化”这边的阵营募集了 750 万美元。在佛罗里达州的运动中，两边的情况更加接近，同时该州也是在宣传运动上花最多资
233 金的州。一个叫作谢尔顿·埃德尔森（Sheldon Adelson）的通过经营赌场赚钱的亿万富豪帮助“反对”这一边筹集到了 470 万美元。但是“支持”阵营筹集到了 610 万美元。其中很大一部分来自一位富有的奥兰多律师——约翰·摩根（John Morgan）。更远的地方像加利福尼亚州、科罗拉多州和内华达州的商人们也纷纷向提供资金支持。

最终，佛罗里达州的合法化动议以微弱差距失败。由于人口高达 2000 万人，佛罗里达州本可以成为至今为止最大的大麻消费市场。“我们并非想从商业角度来讨论大麻合法化的问题，因为大麻合法化主要是出于对那些需要大麻缓解痛苦的人的同情，但实际上损失掉的机会也很大，”摩根在结果出来之后如此说道，“损失可以说是巨大的。你只需要看看科罗拉多州：房地产业在增长，增加了三万个就业岗位，零售业在增长，州内的税收增加。”整个产业变得如此之大，以至于主流的投资者都对大麻产生了兴趣，虽然可能只是无意之中配置了相关的资产到整个行业。沃伦·巴菲特，这位“奥马哈的智者”，以他精明的投资成为了世界上最富有的人之一，他的资产同样和大麻产业有关。巴菲特投

〔1〕 政治道德的角度支持大麻合法化是指从赋予人们自由选择的权利角度来论证大麻合法化的必要性，认为是否吸食大麻应当交由每个人自由决定。

资了一家叫作“立方体设计”（Cubic Designs）的公司，这家公司为仓库提供夹层楼板。“立方体设计”给1,000家大麻药店发出了宣传单，力劝他们“在现有的大麻种植面积上扩大一倍”，然后附有在金属的楼板上面种满大麻植株的照片。“奥马哈的智者”本人对此不予置评。

随着越来越多的州投身大麻合法化的潮流当中，联邦政府仍然对此视而不见就显得越来越奇怪了。丹佛大学的一位法学教授山姆·凯姆（Sam Kamin）曾协助起草了科罗拉多的法律，他认为联邦层面的合法化会发生在科罗拉多的合法化试验开始10年之后，也就是2024年。他认为，加利福尼亚州、伊利诺伊和纽约地区的合法化进程使得联邦层面的改革势在必行。如果大麻在联邦层面实现合法化了，那么现在参与合法大麻行业中的这些人将会非常高兴。大麻公司的主要障碍就是联邦层面对毒品的禁止：从银行开户到跨州营业，每一项都遭到限制。撤销这项禁令将会让他们的种植更加便利；史密斯说他希望“迪西妙药”公司成为“大麻行业的百事可乐”。

但这还会带来另一种可能性：联邦层面的合法化意味着一些规模更 234
大的公司会决定进入这个行业中去，他们一直对进入大麻领域有所顾虑。到目前为止，合法大麻行业有一点很令人吃惊，没有巨头公司加入到这股淘金热当中。科罗拉多州有全世界最完善的娱乐用大麻市场，但是这里仍然没有一家大型连锁店。而回到2014年，甚至没有一家大麻药店有超过10家分店。科罗拉多州大部分的大麻初创企业都是那些大麻爱好者最初创立的，之后才有专业的创业者加入进来。很难想象这些人能够在一个大型的、财力雄厚且家喻户晓的大公司的屠杀下存活下来。整个产业建立的方式意味着大公司会有更大的优势：更能够保证符合各种复杂的法律法规；更好地利用农业中天然存在的规模经济优势；以及凭借一个值得信赖、全国性的品牌，让那些有所顾虑的新顾客更加放心。“迪西”牌的饮料怎么可能抗衡过百威（Budweiser）牌添加了THC成分的啤酒？如果能买到本杰瑞牌[1]的大麻冰激凌，还有人会买“迪西”牌的食品吗？如果人们在7－11便利店就能够买到一包20支的“好彩”（Lucky Strikes)[2]大麻香烟，那些小的大麻药店还能够继续营业吗？

这些家喻户晓的品牌要想进入大麻行业还有一小段路要走。只要在美国的大部分地区大麻仍然是非法的——更别说世界上除了乌拉圭的其他国家——那么进入大麻行业会在法律和公共形象两个方面冒风险。即便是像理查德·布兰森（Richard Branson)[3]这样一位直言不讳为大麻合法化辩护的人，也不愿意冒险让维珍集团的品牌砸在一条实验性的新产品线上（我咨询过他的办公室，想要获得一次采访的机会；然而虽然他是少有的绝不会放过任何免费公开宣传机会的人，仍然拒绝对此话题做出任何的评论）。投资者已经迫不及待了：一项由一家投资银行“苏格兰皇家银行资本市场”（RBS Capital Markets）的烟草研究团队所做的研究报告认为，“投资者迟早会开始询问‘大麻合法会对投资大环境造成什么样的影响’这样的问题……我们相信在美国全面的大麻合

---

〔1〕 本杰瑞（Ben & Jerry's）是美国著名冰激凌品牌，于2000年被联合利华收购，成为其旗下子公司。

〔2〕 美国著名卷烟品牌，属英美烟草公司所有。

〔3〕 理查德·布兰森（Richard Branson，1950－），是英国著名企业维珍集团的执行官。集团旗下包括：维珍航空、维珍铁路、维珍电讯、维珍可乐、维珍能源，连锁零售店维珍唱片行，以及维珍金融服务。

法化将会导致烟草公司重新考虑自身的发展空间。”[9]

在公开场合，“全球烟草巨头”否认对大麻有任何兴趣。然而私底 235
下，他们几十年来都在推动大麻香烟。一个三人的学术小组研究了大型烟草公司的档案，然后得到了一些不同寻常的发现。[10]埋藏在8,000万份曾经内部保密的文件中的，是“全球烟草巨头”认真地考虑如何成为“全球大麻巨头”的证据。这些研究人员发现，至少从20世纪70年代开始，烟草公司就对大麻表现出了热切的兴趣。它们既是出于大麻是烟草的竞争者的角度，同时也是考虑这能否成为一条新的产品线。在一份由阿尔弗瑞德·博格（Alfred Burger）撰写的备忘录中，记载了烟草公司最早透露出的兴趣。阿尔弗瑞德·博格是一位弗吉尼亚大学的教授，他主持了一项化学领域的研究项目，这一项目是由世界上最大的烟草巨头之一的菲利普·莫里斯国际公司（Philip Morris）赞助支持的。那是在1969年，问卷调查显示12%的美国人在20岁的时候都尝试过大麻，其中还有10%的人表示他们没有抽过大麻但是愿意尝试。博格在备忘录中写给菲利普·莫里斯实验室的化学研究负责人称：“我能预见到10年之内会有越来越多的人抽大麻，而且大麻会逐渐合法化。那些率先推出大麻用具的公司将会控制整个市场，相比于其他竞争者来说，他们更容易满足大众对这些产品的合法需求，无论这种用具是香烟还是别的其他什么形式。因此，我建议贵公司立即着手建立一个研究项目，研究各种大麻。”

随后，同年菲利普·莫里斯联系了司法部申请一份大麻样品以便开展测试。公司宣称这是为了帮助政府理解这种毒品，这项申请被司法部批准了，同时还答应给公司提供“优质”的大麻。在之后的一项备忘

录中，菲利普·莫里斯美国部的主席罗斯·米尔海瑟（Ross Millhiser）
236 写道：“尽管我反对服用大麻，但我意识到在不久的未来，大麻会被合法化，然后增加一些受到一定限制的销售渠道，只要不涉及犯罪的问题。因此，在这些因素的共同支持下，我们应当检讨下面几个问题：1. 潜在的竞争情况，2. 可能的产品，3. 和政府合作。”

大西洋的另一侧也对大麻产生了兴趣。在1970年，哈林·格林菲尔德成为国际麻醉品管制局（International Narcotics Control Board）的主席，该机构负责监测和实施联合国在毒品问题上的公约。但是他也是英美烟草公司（British American Tobacco，BAT）的顾问。在同一年他写信给英美烟草公司的管理层，建议考虑“从烟草行业对抽烟所做的大量研究中抽取一部分到大麻的研究上”。他解释道，他已经和查尔斯·伊利斯（Charles Ellis）先生讨论过这件事了，查尔斯·伊利斯是一位杰出的物理学家，当时也是英美烟草公司的首席技术顾问。哈林·格林菲尔德说查尔斯先生“非常认可这个想法”。下半年，查尔斯先生为英美烟草公司撰写了一份备忘录，他在其中说，“如果人民对大麻的态度更加包容的话，抽一支大麻香烟是现有抽烟习惯很自然的延续，这两者之间的转变就像从抽香烟转换到抽雪茄一样。”对于英美烟草公司自己的大麻项目，他建议道，“第一步必须是学习如何在大规模的烟卷中统一装有一定量磨碎的大麻粉或者晒干的大麻烟丝。”他提议通过在小鼠上做实验来测试大麻的效果。

后面若干年时间里，烟草公司仍继续关注大麻的发展情况。在1972年，一份美国雷诺烟草控股公司（R. J. Reynolds）标有“秘密”的计划文档中估计，大麻合法化的概率到了1980年是15%。一项由布朗·威廉逊有限集团（另一家大型烟草公司，现已倒闭）在 1976 年做出的报告预计，大麻将会在 1990 年前非罪化，同时还有可能合法化，而这将“对烟草产业造成重要影响，因为这会产生一条新的产品线”。尽管有这些报告存在，他们都否认了这些说法；《时代》杂志（*TIME*）
甚至为对烟草公司进行了一次报道而道歉，在报道中《时代》杂志认 237
为烟草公司想要进军大麻产业，但是这些公司表示抗议。

一些被“全球烟草巨头”在 20 世纪 70 年代闲置的点子直到今天仍然说得通。一份布朗·威廉逊的内部报告设想了一个场景，在这个场景中，大麻刚刚开始在美国合法化——和现在的情况非常像。在开头，这份报告设想：“尽管烟草公司延伸开发大麻产品貌似非常合理，但是股东之间的意见不一致，使一些公司并不能立刻进入这个市场。”然后报告设想，在美国的引领之下，外国政府也合法化了大麻。在此之后，“南美和印度尼西亚由于低生产成本、足够的质量保证以及由此带来的更低的价格，因此成了全世界主要的供应商。”

这个设想很有可能会实现。拉丁美洲国家的政府是最不愿意禁止大麻的，因为这对于当地有实力的贩毒集团来说意味着数十亿美元的市场。乌拉圭已经率先参与其中，并且合法化了大麻。巴西和墨西哥的前总统同样支持这一政策。更近一些，哥伦比亚和危地马拉的现任总统呼吁大麻合法化。很难想象墨西哥在蒂华纳对大麻宣战的同时，有些大麻在边境那一边的美国圣地亚哥是自由流通的。如果拉丁美洲跟进了大麻合法化的进程，布朗·威廉逊的分析师们在 40 年前的预测几乎就被证实了。正如北美自由贸易协定使得墨西哥组装出口到美国的电视和冰箱工厂数量迅速增加一样，大麻仓库将会转移到边境以南的墨西哥地区，利用当地低房租和低工资的优势。可口可乐的一位前高管文森特·福克斯（Vicente Fox）曾在2000到2006年当过墨西哥总统，他说自己对把在瓜纳华托（Guanajuato）的农场变成大麻庄园很感兴趣。“一旦这样做是合法的，我会这么做的，我自己就是一个农民。”他在2013年这样告诉当地的报纸。整个行业“将会从犯罪分子手上拿走数百万的美元……这些钱会流到商人手里，而不是流向锡那罗亚集团的首领‘矮子’古兹曼手里。”他说。

如果墨西哥确实开始为美国市场种植大麻的话，丹佛的仓库可能会和底特律的汽车工厂一样：破产，被来自国外更便宜的竞争淘汰。而且这样的合法化可能会让整个大麻产业回到原点：从墨西哥的非法生产大麻，到美国的合法生产大麻，最后再回到墨西哥。唯一的不同点将会是，墨西哥的大麻种植者将会为菲利普·莫里斯这样的公司工作，而不是为贩毒集团工作。

—

为什么经济学家是最好的警察

毒品战争史上最大的一次成功，最近发生在得克萨斯州奥斯汀市的一间办公室里。得克萨斯州公共安全部的官员在一次行动中一举从犯罪组织手中缴获了市值 16 亿美元左右的毒品。这次行动最值得一提的是它的隐蔽性。整个行动没有发生过一次交火，也没有一名人员受伤。实际上，甚至没有一个官员需要从他的办公桌起身，更不用说抄起武器了。这次搜查行动的成果之所以价值数十亿，是因为这些官员决定不再用批发价来计算他们在边境线搜查到的毒品价值，而是用高得多的零售价来计算。只是在电子表格中做一个微调，这些被拦截下来的毒品价值就迅速从 1.61 亿美元增长到 18 亿美元。凑巧的是，这个增长了十倍的变化，恰好发生在整个部门应当提交材料进行绩效考核的前一星期。[1]

无论是墨西哥将军鼓吹大麻篝火〔1〕的价值之大，还是得克萨斯州的边境官调高他们搜查到的大麻价值，这些毒品战争的负责人常常对经

〔1〕 大麻篝火此处指本书引言部分提到的那场墨西哥政府在蒂华纳进行的大型销烟活动。

济学表现出选择性的失明。如果让这些警察当经济学家，他们会很不靠谱，这可能一点都不让人吃惊。但是如果给经济学家一个当警察的机会，情况会怎么样呢?

240 这个想法乍一听起来可能有些奇怪。在南威尔士一片草坪上的一栋办公楼里，一群统计学家正在统计整理一些极度不寻常的数据。这些分析师们隶属英国国家统计署（Office for National Statistics）——英国官方的数据统计机构，他们工作中大部分时间都是记录一些日常数据，比如通胀率和失业率。但是从 2014 年之后，在测算日常经济规模之外，他们还被要求测算罪犯活动中的经济活动。到目前为止，他们的调查还仅限于毒品犯罪和性产业，使用的模型和他们应用在合法行业中的模型一样。他们早期的发现表明，英国的非法毒品市场每年为国民生产总值贡献了 74 亿美元，体量大概和广告行业一样。性产业的规模还要更大，每年产生大约 89 亿美元。把这两个数据加起来，毒品产业和性产业的规模要比英国的农业经济规模还要大。

如果你仔细看他们统计数据时的那些文档，这些统计人员的统计方法不同寻常。你会从中看到他们是怎么从大麻种植者的盈利中扣除电费的，又是怎么从妓女的收入中扣除“橡胶用品”的花费的。整个计算非常详细，同时也很仔细：大麻种植中所需要的成本是根据环境、食物和农村事务部（Department for Environment, Food and Rural Affairs）提供的农业数据计算得出的，而对于妓女的花费，在计算时包括了每月 170 美元买衣服和每位顾客 70 美分安全套的钱。如果这些数据不是印在官方文件上，看起来好像很讽刺。但是这种把犯罪行为和普通商业一视同仁进行严肃分析的方法变得越来越普遍，因为政府逐渐意识到，把有组织犯罪当作营利的企业来看待，能够产生一些有价值的信息。欧盟所有国家现在已经把性产业和毒品产业计入国民经济核算当中。英国还在考虑扩大项目，把非法赌博、盗版音乐及软件和“倒卖赃物”（即倒卖偷窃所得的物品）纳入其中。当犯罪逐渐不再简单地以战争或者道德批判的角度来分析，而是转变成以商业的角度来分析，全世界会从中得到什么新的认识呢?

在本书中，我运用那些调查其他行业时所运用到的方法尽力检视、241
展现了贩毒集团运营中的方方面面。无论是令人头疼的人员招募问题，还是线上商店对实体商店造成的威胁，暴徒们和普通的经理人之间存在惊人的相似性。但是同样值得注意的是，虽然试图扼杀毒品交易的政策层出不穷，但往往方向都错了。那些在正常的商业世界中因为无效已经被抛弃的监管方法，却被允许在毒品打击领域持续存在多年。全书中的例子证明了政府在打击毒品产业所做的努力背后犯了四大错误。

错误一：过度执着于供给端

尽管在对毒品的战争中，大量的注意力都集中在交易的供给端——即毒贩们——但实际上大量的情形下，应当优先把精力放在需求端，也就是消费者这一端。在本书的第一章，我们看到了即便通过轻型飞机播撒除草剂能够对安第斯山脉的古柯树叶产生巨大的影响，但是对可卡因的价格却影响甚微，这还没有考虑由此产生的巨额投入和因此带来的暴力。一方面的原因是因为贩毒集团利用他们的购买力强迫农民承担了增加的成本，这和沃尔玛压榨它的供应商的做法如出一辙。更重要的是，古柯叶作为毒品原材料，它的成本本身就很低，以至于对可卡因在零售终端的价格几乎起不到什么作用。生产一千克可卡因粉末，所需要的古柯叶只需要花数百美元。所以即便让种植古柯树的成本翻倍，最终也只能使可卡因成品的价格增加不到1%，最终的可卡因成品价格每千克能卖到超过10万美元。如果要破坏供应链的话，应该从供应链的末端着手，也就是消费毒品的那些发达国家，在那里毒品的价格较高，因此收缴毒品能够对那些毒贩造成足够大的影响。

除此以外，即便在供给端的措施能够产生效果，把注意力放在供给端也是错误的。因为这背后还有另一方面原因。当一件商品的价格上
242 涨，商品售出的数量通常来说会减少。但是在消费量下降的幅度上，不同商品情况不同。有些商品的需求是“有弹性的”，这意味着即便是价格小幅上涨，都会带来需求的迅速下降。但是还有一些商品的需求是“非弹性的”，即便在涨价的情况下，消费量和涨价前相比也大致相同。要检验毒品市场是弹性还是非弹性有些困难，因为价格和购买量这两个数据的真实性都很难检验。但是大多数证据表明毒品的需求是非弹性的。一项调查分析了在美国收集到的数据[2]显示大麻的需求弹性大约是-0.33，也就是说，价格每上升10个百分点，需求只会下降3.3个百分点。在其他一些对被逮捕者尿检结果的研究中，研究人员发现了更微弱的相关性：可卡因的需求弹性是-0.17，海洛因的则是-0.09，这意味着可卡因价格每增加10%，尿检呈阳性的人数只会下降1.7%，而对于海洛因来说，产生的效果不到1%。

毒品需求属于非弹性需求也是符合直觉的，特别是那些容易上瘾的毒品。比如我们之前提到的辛西娅·苏铎，那位家住丹佛市、对海洛因

上瘾的老妇人。像她这样的毒瘾患者是不会仅仅因为毒品价格上涨了一点就不再吸毒的。如果我们想想贩毒集团为什么要把业务拓展到偷渡人口时，就会理解这其中的原理。尽管美国加大了对边境线的巡逻力度，从而使非法越境的成本增加了不少，但是增加的这些成本对人们希望安全偷渡到美国的需求丝毫没有影响。对“蛇头”向导的需求看起来和毒品一样，属于非弹性需求。而且这也完全在意料之中：穿越边境和自己的孩子团聚，或者甚至只是为了找到一个报酬高不少的工作，在这些目的的驱使下，人们不可能仅仅因为价格上的一点点提高就放弃偷渡的念头。

由于对非法商品和服务的需求是非弹性的，因此对于那些重点放在打击供给端的政策来说，会有两方面令人不安的问题。第一，这意味着即便是成功地把毒品（或者偷渡时的向导服务也是一样的）的价格抬 243
得很高，最终对关键地方的影响却不大。这里所谓关键的地方是指购买毒品（或者偷渡时的向导服务）的人数没有下降。政府因此陷入一个投入巨大却产出甚微的窘境当中。第二，价格巨幅增长加上需求的小幅下降，导致这类执法措施的每一点“成功”都会使得整个市场的价值在增加。假设在一个小镇上，毒贩之间相互竞争，每周总共卖出 1000 克的大麻，总共赚的钱是 1 万美元。镇上更严格的执法导致毒贩们的成本增加，迫使他们把价格提高了 10 个百分点，达到 11 美元一克。如果我们用上面提到的弹性指数进行计算的话，这会导致需求下降 3.3 个百分点。所以毒贩们现在每周只能卖出 967 克的大麻，每克的价格是 11 美元：这样算总共是 10,637 美元。对毒品销售的打击虽然成功地降低了一点毒品的消费，但是由于价格上涨不少，导致整个犯罪生意的收益比之前还要更多。

如果政府把注意力集中到需求端而非供给端的话会怎样呢？假设我们的小镇推出一项政策，成功地阻止人们吸毒：比如说是开展一项有关公共健康方面的宣传运动，或者是为青少年提供更好的休闲场所，或者是让毒瘾患者进行戒毒康复治疗。只要在以上这些政策中任选，对毒品的需求就会降低。这样一来，毒贩们就愿意降低价格来争夺规模更小的顾客群体。[3]所以消费量和价格都下降了，这意味着决定犯罪生意市场价值的两项因素都减小了。同样地，这一逻辑可以运用到其他的违法市场当中。与其打击偷渡行业中供给端的那些“蛇头”们，不如减少非法越境的需求。这既可以通过比较友好的方法（比如签发更多的签证，这样人们就可以合法入境）来实现，也可以通过比较强硬的方法来实现（比如让美国变成一个没有合法证件会更难生存的地方）。无论是哪种方法，都会减少想要偷渡的人的数量，从而不仅减少了偷渡越境的数量，同时也降低了“蛇头”对向导服务开出的价格。

不管监管的对象是毒品、偷渡还是其他任何违法的生意，重点都是
244 一样的：打击供给端只会通过提高价格来降低消费——但同时从中获得的非法收益也增加了——而打击需求端，则可以同时减少价格和消费。

错误二：该花钱时不愿意花钱，导致最终反而要花很多钱

尽管监狱中犯人的数量在不断增加，新罕布什尔州在监狱中的投入却在不断减少。2009 年的时候有一座监狱被关闭，导致监狱犯人不得不挤到新罕布什尔州其他的监狱中。2014 年在预算上再次削减 1500 万

美元，导致为监狱犯人们准备的教育课程和改过自新的项目都遭到削减。政客们承认这些结果令人很遗憾，但是资源是有限的：由于没有足够的钱，因此不可能保证整个系统满足每一个人的要求。

但是任何一个去过新罕布什尔州小镇基恩（Keene）的人，都会对这种声称资金紧张的说法感到奇怪。基恩不是一个充满暴力的地方。在1999年到2012年之间，这里只发生过三起谋杀案。然而基恩警察局在一辆叫作“熊狸”（BearCat）的装甲车上花了近28.6万美元。当问及为什么像基恩这样的小镇需要这样一辆更适合用来在巴格达地区行进的车辆时，警察局长解释道：这是用来在基恩的“南瓜节以及其他危险场合”时巡逻使用。[4]

基恩的情况说明了在打击犯罪的问题上，钱并不是一个问题——只要是这笔钱花在执法上，而不是预防犯罪上。政府认为，公共安全是无价的，加上来自选民的呼声，导致购置像“熊狸”这样的装甲车项目能够畅通无阻。国土安全部（Department of Homeland Security）在2002年到2011年之间向各州和地方的警察局拨付了350亿美金，让他们购置类似“熊狸”这样的“玩具”。而与之相反，对花在预防犯罪上的钱则审查得非常细致。如果财政紧张，那么监狱中的犯人、毒瘾患者和其他潜在的罪犯往往是第一批有深切感受的人。整个社会不愿意在这些人身上花太多钱，这在一定程度上可以理解，但是实际上这背后有很高昂的代价。

削减监狱里帮助犯人改过自新和教育犯人的项目可能会省下几千美 245
元。但是如果这导致有一些犯人没法学会如何阅读，或者没能戒掉毒瘾，那么当他们刑满释放之后，他们还是会再次犯罪，而不是成功找到一份工作，这样带来的代价是巨大的。一项优秀的研究[5]尝试计算出政府做出不同程度的干预之后，可卡因的消费量会下降多少。这项研究预计，在拉丁美洲的一些“原产地国家”的供应控制上每花 100 万美元，美国的可卡因总消费量就会下降大约 10 千克。如果这 100 万美元花在供应链更后端在美国的消费端，用来拦截可卡因消费的话，那么就能够降低 20 千克的消费量。在学校开展毒品预防项目更加有效，每花 100 万美元能够降低 25 千克的消费量。而所有的这些干预措施的效果，都不如对毒瘾患者的戒毒治疗的效果明显。每花 100 万美元在毒瘾的治疗上，能够降低的毒品消费量超过 100 千克。换句话说，治疗措施的效果相当于执法手段效果的 10 倍还多（一部分的原因可能正如前一部分所述，在于打击的是供应链中的消费端而非供给端）。这个无趣但并不离奇的事实是，相比于用一辆“熊狸”装甲车追击犯人来说，让毒瘾患者戒毒并且让他们找到一份工作，所需要花费的钱要少得多。

在本书所涉及的很多例子当中，我们都看到了通过把资源转移到更早期、更低成本的预防措施，而不是昂贵的治疗措施上，是能够产生极大收益的。在加勒比，由于政府不愿意花足够的钱保证犯人们人身安全（有时甚至不愿意给他们提供午餐）导致监狱沦为贩毒集团招兵买马的中心。在墨西哥，贩毒集团通过做出一些承担“企业社会责任”的行为赢得了当地人的支持，而这背后也是源于政府没有提供那些基础的公共服务。安第斯山脉地区的政府本可以花很少的钱让农民们种上番茄而
246 不是大麻，但是他们却把更多的钱花在了用军队摧毁那些古柯树上。中美洲国家的政府没有选择抽出一部分钱，投入到那些能给年轻人带来工作的项目上，而是更愿意选择代价更昂贵的手段：当最后发现这些年轻

人给黑帮工作的时候，再把他们逐一缉拿。美国没有选择花一小部分钱在为那些处方止痛药上瘾者提供的康复治疗项目上，而是让这些人滑落到海洛因上瘾的深渊中——而这样要花一大笔钱才能够控制。

对于世界上的每一个社会问题，呼吁加大投入是很简单的一种办法。但是毒品问题的不同点在于，现在投入的钱已经足够了——只是投入到了错误的地方而已。政府对警察过于慷慨，而对于改善问题的投入过于吝啬，是时候扭转这一现象了。

错误三：用区域手段解决全球问题

当毒贩们已经开始实施全球化战略，把生意拓展到多个国家甚至多个大洲，实现了真正的无国界经营的时候，大多数打击遏制毒品贩卖的手段仍然局限在各个国家内部。这种做法导致很多时候一个国家表面上打击毒品很成功，但这背后实际上的代价是另一个地方就对应出现相同规模的失败。本书中我们多次看到“气球效应”的例子，或者用拉丁美洲的话来说叫“蟑螂效应”，在这种情况下毒品生意从一个地方被赶走，然后又重新出现在另一个地方。在 20 世纪 90 年代，秘鲁成功地消灭了古柯树的种植——用当时联合国首席毒品控制办公室官员的说法就是“这是一项了不起的成就”[6]——但之后古柯树的种植却在哥伦比亚流行开来。之后的 10 年内，哥伦比亚强行把这些古柯树的种植给消灭掉——当时联合国再一次表示这是“一项了不起的成就”[7]——然而实际上古柯树种植只是又回到了秘鲁。两边除了都各取得了“一次了不起的成就”以外，并没有什么实质进展。

在毒品的贩卖销售阶段，相同的猫鼠游戏也在上演。20 世纪 80 年
247 代加勒比地区走私路线被关闭，导致那些可卡因大王们不得不把注意力转移到墨西哥。墨西哥最近的一次打击活动则又使他们开始把业务转移到政权更加脆弱的中美洲国家。现在，中美洲国家渐渐显露出开始警觉起来的表象，于是这又迫使毒枭们继续转移到下一个地方——回到他们在加勒比地区的巢穴。贩毒集团非常灵活，能够快速切换销售市场。在 2000 年年初的时候，可卡因在美国的消费量骤减。但与此同时，欧洲的消费量却增加不少，一增一减体量相当。在对毒品的战争中，在单一国家内取得成功是比较常见的，但是取得全球性的成功就很罕见。“唯一能做的事情就是把问题推向别处，然后把这个问题变成别人的问题。”墨西哥北部某州的一位高级官员这样沮丧地告诉我，当时我们正坐在他的一辆加固的运动轿车穿过贩毒集团控制的街区。

各国政府对于超过自己国家国界的问题不愿意多想，这也并非意料之外的事。从哥伦比亚的角度来看，打击古柯树种植确实取得了非常完美的成功，尽管这对国际可卡因市场没有什么影响。问题的关键在于，尽管贩毒集团运作的是跨国生意，但是却没有一家真正国际性的监管机构能够对他们进行监控。最接近这个功能的机构是联合国毒品和犯罪问题办公室。但是这个机构对打击供给的措施非常支持，因此不能说是一个非常中肯、能够客观评价政策弊病的机构。该机构的毒品观察员仍在宣传那些互相割裂的国家内部的成功，而在那些整体性，同时也没有那么显著的成绩上，几乎不予关注。如果一家跨国公司也这么做，只注重某个地区市场好的业绩，而掩盖那些令人失望的垫底地区的业绩，那么公司的股东们是不会允许公司这样长久做下去的。

联合国毒品和犯罪问题办公室之所以还能这么做，是因为联合国那几个最有影响力的“股东们”——那些支付着大量维护费用的几个有钱的成员国——对现在毒品战争的方式还比较满意。那些富裕国家消费了全世界大部分的毒品，他们乐意看到毒品战争发生在离他们自己国家人民很遥远的地方。正如之前我们提到的，对毒品供应网络最有效的打 248
击是着力于供应链的最末端，这个时候毒品的价格最高，如果被收缴，对毒贩造成的损失也最大。然而在伦敦或者华盛顿特区这样的地方，武装直升机的数量是非常少的。雨果·阿尔玛达，这位华雷斯大学的教授非常愤恨地指出，美国（和它的富有的同盟一样）在自己国家对毒品战争要更变通，而在外国则非常强硬。10 位美国人中有 4 位承认吸食过非法麻醉品，这个数据反映了美国社会容忍一定程度的毒品贩卖，只要不滋生暴力即可。相反，其他国家如果没有能够尽全力来处理毒贩的话，就会因此特别受到处罚。“那些不合作的国家会面临以下几种后果：公开羞辱、经济制裁或者利用美国在类似世界银行（World Bank）和国际货币基金组织（IMF）这样国际金融机构中的影响力暗中进行惩罚。”[8]莫伊塞斯·纳伊姆（Moisés Naím）这样写道，他是一名研究有组织犯罪的专家，也曾经是世界银行的一名执行总裁。

拉丁美洲国家的总统不再费心掩饰他们在这种国际关系上的恼怒情绪了。“如果美国人想要消费毒品，就我个人的想法就是让他们都吸去吧。我虽然不同意吸毒的行为，但是这毕竟是他们自己的选择，是这些消费者，也是整个社会自己的选择。我不能接受的是他们把钱送到杀手手中。”费利佩·卡尔德龙这样告诉我，在他墨西哥总统的 6 年任期内，由于应美国把毒品铲除的要求，他不断对毒品发起战争，但实际上美国仍然有成吨的毒品入境。

全球市场的结构决定了这种政治上的僵局是不可避免的。历史上，大多数国家都能归入以下三种情况之一：毒品的生产国（比如哥伦比亚），毒品的运输国（比如墨西哥），毒品的消费国（比如欧洲和美
249 国）。这让政府和它们的选民只盯着整个毒品产业的一部分。毒品消费国只是想着怎么阻止毒品进入自己国家境内，于是便主张对毒品贸易尽最大力量进行打击，并且要在供给端打击，尽管这并不是非常有效。对于毒品生产国和运输国，他们不明白为什么要把自己国家的金钱和人民的生命投入到阻止一项副作用大部分都在其他国家发生的生意上。

但是这种情况也正在改变，有两股全球趋势开始使所有的国家从同一阵营来看待毒品交易。第一大趋势是由于“生产者”和“消费者”的界限在不断模糊，生产国和消费国的利益正在不断统一起来。毒品是伴随着中产阶级的一项罪恶，当发展中国家变得富裕，他们的新兴中产阶级也开始吸食毒品——就和他们开始购买更多的汽车、更频繁地去外国度假以及其他的一些中产阶级的消费习惯一样。最显著的例子就发生在巴西，巴西现在已经是世界上生产可卡因粉末的第二大国家，同时又是生产强效可卡因最多的国家。与此同时，消费国中开始出现越来越多的国内生产的毒品。这其中比较典型的例子就是大麻。大麻开始出现本地化种植的趋势，尤其以美国为代表。另一个典型的例子就是合成毒品，这种毒品可以在任何地方的厨房改造的实验室中制造。当消费国自身开始生产越来越多的毒品，他们开始意识到光是打击供给网络是无效的。面对一个逐渐繁荣的本土大麻市场，美国已经放弃了哥伦比亚式的植株铲除方式，而转用合法化的手段。新西兰在“避法药物”上也得

出了类似的结论，那就是通过类似的方法来监管这些毒品。

影响全球毒品政治的第二大趋势是权力制衡中权力重心的转移。曾经是毒品生产国和毒品运输国的贫穷国家开始变得越来越富有，因此也获得了越来越多的影响力。在2000年，联合国毒品办公室96%的资金来自于“主要捐助团体”，这一团体主要是由20个富裕国家组成。到了2014年，主要捐助团体的捐助比例只占预算的60%。1/3的资金现在来自于那些“新兴”捐助国家。近年来最大的出资国家是哥伦比亚 250
和巴西，这两个国家都对现在毒品控制采取的执法导向感到很不满意。其他的新兴势力则持有不同的观点：俄罗斯偶尔对联合国毒品办公室进行大规模的捐助［并且在2010年成功让一位俄罗斯的外交官，尤里·费多托夫（Yuri Fedotov）成了该机构的负责人］，俄罗斯在国内的做法是对毒品采取力度很大的惩罚政策。无论如何，国际毒品控制的管理体系正在发挥作用，这是史无前例的。

错误四：混淆了杜绝和控制的关系

在1998年，联合国举办了一项活动，当时的口号是：“一个没有毒品的世界：我们能够实现。”从很多角度来看，这都是一个令人敬佩的目标。每年大约有2500万个吸毒者，当中大部分人都过得很好，但是也有一大群人过得很痛苦，虽然人数相对不占多数。其中有大约18万人死于过量吸食毒品；还有几百万人被他人伤害或者伤害他人。任何一个看过由于毒瘾而每天受到创伤的人都不会支持毒品合法化，汤姆·戈曼这位丹佛市警察局中的禁毒卫士这样告诉我。“的确有人能够有自制力地吸食毒品，但是也有不少人因为毒品受到伤害，”他说，“我站在后者这一边。”

我也是站在后者这边。但是本书中所介绍的所有关于毒品贸易的情况——从最根源的南美洲到加勒比地区的毒贩，再从科罗拉多州的消费者到网络上的毒贩子——都指向一个结论，那就是如果你真的希望让毒品受到控制、粉碎贩毒集团的生意网络以及保护公众的话，绝对禁止不是一种很有效的做法。自从那个倡议非常乐观的联合国会议召开之后，
251 没有任何迹象表明一个“没有毒品的世界”能够出现。尽管政府在禁绝毒品上花了超过 1 万亿美元，但是从 1998 年以来大麻和可卡因的总消费量净增了一半，同时鸦片类毒品的消费量几乎翻了三倍，完全看不出取得了任何成功。

多年以来，毒品合法化的呼声都是一些非常喜爱抽大麻的人在推动，这些人指出，大麻比很多已经合法的药物危险性更低。这确实是真的，但是这说服不了公众；大多数人认为这个世界上已经有足够多危险的娱乐手段了，没有必要再加上大麻（或者其他可能充满危害的毒品）。然而近几年来，论调完全发生了转变。现在最常出现的说法不是由于这些毒品很安全所以要合法化——而恰恰是因为它们是危险的，所以把这些毒品放进法律的规制体系内，这对于控制毒品来说是更有效的一种方式，否则这些毒品就会流到黑帮手上。

合法监管的毒品市场是什么样的呢？在科罗拉多，我们看到了真正落实的情况。毒品必须经过安全性和强度检测，明确在包装上进行表示，并且包装在防止儿童打开的容器中，然后对那些已满 21 岁的人进行限量销售。科罗拉多州从税赋和许可中得到了一笔新的收入——在第

一年实施过程中有7,600万美元的收入——同时因为逮捕的犯人减少而节省了不少钱。每年在科罗拉多州，因为占有大麻而被起诉的人数从合法化之前的3万人下降到现在大约2,000人（现在仍然有人会被起诉是因为他们被发现持有了超量的大麻或未获许可执照的大麻，或者是因为不到合法年龄）。每年有超过7千万美元原本是要流向犯罪组织，现在这笔收入进入合法的商人手中。虽然现在要判断这种措施对消费有什么影响还为时过早，一部分原因是因为大部分的需求是来自科罗拉多州以外的游客，但是大麻合法化至少没有变成洪水猛兽。现在美国有接近一半的州对大麻进行了一定形式的合法化——大部分是把广义上“医疗”
用途的大麻合法化了——而且从20世纪90年代中期之后，消费的数量 252
没有明显的变化。

这些一段时间内出现的积极结果让其他州也很想尝试。在科罗拉多的试验开始后的一年内，又有三个州加入到娱乐用大麻合法化的“俱乐部”中。在2014年，乌拉圭成了世界上第一个大麻合法化的国家。到了2015年，牙买加宣布医疗用途和宗教用途的大麻合法化，同时对所有的大麻食用实行非罪化。美国国内发生的大麻合法化革命曾一度让美国联邦政府无法再对其他对毒品采取温和态度的国家多加指责。美国负责反毒品事务的助理国务卿威廉·布朗菲尔德（William Brownfield）在面对一方面要在国外保证禁止毒品，而另一方面却在国内遭忽视的任务时，尴尬地承认道：“牙买加法律当然是牙买加的内政，并由牙买加主权所决定。”

与本书其他地方列出的那些灾难性的政策相比，大麻合法化到目前为止似乎是比较成功的。但是对于强度更大的毒品该怎么办呢？到目前为止，世界上唯一一个尝试对其他娱乐用毒品进行合法化的地方是新西兰。由于新西兰缺少传统毒品，这个国家在制造生产合成毒品上成为世界领袖。在新西兰以及其他一些地方，尝试禁止那些“避法毒品”成了一项永无止境的事情，就像挤压气球和驱赶蟑螂一样，一项禁令刚刚颁布，马上就会有一个近乎一样的替代品出现。对于“避法毒品”来说，绝对的禁止不仅是无效的，有时甚至会产生危险。例如 MDMA（或者叫摇头丸）这样的毒品，如果在少量食用的情况下相对危害较小，但是由于禁令的存在，这种毒品被更强力的替代品取代。现在很多因食用“摇头丸”而死的人，实际上是不知情地服用了丙二醇甲醚醋酸酯（PMA），而 PMA 是一种和摇头丸很接近但强力得多的毒品。在禁止了 MDMA 的同时，政府赶走了一小撮相对危害更小的“蟑螂”，然而造成的后果只是这里又被许多更致命的“蟑螂”占领。正如新西兰。
253 如果执行得当，通过批准一定量的低危害、经过官方检测的化学毒品，将会比现有的尝试杜绝所有的毒品而实际上什么都没有杜绝的做法更加安全。

对于最危险的那些毒品来说，合法化的做法看起来会更加有效。之所以要把一部分毒品纳入法律的管控之下，而不是交给一些暴徒来控制，原因在于这些毒品很危险，而不是因为这些毒品很安全。比如说海洛因。尽管一些欧洲国家不愿谈及这个问题，但是这些包括瑞士、荷兰和英国在内的国家已经在一定的条件下对海洛因进行了合法化。同科罗拉多的合法化方式一样，所有这些项目都不会把毒品卖给所有人。相反，只有特定领域的医生才被允许给上瘾的病人通过处方开免费的海洛因。这背后的理念是通过可控的、合理的使用，上瘾患者能够逐渐自行戒除毒瘾。在瑞士（也是这一项目建设最完备的地方），医生选定了整个国家3，000名重度上瘾者，他们占所有毒瘾患者的10%到15%，却消费了整个国家60%的毒品。但是通过给这些人提供免费的海洛因，同时在专业人士监督的情况下服用，政府把他们偷窃的概率减少了90%。

但是这仅仅是一个开始。通过把这些重度毒瘾者从市场中剥离出来，这一项目把整个产业中最有价值的消费者拿走了，使得海洛因市场从需求的角度来说更没有那么大的价值。与此同时，对供给也产生了不同寻常的致命一击。那些重度毒瘾者需要的吸毒量是如此之大，以致于其中大部分人也自己卖毒品，希望通过这样来保证有足够的钱吸毒。把这些人从市场中拿开，相当于同时移除了整个国家大部分的毒贩，使一些因为偶然机会吸毒的人更难接触到毒品。通过把那些重度毒品消费者当作病人来对待，这个项目使得毒品市场逐渐崩塌。在苏黎世，1990年登记的新染上毒瘾的人数是850人。到了2005年，这个数字是150人。[9]通过一项严格限制并且由医生运营的海洛因合法化项目，毒品要比之前完全禁止的时候变得更难接触了。

· · ·

在创造出“毒品战争”这个词的几个月之后，理查德·尼克松在 254
白宫总统办公室和他的幕僚长H. R. 霍尔德曼（H. R. Haldeman）讨论一本由政府设计的禁毒宣传册。尼克松当时感到非常恼怒。

“他们居然引用了我的一句话放在册子的封面上，上面还有一张我的照片，这张态度强硬的照片还不错，但是上面这句话居然这样写，毒品问题是我们的头号问题，并且必须通过‘多元方式’解决，”尼克松大怒，“我什么时候说过‘多元方式’？我都要吐了。我的天，我们需要的应该是……‘毫无限制的战争’或者‘全方位的’或者，呃，‘没有底线的（方式）’”。

霍尔德曼表示同意。“用‘多元方式’来处理，听起来是说我们根本不知道怎么处理，”他这样告诉总统，“可能这是真的，但是话一定一定不能这么说。”[10]

实际上，这正是大多数政府历来面对毒品的解决手段：不确定该怎么应对整个世界日益增加的染上毒瘾的人群，他们被牢牢地困在正在实施的那些不成功的政策之中。每过一年，结果就变得更加明显：那种“毫无限制的战争”的方法没能减少毒品消费者的数量，同时又把那些本来很廉价的农产品价格抬高，最终创造了一个极其暴力、令人厌恶、高达3，000亿美元的全球产业。

显然我们应该尝试那些更“多元化的方法”来打击毒品产业。除非在战略上做出巨大的改变，否则黑帮们的商业环境仍然会很舒适。

致谢

本书最早起源于刊登在《经济学人》2012 年 7 月 28 日那期杂志的一篇文章。当时商业版块的编辑罗伯特·格斯特（Robert Guest）让我构思一个有关墨西哥的商业专栏，之后我便写了一篇类似于本书的试写章节的文章（如果你还没有看腻这个话题的话，你可以在 www. economist. com/node /21559598 这个网址阅读到这篇文章）。罗伯特和《经济学人》杂志中的许多同事都为我提供了很大的帮助。我在墨西哥工作时，当时的美洲版块编辑迈克尔·里德（Michael Reid）简直是一本拉丁美洲的百科全书。现在彭博新闻社工作的约翰·麦克列威特（John Micklethwait）是一位非常有勇气的编辑，最初是他把我招聘进来然后派到墨西哥，尽管我当时对墨西哥还一无所知。安德鲁·帕尔默（Andrew Palmer）把我介绍给了他的线人安德鲁·斯图尔特（Andrew Stuart）。他是另一位没有他就没有这本书的人。约翰·马哈尼（John Mahaney）和他在公共议题出版公司（Public Affairs）的同事们非常具有想象力，能够给我这样一个有着奇思怪想的人第一次写作一本书并出版的机会。我感谢几百位我无法一一具名，但在我研究写作这本书中曾经帮助过我的人，有时他们的帮助是要冒着不同程度危险的：这些是在英国、美国、墨西哥、危地马拉、萨尔瓦多、洪都拉斯、玻利维亚、多米尼亚共和国、葡萄牙、新西兰等地区的朋友们。最后也是最重要的是，我要感谢我了不起的家人们对我的支持。

注释

引言　用经济视角分析贩毒集团

1. Executive Secretariat of the National Public Security System, "Reports of Incidence of Crime by Year," 2010 (in Spanish), at http://secretariadoejecutivo. gob. mx/incidencia-delictiva/incidencia-delictiva-fuero-comun. php.

2. 这些粗略的数据估测来源于联合国毒品和犯罪问题研究办公室（下文简称 UNODC）。例如："Time for Policy Change Against Crime, Not in Favor of Drugs," 2009, at https: //www. unodc. org/unodc/en /about-unodc/speeches/2009-03-11. html.

3. Beau Kilmer et al., "Reducing Drug Trafficking Revenues and Violence in Mexico," RAND Corporation occasional paper, 2010, see p. 19 at http: //www. rand. org/content/dam/rand/pubs/occasional_papers/2010/RAND_OP325 . appendixes. pdf.

4. Moisés Naím, *Illicit: How Smugglers, Traffickers, and Copycats Are Hijacking the Global Economy* (New York: Doubleday, 2005), p. 68.

第一章 可卡因供应链："蟑螂效应"和300倍利润

1. "Plurinational State of Bolivia, Monitoring of Coca Cultivation 2014," UNODC, August 2015 (in Spanish), at https: //www. unodc. org/documents /bolivia/ Informe_Monitoreo_Coca_2014/Bolivia_Informe_Monitoreo_Coca _2014. pdf.

2. "World Drug Report 2006," UNODC, 2007, at https: //www. unodc. org / unodc/ en/ data-and-analysis/ WDR-2006. html.

3. See p. 75 at http: //www. whitehouse. gov/ sites/ default/ files/ ondcp/ policy-and-research/2013_data_supplement_final2. pdf.

4. Tom van Riper, "The Wal-Mart Squeeze," *Forbes*, April 24, 2007, at http:// www. forbes. com/2007/04/23/ walmart-suppliers-margins-lead-cx_tvr_0423walmart. html.

5. Charles Fishman, "The Wal-Mart You Don't Know," *Fast Company*, December 2003, at http: //www. fastcompany. com/47593/ wal-mart-you-dont-know.

6. Jorge Gallego and Daniel Rico, "Manual Eradication, Aerial Spray and Coca Prices in Colombia," unpublished paper, 2012, available online at http: // www. mamacoca. org/ docs_de _base/ Fumigas/ Daniel _Rico _GallegoJorge _Manual _Eradication_Aerial_Sparying_and_Coca_Prices__2012. pdf.

7. Oeindrila Dube, Omar Garcia-Ponce, and Kevin Thom, "From Maize to Haze: Agricultural Shocks and the Growth of the Mexican Drug Sector," Center for Global Development, 2014, at http: //www. cgdev. org/ sites/ default/ files/ maize-haze -agricultural-shocks-growth-mexican-drug-sector_0. pdf.

8. "Colombia Coca Cultivation Survey 2005," UNODC, June 2006, see p. 7 at http: //www. unodc. org/ pdf/ andean/ Colombia_coca_survey_2005_eng. pdf.

9. "Recommended Methods for the Identification and Analysis of Cocaine in Seized Materials," UNODC, 2012, at http: //www. unodc. org/ documents/ scientific

/Cocaine_Manual_Rev_1. pdf.

10. Beau Kilmer and Peter Reuter, as quoted in Foreign Policy, October 2009, athttp: //foreignpolicy. com/2009/10/16/prime-numbers-doped.

第二章 竞争与共谋：为什么合作时常胜于谋杀

1. 戏剧性的是，卢皮约·里弗拉在一首有关毒枭的民谣“Fifty Thousand Red Roses”中又用了这个虚假的传闻。

2. “Ciudad Juarez Man Sentenced for Eight Years for Bribery/Drug Smuggling,” US Immigration and Customs Enforcement news release, September 15, 2008, at http: //www. ice. gov/news/releases/ciudad-juarez-man-sentenced-8-years -briberydrug-smuggling.

3. Stephen S. Dudley, “Drug Trafficking Organizations in Central America: Transportistas, Mexican Cartels and Maras,” Wilson Center, 2010, at http: //www. wilsoncenter. org/sites/default/files/Chapter% 202-% 20Drug% 20Trafficking% 20Organizations% 20in% 20Central% 20America% 20Transportistas, % 20Mexican% 20Cartels% 20and% 20Maras. pdf.

4. US Securities and Exchange Commission, see p. 15 at http: //www. sec. gov/Archives/edgar/data/1467858/000146785812000014/gm201110k. htm # s8EF7834BE4E777188CAF1031CB30C168.

5. Gianluca Fiorentini and Sam Peltzman, eds., *The Economics of Organised Crime* (Cambridge: Cambridge University Press, 1997).

6. Christina Villacorte, “Tattoo Removal in Prison Gives Inmates a Second Chance,” *Huffington Post*, September 4, 2013, at http: //www. huffingtonpost. com / 2013/09/04/tattoo-removal-prison_n_3864222. html.

第三章 贩毒集团的人事难题：当007遇上憨豆先生

1. "The Illicit Drug Trade in the United Kingdom," Matrix Knowledge Group/Home Office, 2007, at http://webarchive.nationalarchives.gov.uk/20110220105210/rds.homeoffice.gov.uk/rds/pdfs07/rdsolr2007.pdf.

2. Joe Palazzolo and Rogerio Jelmayer, "Brazil Files Bribery Charges in Embraer Aircraft Sale to Dominican Republic," *Wall Street Journal*, September 23, 2014, at http://www.wsj.com/articles/brazil-files-bribery-charges-in-embraer-aircraft-sale -to-dominican-republic-1411502236.

3. David Skarbek, *The Social Order of the Underworld: How Prison Gangs Govern the American Prison System* (Oxford: Oxford University Press, 2014).

4. DavidGrann, "The Brand," *New Yorker*, February 2004, at http://www.newyorker.com/magazine/2004/02/16/the-brand.

5. "The Illicit Drug Trade in the United Kingdom," Home Office, 2007.

6. Melvin Soudijn and Peter Reuter, "Managing Potential Conflict in Illegal Markets: An Exploratory Study of Cocaine Smuggling in the Netherlands,"2013, at http://www.trimbos.org/~/media/Programmas/Internationalisering/Further %20 insights%20 into%20aspects%20of%20the%20EU%20illicit%20drugs%20market.ashx.

7. Charles Bowden, *Murder City: Ciudad Juárez and the Global Economy's New Killing Fields* (New York: Nation Books, 2010).

8. 哈佛商学院的蔡泳瑜（Roy Y. J. Chua）提出了一个例外，他的研究初步表明，在存在某种程度的"文化冲突"的环境中工作的人，不太可能在创造力测试中表现良好。

9. Moisés Naím, *Illicit: How Smugglers, Traffickers, and Copycats Are Hijacking the Global Economy* (New York: Doubleday, 2005), p. 73.

10. Cited by Common Sense for Drug Policy, at http://www.csdp.org/research/nixonpot.txt.

11. International Centre for Prison Studies, http://www.prisonstudies.org.

12. Ruth Maclean, "We're Not a Gang, We're a Union, Say the Drug Killers of Ciudad Juárez," London *Times*, March 27, 2010, available on the author's website at https://macleanandrickardstraus.wordpress.com/2010/03/27/were-not-a-gang-were-a-union-say-the-drug-killers-of-ciudad-juarez.

第四章 公关与恶人：贩毒集团为何关心社会责任

1.《改革报》的全国民调结果（第8版，西班牙语），2014年4月1日引自 http://www.funcionpublica.gob.mx/sintesis/ComSoc_historico/2014/abril/01/t5.pdf.

2. 你可以在下面这个网址听到这段民谣，https://www.youtube.com/watch?t=39&v=pfGtRJjkS-g.

3. "El Chapo Accuses Governor of Chihuahua of Helping Juárez Cartel," Proceso, September 15, 2010 (in Spanish), at http://www.*proceso*.com.mx/?p=101344.

4. AlRies and Laura Ries, *The Fall of Advertising and the Rise of PR* (New York: HarperCollins, 2012).

5. 这是2008年的数据，引自 Nick Davies, *Flat Earth News* (London: Chatto and Windus, 2008)。

6. "What Do You Want from Us?" *El Diario de Juárez*, September 19, 2010, at http://diario.mx/Local/2010-09-19_cfaade06/_que-quieren-de-nosotros/?/.

7. Alison Smith, "Fortune 500 Companies Spend More Than $500bn on Corporate Responsibility," *Financial Times*, October 12, 2012, at http://www.ft.com/

cms /s/0/95239a6e-4fe0-11e4-a0a4-00144feab7de. html#axzz3lqtuDTmC.

8. As quoted in La Jornada, September 20, 2005 (in Spanish), at http://www. jornada. unam. mx/2005/09/20/index. php?section = politica&article = 022n1pol.

9. Herschel I. Grossman, "Rival Kleptocrats: The Mafia Versus the State," in Gianluca Fiorentini and Sam Peltzman, *The Economics of Organised Crime* (Cambridge University Press, 1997).

10. Leopoldo Franchetti, *Political and Administrative Conditions in Sicily* (1876).

11. Diego Gambetta and Peter Reuter, "Conspiracy Among the Many: The Mafia in Legitimate Industries," in Fiorentini and Peltzman, *The Economics of Organised Crime.*

12. FBI, "Investigative Programs: Organized Crime," at http://www. fbi. gov/about-us/investigate/organizedcrime/cases/carting-industry.

13. Tom Wainwright, "Señores, Start Your Engines," *Economist*, November 24, 2012, at http://www. economist. com/news/special-report/21566782-cheaper-china-and-credit-and-oil-about-start-flowing-mexico-becoming.

第五章　离岸外包：在蚊子海岸做生意的好处

1. Alan Blinder, "Offshoring: The Next Industrial Revolution?" *Foreign Affairs* (March 2006), at https://www. foreignaffairs. com/articles/2006-03-01/offshoring-next-industrial-revolution.

2. Clair Brown et al., "The 2010 National Organizations Survey: Examining the Relationships Between Job Quality and the Domestic and International Sourcing of Business Functions by United States Organizations," Institute for Research on Labor and Employment, December 2013, at http://www. irle. berkeley. edu /workingpapers/

156-13. pdf.

3. “Latin America: Tax Revenues Continue to Rise, but Are Low and Varied Among Countries,” OECD, January 20, 2014, at http: //www. oecd. org/ctp/latin-america-tax-revenues-continue-to-rise-but-are-low-and-varied-among-countries-according-to-new-oecd-eclac-ciat-report. htm.

4. 这个离婚策略最后并未成功：我和科洛姆会见之后没过多久，科洛姆妻子的候选人资格最终被判定非法。二人也没有复婚。

5. See http: //kevinunderhill. typepad. com/Documents/Opinions/US_v_One_Lucite_Ball. pdf, and also http: //www. collectspace. com/news/usvmoonrock. pdf.

6. Tom Wainwright, “Dicing with Death,” *Economist*, April 12, 2014, at http: //media. economist. com/sites/default/files/media/2014InfoG/databank/IR2a. pdf.

7. “Country Report: Honduras,” US Department of State, 2014, at http: //www. state. gov/j/inl/rls/nrcrpt/2014/vol1/222904. htm.

8. “Cocaine from South America to the United States,” UNODC, at https://www. unodc. org/documents/toc/Reports/TOCTASouthAmerica/English/TOCTA_CACaribb_cocaine_SAmerica_US. pdf.

9. 这一点可参见 Peter Reuter 的文章“The Limits of Supply-Side Drug Control,” *Milken Institute Review* (First Quarter 2001), at http: //faculty. publicpolicy. umd. edu/sites/default/files/reuter/files/milken. pdf.

10. Miguel L. CastilloGirón, “Land Ownership Transfers in the Petén, Guatemala,” Western Hemisphere Security Analysis Center, Florida International University, February 1, 2011, at http: //digitalcommons. fiu. edu/cgi/viewcontent. cgi? article = 1019&context = whemsac.

11. Natalia Naish and Jeremy Scott, *Coke: The Biography* (London: Robson Press, 2013), p. 18.

12. 萨尔瓦多有点例外，世界经济论坛的数据显示贩毒集团在这里开展经营要比在尼加拉瓜简单一点，但它的谋杀率非常之高。有一种解释可能是这个国家血腥的街头黑帮提高了暴力的水平。表格中的数据是第二章所说的停火协议之前的。同时，洪都拉斯的谋杀率在 2012 年特别高，一部分原因是该国政变导致的。

第六章 特许经营利与弊：贩毒集团从麦当劳那里学到了什么

1. “里卡多”是一个化名，其他的细节都属实。

2. “Incidence of Crime 2014,” National System of Public Security, 2015 (in Spanish), http: //secretariadoejecutivo. gob. mx/docs/pdfs/estadisticas% 20del% 20fuero% 20comun/Cieisp2014_012015. pdf.

3. ChrisKanich et al., “Spamalytics: An Empirical Analysis of Spam Marketing Conversion,” *CCS'08*, 2008, http: //cseweb. ucsd. edu/ ~savage/ papers /CCS08Conversion. pdf.

4. Roger Blair and Francine Lafontaine, *The Economics of Franchising* (Cambridge: Cambridge University Press, 2005).

5. Antonio O. Mazzitelli, “Mexican Cartels' Influence in Latin America,” Florida InternationalUniversity, AppliedResearchCenter, September2011, at http: //www. seguridadydefensa. com/ descargas/ Mazzitelli-Antonio-Mexican-Cartel-Influence-in-Central-America-Sept. pdf.

6. Peter Drucker, *The Daily Drucker* (New York: HarperCollins, 2004).

7. 可以看 Rodrigo Canales 关于墨西哥贩毒集团出色的的 TED 演讲, at http: //www. ted. com/talks/rodrigo_canales_the_deadly_genius_of_drug_cartels/transcript? language = en.

8. 2004 年有 539 起谋杀，2014 年有 1514 起。见 http: // secretariadoejecutivo. gob. mx/incidencia-delictiva/incidencia-delictiva-fuero-comun. php.

9. Charles G. Miller, “Hot Litigation Topics in Franchising,” unpublished paper,

at http: //www. bzbm. com/wp-content/uploads/2012/07/HOT-LITIGATION-TOPICS-IN-FRANCHISING. pdf.

10. Témoris Grecko and David Espino, "War for the 'Red Gold' Tears Guerrero Apart," *El Universal*, February 3, 2015 (in Spanish), at http: //www. eluniversal. com. mx/nacion-mexico/2015/impreso/guerra-porel-8216oro-rojo-8217flagela-a-guerrero-222823. html, and Julio Ramírez, "Government of the Republic Identifies Nine Cartels; They Control Forty-three Gangs," *Excelsior*, September 16, 2014 (in Spanish), at http: //www. excelsior. com. mx/nacional/2014/09/16/981925#imagen-2.

第七章　规避法律：新型毒品产业背后的研制与开发

1. "Drugs Use Map of the World," *Guardian*, July 2, 2012, at http: //www. theguardian. com/news/datablog/interactive/2012/jul/02/drug-use-map-world.

2. Tom Wainwright, "Legal Highs: A New Prescription," *Economist*, August 8, 2013, at http: //www. economist. com/news/leaders/21583270-new-zealands-plan-regulate-designer-drugs-better-trying-ban-them-and-failing-new.

3. See, for instance, C. Wilkins et al., "Legal Party Pill Use in New Zealand," Centre for Social and Health Outcomes Research and Evaluation, Massey University, Auckland, at http: //www. whariki. ac. nz/massey/fms/Colleges/College%20of%20 Humanities %20and %20Social %20Sciences/Shore/reports/Legal %20party %20pills%20in%20New%20Zealand%20report3. pdf.

4. "World Drug Report 2013," UNODC, June 26, 2013, at http: //www. unodc. org/lpo-brazil/en/frontpage/2013/06/26-world-drug-report-notes-stability-in-use-of-traditional-drugs-and-points-to-alarming-rise-in-new-psychoactive -substances. html.

5. "Controlled Drugs: Licences, Fees and Returns," Home Office, July 24,

2015, at https: //www. gov. uk/government/publications/controlled-drugs-list.

6. 这段搞笑的发言被永远记录在了英国议会议事录里，Publications and Records, July 23, 1996, at http: //www. parliament. the-stationery-office. co. uk /pa/cm199596/cmhansrd/vo960723/text/60723w10. htm.

7. As quoted in "Is Irish Ban on Legal Highs Driving Market Underground?" *Guardian*, June 30, 2015, at http: //www. theguardian. com/society/2015/jun/30 / risks-of-legal-highs-drive-bereaved-mother-to-campaign-for-uk-ban.

8. "Psychoactive Substance Regulations—Regulatory Impact Assessment," Treasury of New Zealand, August 5, 2014, at http: //www. treasury. govt. nz/publications/informationreleases/ris/pdfs/ris-moh-psr-jul14. pdf.

9. "Pharmaceutical Industry," Programmes, World Health Organization, at http: //www. who. int/trade/glossary/story073/en.

10. Joseph A. DiMasi, "Innovation in the Pharmaceutical Industry: New Estimates of R&D Costs," Tufts Center for the Study of Drug Development, November 18, 2014, at http: //csdd. tufts. edu/files/uploads/Tufts_CSDD_briefing_on_RD _cost_study_-_Nov_18, _2014. pdf.

11. "The Price of Failure," *Economist*, November 27, 2014, at http: //www. economist. com/news/business/21635005-startling-new-cost-estimate-new-medicines-met-scepticism-price-failure.

12. Lena Groeger, "Big Pharma's Big Fines," *ProPublica*, February 24, 2014, at http: //projects. propublica. org/graphics/bigpharma.

13. "Regulatory Impact Statement: Amendment to the Psychoactive Substances Act 2013," Treasury of New Zealand, May 2014, at http: //www. treasury. govt. nz/publications/informationreleases/ris/pdfs/ris-moh-apsa-may14. pdf.

14. Amanda Gillies, "Matt Bowden's Legal High Company in Liquidation," *3*

News , May 16, 2015, at http://www. 3news. co. nz/nznews/matt-bowdens-legal-high-company-in-liquidation-2015051617#axzz3eYIB5tSf.

第八章 网上下单：网购如何改变了毒贩的客服质量

1. See http：//www. pizzahut. com/assets/pizzanet.

2. Global Drug Survey，2014，at http：//www. globaldrugsurvey. com/facts-figures/the-global-drug-survey-2014-findings.

3. Judith Aldridge and David Décary Hétu，"Not an 'eBay for Drugs'：The Cryptomarket 'Silk Road' as a Paradigm Shifting Criminal Innovation，" Social Science Research Network，May 13，2014，at http：//papers. ssrn. com/sol3/Papers. cfm? abstract_id = 2436643.

4. 有关这个问题的一个极端的体现，可以联想第五章提到的那位卖月球岩石的洪都拉斯上校，由于买家难寻，他不得不降低了要价和运费，还搭送了一辆有制冷系统的卡车。也许会有人愿意出更高的价格，但是他又如何能找到呢?

5. 有时候，商家甚至会承认"跑路骗局"。2015 年，一个名叫 DataProV 的卖家在卷走了 34，900 英镑（5.2 万美元）之后，在自己的"进化集市"页面上留言说："非常抱歉，对大部分人而言这些药不会有什么效果，对某些人来说会有一些……那些花了超过一万英镑的人，再见，伙计们!"

6. B. C. Ginsburg et al. ，"Purity of Synthetic Cannabinoids Sold Online for Recreational Use，" *Journal of Analytical Toxicology* 36（1）（January 2012）.

7. Anupam B. Jena and Dana P. Goldman，"Growing Internet Use May Help Explain the Rise in Prescription Drug Abuse in the United States，" *Health Affairs*，May 12，2011，at http：//content. healthaffairs. org/content/30/6/1192. full. pdf + html.

8. Matthew O. Jackson，*Social and Economic Networks*（Princeton，NJ：Princeton University Press，2008）.

9. Geoffrey Pearson and Dick Hobbs, "Middle Market Drug Distribution," Home Office Research Study 227, November 2001, at http://eprints.lse.ac.uk/13878/1/Middle_market_drug_distribution.pdf.

10. Beau Kilmer and Peter Reuter, "Prime Numbers: Doped," *Foreign Policy*, October 16, 2009, at http://foreignpolicy.com/2009/10/16/prime-numbers-doped.

11. Peter S. Bearman, James Moody, and Katherine Stovel, "Chains of Affection: The Structure of Adolescent Romantic and Sexual Networks," *American Journal of Sociology* 110 (1) (July 2004), at http://www.soc.duke.edu/~jmoody77/chains.pdf.

12. "Findings from the 2013/14 Crime Survey," Home Office, 2014, at https://www.gov.uk/government/publications/drug-misuse-findings-from-the-2013-to-2014-csew/drug-misuse-findings-from-the-201314-crime-survey-for-england-and-wales.

13. "Popping Pills: Prescription Drug Abuse in America," National Institute on Drug Abuse, 2011, at http://www.drugabuse.gov/related-topics/trends-statistics/infographics/popping-pills-prescription-drug-abuse-in-america.

第九章　业务多元化：从走私毒品到偷渡人口

1. Bryan Roberts et al., "An Analysis of Migrant Smuggling Costs Along the Southwest Border," Department of Homeland Security, working paper, November 2010, at http://www.dhs.gov/xlibrary/assets/statistics/publications/ois-smuggling-wp.pdf.

2. Ibid.

3. Jeffrey S. Passel, D'Vera Cohn, and Ana Gonzalez-Barrera, "Net Migration from Mexico Falls to Zero—and Perhaps Less," Pew Hispanic Center, April 23, 2012, at http://www.pewhispanic.org/2012/04/23/net-migration-from-mexico-falls-to-zero-and-perhaps-less.

4. Both are cited in Beau Kilmer et al. , "Reducing Drug Trafficking Revenues and Violence in Mexico," RAND Corporation, occasional paper, 2010, at http://www.rand.org/content/dam/rand/pubs/occasional_papers/2010/RAND_OP325.pdf.

5. Robert S. Gable, "Comparison of Acute Lethal Toxicity of Commonly Used Psychoactive Substances," *Addiction* 99 (6) (2004).

6. T. J. Cicero, "The Changing Face of Heroin Use in the United States," *JAMA Psychiatry* 71 (7) (2014), at http://www.ncbi.nlm.nih.gov/pubmed/24871348.

第十章 回到原点：如何让毒枭感到威胁

1. Ricardo Baca, "Chart: Colorado Marijuana Sales Hit $700 Million in 2014," Cannabist, February 12, 2015, at http://www.thecannabist.co/2015/02/12 /colorado-marijuana-sales-2014 - 700-million/27565.

2. Adam Smith, "Tech-Savvy Criminals Now Using Heat-Seeking Drones to Target Cannabis Farms," *Halesowen News*, April 17, 2014, at http://www.halesowennews.co.uk/news/11155386.print.

3. First annual report of the Colorado Marijuana Enforcement Division, 2015, at https://www.colorado.gov/pacific/sites/default/files/2014%20MED%20 Annual%20Report_1.pdf.

4. Maureen Dowd, "Don't Harsh Our Mellow, Dude," *New York Times*, June 3, 2014, at http://www.nytimes.com/2014/06/04/opinion/dowd-dont-harsh-our-mellow-dude.html?_r=0.

5. Beau Kilmer et al. , "Reducing Drug Trafficking Revenues and Violence in Mexico," RAND Corporation occasional paper, 2010, see p. 19 at http://www.rand.org/content/dam/rand/pubs/occasional_papers/2010/RAND_OP325 . appendixes. pdf.

6. "Mapping Marijuana," Economist, January 20, 2015, at http://www.economist

. com/blogs/graphicdetail/2015/01/daily-chart-11.

7. Chris Dolmetsch，“New York Expands Fight on Smuggled Cigarettes with UPS Suit，” *Bloomberg*，February 18，2015，at http：//www. bloomberg. com/news/articles /2015-02-18/new-york-expands-fight-on-smuggled-cigarettes-with-ups-lawsuit.

8. “Possible Impact of the Legalization of Marijuana in the United States，” IMCO，October 2012（in Spanish），at http：//imco. org. mx/seguridad/posible_impacto _de_la_legalizacion_de_la_marihuana_en_estados_unidos.

9. Sam Ro，“Wall Street Analyst Argues Big Tobacco Will Soon Have to Answer Big Questions About Pot，” *Business Insider*，December 10，2014，at http：// uk. businessinsider. com/rbc-analyst-on-marijuana-2014-12.

10. Rachel Ann Barry，Heikki Hiilamo，and Stanton Glantz，“Waiting for the Opportune Moment：The Tobacco Industry and Marijuana Legalization，” Milbank Quarterly 92（2）（2014），at http：//www. milbank. org/uploads/documents/featured-articles/pdf/Milbank_Quarterly_Vol-92_No-2_2014_The_Tobacco_Industry_and_Marijuana_Legalization. pdf.

结论　为什么经济学家是最好的警察

1. Kiah Collier and Jeremy Schwartz，“DPS Boosts Drug Seizure Values as It Seeks More Border Money，” *Austin American-Statesman*，February 26，2015，at http：// www. mystatesman. com/news/news/state-regional-govt-politics/dps-boosts-drug-seizure-values-as-it-seeks-more-bo/nkKbc.

2. Peter Reuter，*Understanding the Demand for Illegal Drugs*（Washington，DC：National Academies Press），at http：//www. nap. edu/catalog/12976/understanding -the-demand-for-illegal-drugs.

3. 如果确实有降价，他们降价的程度取决于供给的弹性，关于这一点的进一步的讨论，可参见2002年司法部所出版的一份关于毒品的供需弹性的论文。William Rhodesetal.，“Illicit Drugs：Price Elasticity of Demand and Supply，” at https：//www . ncjrs. gov/pdffiles1/nij/grants/191856. pdf.

4. 基恩所谓的“危险的南瓜节”，可参见我勇敢无畏的同事 Jon Fasman 在2014年5月22日于《经济学人》所做的报道“Cops or Soldiers?”，at http：//www. economist. com/news/united-states/21599349-americas-police-have-become-too-militarised-cops-or-soldiers.

5. “The Benefits and Costs of Drug Use Prevention，” RAND Corporation, research brief, 1999, at http://www. rand. org/pubs/research_briefs/RB6007/index1. html.

6. Quoted by Thalif Deen，“UN Body Praises Peru，Bolivia for Slashing Output，” Inter Press Service，March 7，2000，at http：//www. ipsnews. net/2000/03/drugs-un-body-praises-peru-bolivia-for-slashing-output.

7. UN press release，“UNODC Reports Steep Decline in Cocaine Production in Colombia，” June 19，2009，at http：//www. unodc. org/unodc/en/press/releases /2009/june/unodc-reports-steep-decline-in-cocaine-production-in-colombia . html.

8. Moisés Naím，*Illicit*：*How Smugglers*，*Traffickers*，*and Copycats Are Hijacking the Global Economy*（New York：Doubleday，2005），p. 80.

9. “War on Drugs：Report of the Global Commission on Drug Policy，” June 2011，at http：//www. globalcommissionondrugs. org/wp-content/themes/gcdp_v1/pdf /Global_Commission_Report_English. pdf.

10. 尼克松和霍德尔曼1972年3月12日在总统办公室的谈话，at http：//www. csdp. org/research/nixonpot. txt.

译后记

2016年秋季，我在美国加利福尼亚州北部的一座城市戴维斯交流学习。作为加州大学戴维斯分校的所在地，戴维斯是一座安静闲适的大学城。这一年的11月8日是一个非常特殊的日子，美国第58届总统选举在这天举行。而对于加州选民来说，除了在这一天投票选出总统人选之外，还要投票表决包括“是否废除死刑”“是否禁止使用一次性塑料袋”等在内的一系列提议。当晚的投票结果显示，其中第64项有关大麻合法化的提议以57.1%支持率和42.9%反对率获得通过。[1]一时间，大麻在加州的合法化成为了仅次于总统大选结果的热门话题。校方知道学生群体对大麻合法化议题非常关注，甚至组织了学校的法律顾问专门向学生宣讲和解读最新的大麻合法化立法动向。第二天在刑法课结束后，我问我的刑法学教授，他怎么看这次大麻合法化的投票结果。他答道，大麻合法化的一部分原因在于降低监狱的监禁率，缓解州政府的财政压力。确实如此，根据美国著名智库皮尤研究中心（Pew Research

---

〔1〕 Alex Padilla，Secretary of State of California，“Complete Statement of Vote”，https：//elections. cdn. sos. ca. gov/sov/2016-general/sov/2016-complete-sov. pdf.

Center）的研究，虽然美国近年来的监禁率已经有所下降，2016 年更是达到了 20 年来的最低水平，但美国仍拥有世界上最高的监禁率，其中很大一部分囚犯是毒品犯罪相关的罪犯。[1] 这份研究认为，监禁率降低的一部分原因就在于刑事法律以及起诉和审判模式的改变，使得涉毒犯罪的刑期逐渐减少。[2] 在美国，毒品问题背后是大量的法律问题，甚至是一些最核心的宪法问题。

1969 年的美国深受毒品问题困扰，当时新上任的美国总统尼克松提出了“毒品战争”的说法。一年后，国会旋即通过了《1970 年综合预防和控制毒品滥用法》（Comprehensive Drug Abuse Prevention and Control Act of 1970），而这部法律中的第二章就是著名的《受控物质法》（Controlled Substance Act，CSA）。根据《受控物质法》的规定，受控物质总共有五类，其中大麻属于列表 I 受控物质，具有高度成瘾性且没有目前得到认可的医疗作用。根据这部法律，任何人不得占有、取得、或者生产大麻及相关制品。然而到了 1996 年，加州选民通过了第 215 项提议，允许那些患有“严重疾病”的患者因医疗目的使用大麻，这项提议后来经过法典化成为了《1996 年同情使用法》（Compassionate Use Act of 1996）。从此加州成为了美国医疗用大麻合法化的第一个州。毫无疑问，加州的《1996 年同情使用法》和联邦层面的《受控物质法》产生了冲突，因为即便是医疗目的大麻使用行为也是被《受控物质法》

---

〔1〕 See Jon Gramlich：“America's incarceration rate is at a two-decade low”，http：//www. pewresearch. org/fact-tank/2018/05/02/americas-incarceration-rate-is-at-a-two-decade-low/.

〔2〕 *Id.*

所禁止的。

在美国历史上，联邦政府的立法权和州政府的立法权之间长期存在着一种张力。一方面，美国宪法第一条第八款规定了国会的权力，其中不少非常概括式的规定。比如，被称为“贸易条款”的第三项“（国会有权）规制与外国、各州之间的以及与印第安部落的贸易”，以及被称为“必要且适当条款”的第十八项“（国会有权）为行使上述各项权力和由本宪法授予合众国政府或其任何政府部门或官员的一切其他权力，制定任何必要且适当的法律”。另一方面，在美国宪法的第十修正案中又规定，“未经宪法授权于联邦政府同时也未被禁止授权于各州政府的权力，应当保留给各州政府或人民行使。”联邦政府和州政府之间往往会出现立法权的模糊地带，而此时则需要最高法院来做出裁判。

在大麻合法化的分歧上，加州法律和联邦法律之间的冲突最终以诉讼的形式爆发。2005 年，美国最高法院在刚萨雷斯诉赖奇案中做出裁判，认定国会有权依照美国宪法的“贸易条款”制定《受控物质法》，禁止大麻的使用。[1] 在案件上诉到最高法院之前，在 2003 年，赖奇等医疗用大麻的使用者作为原告在加州北区地区法院起诉当时的美国司法部长约翰·阿什克罗夫特（John Ashcroft），要求法院颁发预防性禁制令，禁止政府依照《受控物质法》对大麻的生产、分发或占有行为的执法活动。[2] 理由是《受控物质法》违反了宪法第九、第十修正案。法院最终驳回了赖奇等原告的诉讼请求。赖奇等人不服判决，在第九巡回法院提起上诉。第九巡回法院的意见是上诉人的诉讼请求应当得到支

---

〔1〕 See Gonzales v. *Raich*, 545 U. S. 1, 125 S. Ct. 2195 (2005).

〔2〕 See *Raich v. Ashcroft*, 248 F. Supp. 2d 918 (N. D. Cal. 2003).

持，发回重审，要求加州北区地区法院判决颁发预防性禁制令，禁止政府针对大麻的生产、分发或占有行为开展执法。[1]最终最高法院发出调卷令审理这起富有争议的案件，支持了时任司法部长的上诉人刚萨雷斯的诉讼请求。

在这起案件中，法院查明被上诉人安吉尔·赖奇和戴安·莫森确实是加州居民，并且患有一系列的严重疾病。他们的家庭医生建议他们服用大麻来缓解疾病所带来的痛苦。按照医嘱，两位被上诉人几年来都在服用大麻。但是由斯蒂文森大法官撰写的法院意见最终遵循了先前的维卡特诉费尔伯恩案（*Wickard v. Filburn*, 317 U. S. 111）中的判决逻辑，认为尽管在加州服用大麻只是在某一地区的行为，看似不涉及州与州之间的贸易活动，然而这种行为会对州际贸易产生经济上的影响。尽管被上诉人只是在自己的家中种植大麻，但这必然会影响到大麻的总供求关系，从而影响到整个全国大麻市场的价格。而《受控物质法》的宗旨正是监管大麻的供求关系，不论是在合法还是非法市场中。国会有理由认为，当放开大麻消费的口子之后，产生的累积效应会影响到全国市场的价格，而这属于州际贸易的范畴。因此最高法院的多数意见支持了政府的诉讼请求，推翻了第九巡回法院的判决。

但是在最高法院这一判决生效之后，加州并没有修改法律，禁止大麻的使用，而是于2016年进一步通过了非医疗用大麻合法化的提议。虽然最高法院判决支持了联邦政府对毒品问题进行监管的权力，联邦政府部门和官员由于缺少大麻合法化州的政府的执法支持，在实际执法过

[1] See *Raich v. Ashcroft*, 352 F. 3d 1222 (9th Cir. 2003).

程中做出了让步和妥协。在2013年，奥巴马执政时期，时任美国司法部副部长的詹姆斯·科勒签发了一份文件，提出了联邦政府在大麻相关案件的执法上出于效率的考虑，对一些案件优先执法，这些案件主要包括对未成年人售卖大麻以及在公共场所从事大麻有关的活动等八大类情形。[1] 这份纲领性的指导文件在一定程度上扩大了各州政府在大麻问题上的立法空间。2016年，加州选民通过64号提议，进一步将非医疗用大麻进行合法化。然而事情并未就此结束，2018年1月3日，时任美国司法部长的杰弗森·赛森斯签发了一份新的文件，撤回了前述由詹姆斯·科勒签发的文件。[2] 自此以后，服用大麻仍属于违反联邦法律的行为，同时在执法层面也不再保留空间。由此可见，毒品问题是美国争议最大的社会问题之一。

实际上，毒品问题对美国社会影响之深远，已经成为了观察美国政治、法律乃至文化的一个切口。影视从业者创作了大量的毒品题材的作品，包括传统的主要关注美国境内毒品问题的《疤面煞星》《贩毒网络》《火线重案组》《绝命毒师》《女子监狱》等等，以及近年来视野逐渐放到其他美洲国家的《毒枭》。按照本书作者的观点，从经济学的角度来看，影视剧在一定程度上也是打击贩毒的重要手段，能够起到教育公众的目的，从而减少毒品的消费。2018年9月，影视剧《毒枭：

---

〔1〕 See James M. Cole, "Guidance Regarding Marijuana Enforcement", https: //www. justice. gov/iso/opa/resources/3052013829132756857467. pdf.

〔2〕 See Jefferson B. Sessions, "Marijuana Enforcement", https: //www. justice. gov/opa/press-release/file/1022196/download.

墨西哥》剧组里一位 37 岁的勘景师在墨西哥勘景时身中数枪遇害身亡。[1]这一定程度上也说明了贩毒集团意识到影视剧等在文化领域产生的威胁。在明尼苏达大学，一位来自墨西哥拉丁美洲社会科学院的访问教授发起了一项专门调查墨西哥失踪案件的研究。在一次小型讲座交流会上，这位教授讲到墨西哥政府的不作为，以及当地有组织犯罪活动猖獗，使得在墨西哥想要查清一起失踪案件变得非常困难。由此可见，看待和认识美国的毒品问题需要更广阔的视野，将眼光投射到整个美洲。

立法者做出适当的决策，必须建立在对社会文化的考察之上。美国加州对服用大麻问题所通过的一系列立法背后有联邦政府与州政府的权力博弈以及对社会、经济、文化、政治等各种因素的论争。在高度国际化的今天，美国的毒品问题并不仅局限在美国国内，还牵涉到中美洲甚至南美洲的许多国家。而呈现这些幕后信息正是翻译本书的初衷。本书作者作为《经济学人》杂志的调查记者，深入美国边境、中美洲、加勒比海地区以及南美洲等地，获取了不少有关贩毒集团内部的一手资料，利用经济学的分析工具，对毒品问题中的很多难点提出了新的见解。译者期望通过翻译本书，能够让读者对美洲地区的毒品问题有更加立体、直观的认识。

最后，我想感谢母校中国政法大学法学院，为我提供了前往加州大学戴维斯分校法学院的交流学习机会，让我得以近距离观察美国社会和法律的运作方式。感谢加州大学戴维斯分校法学院的约翰·莫瑞教授及

---

〔1〕 Kate Linthcum, "What happened to the 'Narcos' location scout found dead in Mexico?", https://www.latimes.com/world/mexico-americas/la-fg-mexico-narcos-20170918-story.html.

其他授课教授，为我了解学习加州法律提供了巨大帮助。最后还要感谢“麦读”的曾健先生，陆淑慧女士和柳承旭先生，他们协调安排了本书全部的编辑出版工作。

黄嘉天

于美国明尼苏达大学

2020 年 1 月 16 日

图书在版编目（CIP）数据

黑金世界：破解贩毒集团的运营术/（英）汤姆·温莱特（Tom Wainwright）著；黄嘉天译．—北京：中国民主法制出版社，2020.6

ISBN 978-7-5162-2206-5

Ⅰ．①黑…　Ⅱ．①汤…②黄…　Ⅲ．①毒品—社会问题研究—世界　Ⅳ．①D588

中国版本图书馆 CIP 数据核字（2020）第 058118 号

Narconomics：How to Run a Drug Cartel
by Tom Wainwright

著作权合同登记号：01-2020-2701

图书出品人：刘海涛
出版统筹：乔先彪
图书策划：曾　健
责任编辑：逯卫光　柳承旭
特约编辑：成秀妍
装帧设计：组配の匠

书名/黑金世界：破解贩毒集团的运营术
作者/［英］汤姆·温莱特（Tom Wainwright）
译者/黄嘉天

出版·发行/中国民主法制出版社
地址/北京市丰台区右安门外玉林里 7 号（100069）
电话/（010）63055259（总编室）　63057714（发行部）
传真/（010）63056975　63056983
http：//www. npcpub. com
E-mail：mzfz@ npcpub. com
经销/新华书店
开本/32 开　880 毫米×1230 毫米
印张/9. 625　**字数**/228 千字
版本/2020 年 7 月第 1 版　2023 年 3 月第 3 次印刷
印刷/三河市宏图印务有限公司

书号/ISBN 978-7-5162-2206-5
定价/69. 00 元